21世纪教师教育系列教材

中学班级管理

张宝书 主　编

张　宏　赵小凤　苗中平　副主编

北京大学出版社
PEKING UNIVERSITY PRESS

图书在版编目(CIP)数据

中学班级管理/张宝书主编. —北京：北京大学出版社，2015.10
(21世纪教师教育系列教材)
ISBN 978-7-301-26337-2

Ⅰ.①中⋯ Ⅱ.①张⋯ Ⅲ.①中学—班级—学校管理—师范大学—教材 Ⅳ.①G632.421

中国版本图书馆 CIP 数据核字(2015)第 236884 号

书　　　名	中学班级管理 ZHONGXUE BANJI GUANLI
著作责任者	张宝书　主编
丛 书 主 持	李淑方
责 任 编 辑	唐知涵　李奕奕
标 准 书 号	ISBN 978-7-301-26337-2
出 版 发 行	北京大学出版社
地　　　址	北京市海淀区成府路 205 号　100871
网　　　址	http://www.pup.cn　新浪微博:@北京大学出版社
微信公众号	通识书苑（微信号：sartspku）　科学元典（微信号：kexueyuandian）
电 子 邮 箱	编辑部 jyzx@pup.cn　总编室 zpup@pup.cn
电　　　话	邮购部 010-62752015　发行部 010-62750672　编辑部 010-62767857
印 　刷 　者	天津和萱印刷有限公司
经 　销 　者	新华书店
	787 毫米×1092 毫米　16 开本　16 印张　320 千字 2015 年 10 月第 1 版　2023 年 12 月第 6 次印刷
定　　　价	39.00 元

未经许可，不得以任何方式复制或抄袭本书之部分或全部内容。
版权所有，侵权必究
举报电话：010-62752024　电子邮箱：fd@pup.cn
图书如有印装质量问题，请与出版部联系，电话：010-62756370

前　言

"班级管理"是教师教育课程中的一门必修课,该课程根据教师教育培养目标的不同,又细分为"小学班级管理"与"中学班级管理"。"中学班级管理"是师范类本科阶段教师教育专业为普通中学培养师资而开设的一门课程,所以,本教材主要阐述以中学生身心发展特点为基础的班级管理理论。中学班级管理与小学班级管理相比有着很大不同。小学班级管理是基于小学生身心发展特点而进行的班级管理活动,如要重视学生行为规范和行为习惯的养成、学习生活习惯与能力的培养等。而中学班级管理则要按照中学生身心发展规律进行活动安排与管理,如随着中学生年龄逐渐增大,其自我意识、自控能力、自我管理能力逐渐增强,在管理过程中教师要培养学生的民主自治能力与自我服务意识等。与其他阶段的班级管理相比,中学班级管理的独特性主要表现在管理的民主自治性、目标阶段性与年龄阶段性以及服务性等方面。

本教材是以《国家中长期教育改革和发展规划纲要(2010—2020年)》中提出的"深化教师教育改革,创新培养模式,强化师德修养和教学能力训练,提高培养质量"为指导方针,围绕教育部中小学教师资格证考试大纲《教育知识与能力》的要求组织编写的。这样做的目的有两个:其一,为完成教师教育类本科课程设置的目标要求服务;其二,为学生日后参加教师资格证考试提供服务。因此,我们在编写教材的过程中,既要系统阐述班级管理的基本理论,又要力图反映本领域所取得的新成果——出现的新观点、新思想,还要关注教育实践中的问题与需求,尽力做到理论与实践紧密结合。

本教材由张宝书任主编,张宏、赵小凤、苗中平任副主编,由编委拟定编写提纲,参编人员分章撰写,主编、副主编统稿审核而成。参加编写的成员均是该领域的专业教师,对班级管理的基本理论与问题都有所"专攻"。全书共十章,各章撰写人分别是:张宝书(第一、二、三、四章)、张宏(第五章)、李朝旭(第六章)、窦春玲(第七章)、宋其安(第八章)、高庆蓬(第九章)、赵小凤(第十章)。

张奎明院长和广少奎教授对本书的编写给予了很大的帮助,他们对本书的编写提出了具有建设性的指导意见,在此表示感谢!在编写过程中,我们学习并吸收了一些专家、学者的科研成果,参考了一些兄弟院校编写的各种版本的教师教育教材,文中已做详细注释,并在文后列为主要参考书目,以示对专家学者及其研究成果的尊重。尽管如此,仍有可能会百密一疏、挂一漏万,故此特向这些研究者表示衷心的感谢并恳请谅解!本书的编写与出版还得到了曲阜师范大学教务处、教师教育学院领导与同仁的热情关怀与支持,谨在此一并深表谢意!

  尽管我们有一些新的想法,为此也尽了最大的努力,但由于能力有限,加之编写时间仓促,书中一定存在这样那样的疏漏与错误,诚望各位读者与学界同仁给予批评指正。

编 者

2015 年 7 月 28 日

目　录

第一章　班级概述 ··· 1
　第一节　班级的定义、结构与特点 ································· 1
　第二节　班级的属性 ··· 6
第二章　班级教育形制与班级主任教师 ······························ 22
　第一节　班级教育形制发展历程：回顾与前瞻 ······················ 22
　第二节　班级主任教师 ·· 28
第三章　中学班级管理 ·· 43
　第一节　中学班级管理的含义 ···································· 43
　第二节　中学班级管理的价值追求 ································ 51
　第三节　中学班级的课堂管理 ···································· 56
第四章　中学班级管理中的沟通 ···································· 68
　第一节　沟通的意义与目的 ······································ 68
　第二节　沟通的理论与实践 ······································ 71
第五章　中学班级管理目标 ·· 90
　第一节　中学班级管理目标概述 ·································· 90
　第二节　中学班级管理目标的制定 ······························· 109
　第三节　中学班级管理目标的实施 ······························· 118
第六章　中学班级组织建设 ······································· 133
　第一节　班集体建设 ··· 134
　第二节　班级建设的指导 ······································· 139
　第三节　班级组织建设 ··· 142
第七章　中学班级日常管理 ······································· 155
　第一节　中学班级日常管理内容 ································· 155

第二节　中学班级日常管理的实施 …………………………………… 167
第八章　中学班级活动管理 ……………………………………………… 178
　　第一节　班级活动管理概述 …………………………………………… 178
　　第二节　班级活动的类型 ……………………………………………… 184
　　第三节　组织开展班级活动的原则 …………………………………… 189
　　第四节　班级活动的过程管理 ………………………………………… 194
第九章　中学班级管理评价 ……………………………………………… 200
　　第一节　班级管理评价概述 …………………………………………… 200
　　第二节　班级管理评价的标准 ………………………………………… 208
　　第三节　班级管理评价的实施 ………………………………………… 214
第十章　中学班级管理的研究探索 ……………………………………… 224
　　第一节　中学班级管理的研究概说 …………………………………… 224
　　第二节　中学班级管理的行动研究 …………………………………… 240

第一章 班级概述

学习目标

1. 了解班级的结构与特点。
2. 掌握班级的基本属性。
3. 理解班级的社会功能。

班级是学校实施教育教学工作的基本单位,也是学生身心健康成长的重要场所。作为未来的教育工作者,应该对班级的性质、作用、结构、特点、功能以及其产生与发展的历史沿革进行认真细致地学习探究,为将来做好教育教学和班级管理工作打下坚实的理论基础。

第一节 班级的定义、结构与特点

班级是现代学校教育制度的产物。随着近代西方社会经济发展不断加速,教育普及要求愈来愈迫切,传统的学校教育形式——个别教学——已经无法满足时代要求,班级授课制便应运而生。班级授课形式使学校的教育功能大为加强。班级授课标志着学校教育职能向社会的渗透和扩大,同时也意味着教育本质和教育目的在学校教育活动方式和组织形态上向班级的凝聚和强化。学校层面的教育教学活动任务与责任直接下移到了班级,班级由此成为教育领域中最受关注而又最活跃的教育教学组织。因此,从某种意义上来说,班级是缩小的学校,学校是放大了的班级。

一、班级的定义

"班级"对于我们而言并不陌生,以至于有人认为不应该把它作为一个问题进行研究。事实并非如此,班级的产生与发展是有其特殊的历史渊源的。

班级教学最早产生于 16 世纪的欧洲,其最初形态是按年级进行划分的,粗略地将一个年级作为一个授课单元,这恐怕是班级的萌芽。1538 年,德国斯特拉斯堡市督学 J. 斯图谟创立了第一所文科中学,主要培养封建君主国的统治人才,这所中学是为贵族、律师、牧师和医师等上层社会子弟所建的学府。起初,学习年限为8年,后增至到10年。课程几乎全是拉丁文和希腊文。在管理方面分设九个年级,并进行了班级教学与管理的尝试。耶稣教会办的学校也进行了班级教学改革。率先使用"班级"一词的是文艺复兴时期的著名教育家埃拉斯马斯。不过人们较为一致地认为17世纪捷克教育家夸美纽斯是班级的真正提出者。他在1632年出版的《大教学论》一书中,第一次从理论上对班级及其特点、功能等问题作了概括性的阐述和论证,从而奠定了"班级"的理论基础。

在《大教学论》一书中,夸美纽斯所用的班级概念与今天的班级概念有着很大不同。他所谓的班级是"学校的一切儿童规定在校度过六年,应当分成六个班,如有可能,每班一个教室,以免妨碍其他班次"。① 显然夸美纽斯这里所说的班级是一个年级。随着时间的推移,生产方式不断变革,人们的生活方式也不断改变,社会不断进步,求学的人数不断增加,学校的规模越来越大,一个年级一个班,早已不合时宜,一个年级中设置多个班成为普遍现象。在中国最早采用班级授课的时间是1862年,清政府在北京开办京师同文馆。随后多处兴办新式学堂,以班级为单位进行授课与管理的形式便逐渐普及开来。

现代学校里的"班"与"级"已有各自的含义,"班"是学校里学生群体的基本单位,"级"则表示这一群体身心所处的发展阶段。班级连在一起使用就形成现在意义上的班级,即学校为了实现教育目标,顺利开展各项教育教学活动,将年龄相近、身心发展水平相当、文化水平相同的一定数量的儿童组成一个或多个最基本的教育教学单位。

二、班级的结构与特点

班级是学校进行教育教学的基本组织单位。它的组成结构随着学校教育教学任务的不同而发生改变,不同的结构方式会有不同的功能释放,所以,了解班级结构与变化有助于更好地做好班级管理。

(一) 班级的结构

班级是一定数量的成员在固定的场所,依照一定的结构或方式,为了共同的目标所组成的群体。班级的形成需要四种要素,一是要有活动场所。二是要有一定数量的成员。不同国家或地区的情况不同,组成的成员数量大小不同,发达国家一般在20人以下,发展中国家的人数有所偏高。我国教育部曾就班级人数有着严格规定,中等以上学校班级人数在45人左右,小学班级在40人以下。但是我国实际情况并非如此,

---

① [捷克]夸美纽斯.大教学论[M].傅任敢,译.北京:人民教育出版社,1984:230.

多数城镇小学班级均超过60人,多者在120人以上。三是要有共同目标。班级集体有着自身的目标,具体内容随着教育教学任务的不同有所变化。四是要有一定结构。这种结构不是单个个体的简单相加,而是一个综合有机体。

班级的结构从其性质而言,可分为静态结构和动态结构两种形式。静态结构是指组织本身的建制与制度规范。吴康宁教授从班级成员角色的结构视角把班级中的组织分为正式结构和非正式结构。所谓正式结构是指组织中的工具性角色的结构,就班级组织而言是指为完成工作而服务的角色。我国班级正式结构为班干部、小组长、一般成员三层结构。与其他静态组织结构相同呈金字塔形,这是导致学生形成地位差异观念及权威服从观念的一种重要的"文化资源"。非正式结构是指除了正式结构之外的其他结构,是指班级成员在日常生活过程中成员间相互选择自然形成的各种非正式结构,它们同样是影响学生社会性发展的"文化资源",学生自己通过在非正式结构中所处位置进一步体验着"社会地位"差异,接受着群体对其肯定或否定的"社会评价",形成群体生活中的成功感、平凡感或失败感。

动态结构是指组织运行中成员间相互协助、相互制衡的关系结构。一般而言,班级中成员间会存在单干式结构、竞争式结构和合作式结构三种。

第一种是单干式结构。它是一种松散型的班级结构模式,其内核是放任主义、个人主义,最大的特征是个人的独立性,与集体目标无关,动机是任务掌握型,优点是避免个人被强制处于社会比较的忧虑之中,但不利于班集体的形成,不利于儿童协作精神的培养。而且个体在中小学时期亦难形成稳定的个人目标,单干式结构易使个体迷失方向,意志松懈,不利于对学生的培育。

第二种是竞争式结构。在竞争式结构中,以竞争为主要表现因素,学生间的成就目标及活动会相互排斥,因为个体达到目标的机会因其他有能力的学生的存在而减少。这种情况下学生所追求的目标实际上没有一个固定的标准,需要在学习业绩上与他人进行比较,即个人把超过别人作为成就目标,每个人都被迫处于"社会比较"的情境之中。学习成败是能力水平高低的标志,决定学生在群体中的地位,竞争式班级结构重视能力甚于努力,但因为每个人的社会小环境、家庭教育、先天遗传、前期知识累积上的差异,个体并非处在同一起跑线上,这种竞争本质上是一种不公平竞争,一部分学生处于不利的境地,一部分学生注定要失败,这部分学生由于长期处于失败状态,可能会形成心理学上"习得性无助"现象,甚至成为"失败接受者"。另外这种竞争式结构易诱发攻击性行为,不利于学生良好人格形成,影响优胜者和失败者双方心理健康发展和品德养成。现代研究显示,在决定个人成功的因素中,个人学习成绩和个人的智商(IQ)仅占小部分比例,而大部分由个人的情商(EQ)来决定。中小学正处于人格成型、行为社会化的关键期,竞争式结构无疑会带来不良影响。这种方式以造就少数优秀学生,牺牲大多数正常学生为代价。我国目前学校班级结构多数是以这种结构为主,这也是应试教育所带来的不良影响之一。

第三种是合作式结构。在合作式结构中,只有取得群体的成功,才能获得个人的成就,故而个人获得成就的机会,反而因其他人的存在而增加。个人能否达到目标取决于群体目标的实现,成就是互相的。学业成就的相关性导致同伴间的互动更加积极,以便形成良好的同伴关系,使互助成为一种内在的普遍形式,以致相互促进、共同进步。对于违反集体规则者,集体会给以压力和约定俗成的惩罚,这一结构有利于学生业绩的获取,并使学生形成良好的个性,养成协作精神,从而获取未来社会的成就。同时这一形式不排斥竞争,合作式结构中也有竞争,不过这种竞争是群体间竞争,竞争的结果依靠群体内合作和个人的努力。这一形式巧妙地将竞争、合作和单干三因子熔于一炉。当然这一结构也有缺点,如它对那些内向型、惯于自我单干式的学生会造成焦虑和不适感,产生"社会减弱效应",参照马克思主义关于人的全面发展学说,人的发展从属于生产力发展这一原理,要解决教育中大众化与个别化这一矛盾,使教育适应并促进每个人的发展,无疑是一个未来的课题。从目前看,按班级教育管理效益最大化的要求,合作式结构无疑是一种最佳选择。①

(二) 班级的特点

班级是学校教育活动中最小的基层组织实体,这种实体具有同质性、可塑性、合作性、教育性和社会性等特点。

1. 同质性

班级的同质性特点表现在班级组成人员在年龄、知识水平、认知水平、情感、经验、价值观、是非观、认知能力、判断力等方面都相同或相似。这一群体的同质性主要体现在共处于同一年龄阶段,其身体与心理发展都处于同一水平上,每个个体的行为表现趋同。正是基于对这一特点的认识,我们才把班级管理与其他群体的管理区别开来。

2. 可塑性

班级的可塑性是指班级群体及班级中的每个个体都有继续培养或改变的可能性与成长空间。可塑性是由赫尔巴特首先提出的一个概念。在他看来,"学生是具有可塑性的",这是一切教育理论的出发点。如果没有这个前提,教育将是不可能发生的。这一命题的提出旨在反对康德伦理学中的先验主义和宿命论。尽管赫尔巴特坚信"学生是具有可塑性的",但他却并不认为这种可塑性对所有人、在所有方面都是等同的。从学生的年龄上看,其可塑性与年龄成绝对的反向趋势,即言之,年龄越大,其可塑性

---

① 吴瑞祥.合作式班级结构及 STAD 组织策略之浅析[J].天津市教科院学报,2002(5):24.

越差,到其成年之时,则基本上不可塑造了。"成人的定型过程在其内部延续着,而教育者对此是无能为力的。"①

3. 合作性

合作是指两人或两人以上相互配合一起学习或工作以达到共同目标的行为。班级是由多个个体与各种小团体组织组成的集体,很多活动任务与预设目标是靠彼此之间相互帮助、相互激励、相互支撑完成的,所以班级具有极强的合作性。

合作是需要条件的。成功的合作一般需要:① 目标一致。任何合作都要有共同的目标,至少是短期目标相同。② 认识统一。在共同的目标指引下,合作者需要达成共识、统一行径,合作方可顺利有效。③ 彼此尊重与信赖。彼此尊重、信赖是合作的基础,没有彼此的尊重与信赖,合作是虚假的、无效的。④ 合理分工。活动大或任务繁杂才需要大家的合作,所以合作是一系列分工运作,协调统一的过程。合理分工是合作有效的前提与条件。⑤ 基础保障。合作不是空谈,所需资金、实物、工具、设施、设备等都需要落到实处,还包括时间上的占有与安排,空间的使用许可等,没有这些基础保障合作就会落空。班级合作与其他合作相比,虽说任务不复杂,活动涉及面不广,但它仍具有合作的一般特点。

4. 教育性

群体动力心理学领军人物,场论的创始人,社会心理学的先驱库尔特·勒温(Kurt Lewin,1890—1947)在其《拓扑心理学原理》一书中提出"生活空间"概念来解释个人与环境间的关系,他认为行为是人与环境的函数。个人行为或心理事件用 B 表示,s 用来表示人及整个情景,其公式应为 $B=f(s)$②。他认为人的心理环境是开放的,人的行为与环境存在着动力关系,所以常常受到外界的影响,而且这种影响很大,几乎到了环境决定着人的行为的地步。班级是学生的一个"生活空间",学生个体时时刻刻都在接受着来自整个生活空间的种种影响,这些影响改变着学生个体的种种言行与习惯,并使其向着班级教育总体目标趋近。

5. 社会性

班级是学校的基层组织。学校中组织与组织、组织与成员、成员与成员之间都存在交互作用的活动关系,这种活动关系是社会关系的一部分。从社会角度来看,班级的各个成员又是社会网络结构中的一个个节点,与社会存在着种种联系。所以,不管从哪个角度说,班级的社会性都是显而易见的。在班级的各种教育教学活动中,学生与教师、学生与班干部、班干部与班干部等之间的相互交往,构成了班级中的种种"社

---

① [德]赫尔巴特.普通教育学、教育学讲授纲要[M].李其龙,译.杭州:浙江教育出版社,2002:207-208.
② [德]库尔特·勒温.拓扑心理学原理[M].高觉敷,译.北京:商务印书馆,2008:14-19.

会关系"网。学生们生活在这层层的"社会关系"中得以历练与成长,逐渐地走向成熟,完成他们的社会化进程。

第二节 班级的属性

班级,作为学校教育教学的基本单位来看待,几乎没什么分歧。但是若将其确定为一种社会组织、一种社会群体或者什么系统,恐怕就很难说服大家。教育学界曾就这一问题展开过激烈争论,最终也没有达成共识。不过,这场学术争论倒是为我们正确认识班级属性提供了不同的理论视角,为进一步探讨班级的属性奠定了基础。

之所以要确定班级的属性是因为它关系到在班级中如何开展教育教学实践的问题,关系到以一种什么样的方式对待学生,以及如何对班级进行管理和班级教育教学功能的实现问题。鉴于此,我们将对这一问题进行分析研究。

一、班级作为社会系统

塔尔科·帕森斯(Talcott Parsons,1902—1979)在《作为一种社会体系的班级:它在美国社会中的某些功能》中将班级看作社会系统。[1] 这一社会系统具有如下特征:① 包括两个或者两个以上人群的交互作用。② 一个行动者与其他行动者处于"社会情境"之中。③ 行动者之间对规范及和谐的认知期待,因而通常具有某些相互依存的一致行为表现。帕森斯认为,班级既是一个由师生组成的正式组织,又是一个学生群体,每个学生成员的个人情意、认同感与归属感都影响着班级正式组织的活动。能否把个体的行为与组织的行动统一起来,取决于教师的指导,而教师的指导又与他的价值取向有关。于是,帕森斯制定了一系列关于价值取向的模式类型,并认为,在班级社会中教师指导学生行为时,要特别注意处理好下列五种配对形式的价值取向模式的选择:① 感情性与感情中立。指师生在互动情境中,须处理好感情因素与理智因素的关系,既要真心诚意地热爱学生,又要保持一定的分寸。② 扩散性与专一性。指师生在互动情境中,承担义务的范围要适度,既不可能像父母与子女之间那样广泛,也不应该像店员与顾客那样过分专门化。要把全面关心每个学生与不同情境下的个别交往结合起来。③ 普遍性与特殊性。指师生在互动情境中对学生做出评价时,要处理好按共同标准统一要求与特殊情况下须区别对待的关系。④ 自致性与先赋性。指师生在

---

[1] 张人杰.国外教育社会学基本文选[M].上海:华东师范大学出版社,2009:419.

互动情境中考查学生行为时,要处理好实际表现与先天条件,如种族、家庭背景、年龄、性别等方面的关系。⑤自我导向与集体导向。指教师在指导学生和自己做出行动时,要处理好个人需求与群体需求的关系。帕森斯认为任何社会行为体系都具有对外适应、模式维持、目标实现、系统整合四个功能。将班级视为一个社会体系,那么班级同样具有这四个功能,据此就可以发现社会体系中存在的问题,也可以解释班级社会体系中各种行为的社会原因。[①]

遵照班级作为社会系统的理论,我们对班级社会中存在的各种关系及班级社会系统的功能问题做进一步探讨。

(一) 班级社会中的关系分析

班级作为一种社会体系其中势必存在各种关系,文化人类学家 M. 米德(M. Mead,1901—1978)曾把社会分为三种,一种是重视竞争的社会,一种是重视协同的社会,还有一种则是两者都不重视的社会。由此可知,社会存在两种关系,一种是竞争性的人际关系,一种是协同性的人际关系。人们往往在这些不同的人际关系中找到自己成长的契机。

据此,日本社会学家片冈德雄提出,人际关系是一种成长,是人生大课堂。他把竞争与协同的人际关系看作一个坐标轴,再把努力目标是功利性的还是自我实现性的看作另一个坐标轴。正是在这样构成的四个象限中,我们才可以得出这一推论。如图1-1。

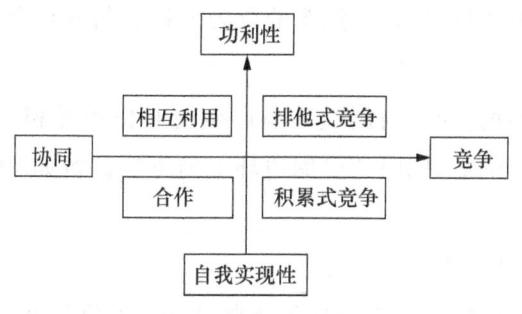

图1-1 成长和人际关系

若按照盖哲尔·林发姆(Getzels,Lipham)和康培尔(Campbell)的社会系统理论来分析班级中的社会关系似乎更加全面。其社会系统理论见图1-2。

---

① 董泽芳,伍海云. 班级社会属性的相关理论与多元分析[J]. 当代教育论坛,2008(11):77-80.

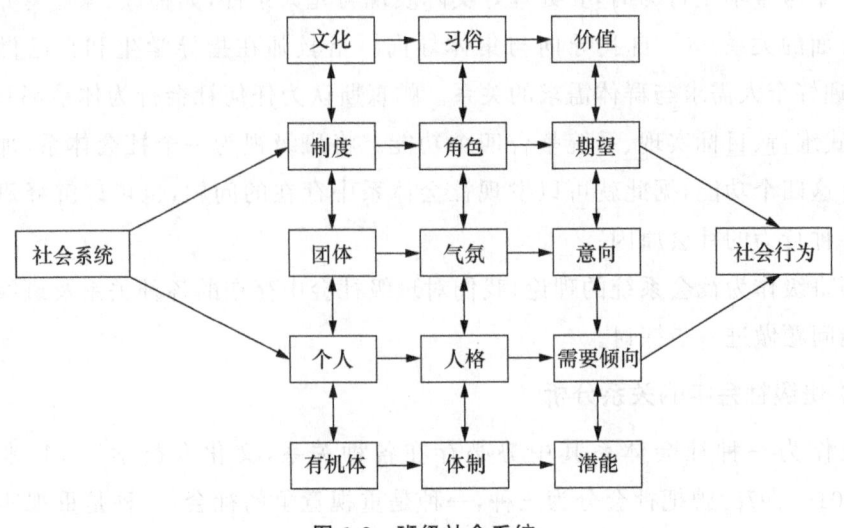

图 1-2　班级社会系统

我们仔细研读这一图后发现,该图含有多种复杂关系,通过这些关系生成该理论的基本观点:

1. 组织是由制度及个人两个部分交互作用而成的

制度是由多个角色构成的,而角色则被赋予角色期望。制度、角色和期望三者一起构成组织活动的规范,其目的在于达成组织目标。个人具有人格,而人格则由需要倾向产生。个人、人格和需要倾向三者一起构成组织活动的个人行为层面,其作用在于支撑组织的运行。由此可以看出,组织的行为依赖于制度与个人之间的交互作用。

2. 组织与环境发生交互作用

组织不是孤立存在的,而是与周边环境产生交互作用并相互依存的,所以组织中的各种关系不仅交互影响着,同时还受周边环境的影响。譬如,民风、民俗文化以及价值观等。

3. 要兼顾个人与组织目标的达成

组织→制度→角色→期望→组织的行为

组织→个体→个性→需要→倾向→个体的行为

这个兼顾个人与组织的小单元可以充分说明个人与班级、个人与个人之间一系列矛盾的形成与解决。课堂外的文化价值与课堂内制度期望之间的矛盾,角色—期望和个性—倾向之间的矛盾,角色矛盾(规定角色的不一致、期望不一致、多角色)和个性矛盾,这些矛盾影响着整个班级体系的运行方向和质量。

从这一小单元的组成还可以解释角色与个性间的矛盾模式:在改变行为方面的班级领导倾向于一般规律的角色—期望,个性的社会化倾向于特殊规律的个性—倾向,角色的个性化之间的矛盾问题。

4. 要注重环境文化对个体的影响

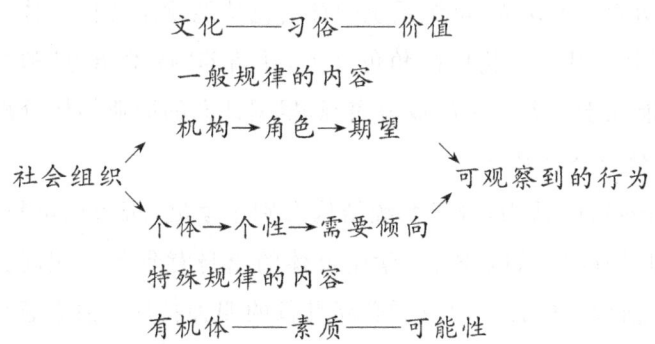

据此可以推出理想型的班级组织建设模式:

(1) 在这种组织中每一个个体有相同的目标,所以这些目标变成他自己需要的一部分。

(2) 每一个个体相信,如果目标可以实现的话,他们所持的期望便是合理的。

(3) 每一个个体都认为他从属于一个团体,团体中的所有成员有着相同的情绪联系和理性信仰。

盖哲尔这一理论模型说明学生在文化、习俗、价值、有机体、体质、潜能诸因素影响下,可依据"人格的社会化"和"角色的人格化"两个途径进行变化。在这一变化进程中,班主任的管理风格和教师的教学风格都是不可低估的影响因素。

(二) 班级作为社会系统的功能分析

1. 社会化功能

涂尔干(E. Durkheim)认为,班级作为一个微型社会,不同于家庭,而类似于成人社会。班级社会系统的功能,就是把一个"个别存在的人"变为一个"社会存在的人",即使其社会化。在班级社会系统中,个体成为具有社会观念、分享社会情感、遵守社会规范的一分子。

2. 选择功能

韦伯(M. Weber)认为,学校是一个正式的组织,它反映社会的政治、经济、阶层和结构关系,并为之服务。班级社会休系是学校完成这种使命所进行的选择人才使其认同现存社会,并获得现存社会法定资格的必经过程。当今世界各国各级各类学校所接受的教育对象、所提供的教材、所设计的课程、所进行的教学、所奉行的考试、师生之间的互动关系都不相同,他们各自的目也不相同,均按照各自国家的利益,为各自社会选择和认定适当的人才。因此,班级社会系统的功能在于"选择"。

3. 社会化和选择的双重功能

帕森斯(T. Parsons)分析和研究了美国中小学班级,认为班级社会系统具有社会化和选择的双重功能。他认为,班级系统的社会化功能就是要使个体从属于社会的共同价值体系,履行其在社会结构中的角色义务,并培养"技术能力"和"社会能力"。班级系统的选择功能在于本着学生的成就表现,根据社会的职业结构分配人力资源。

4. 社会角色的社会化功能

德里班(R. Dreeben)认为,班级系统结构有别于家庭,班级成员较多,组成的系统较复杂,接触时间具有明显的阶段性,学生群体的出身背景各不相同。在这样的群体中,学生学到了扮演成人的社会角色所必须具备的四种特质:独立意识、成就感、普通化、专门性。班级社会系统提供给学生这些经验,因而能促使其成为现代社会的一个有效成员,使其"社会化"。

5. 监护功能

华勒(W. Waller)认为,从本质和功能上来看,班级社会系统是一个服务机构,是为社会提供服务的,正如精神病院或监狱一样。班级社会系统由教师和学生组成,但是师生之间从根本上说有着必然的冲突。教师代表成人社会教育儿童,以维护社会秩序;教师按照社会需要教导学生,学生却希望能随心所欲,展示其个性。华勒认为,班级社会系统是一种制度化的主从形式,教师具有控制监管学生的权威,学校班级如同堡垒,为维护社会秩序而存在,其功能在于监护学生。

6. 仪式功能

杰克逊(P. Jackson)长期致力于观察小学班级活动,他发现班级社会系统如同社会群聚。只有在班级中,一个学生才有机会与几十个人每天相聚数小时。要控制这样一个群聚,就要确立明确的权威阶层,规定群体遵守的仪式规矩。每日班级活动都要遵循制度化的程序仪式进行,班级教学活动是机械的、缺少变化的。这种班级活动是按固定时间以预先规定好的内容进行的,学生学到的是如何耐心等待、逆来顺受,学习如何在群聚中生活。因此,班级社会系统的功能是为学生适应群聚生活提供规范仪式。

二、班级是初级群体

(一) 何为初级群体

库利在1909年出版的著作《社会组织》中,提出了初级群体(primary group)的概念,又被称为"首属群体"。初级群体是指群体成员间面对面的交往与合作的群体,是一个直接的、自然的关系世界。初级群体是人性形成与发展的土壤。在初级群体中,个人情感"将获得共鸣而被社会化,并且受共同精神的约束。个人可能雄心勃勃,但其志向的主要目标是和其他人的思想相一致的"。初级群体是维护社会稳定与和谐的重要基础。在初级群体中,人际关系是友谊关系而不是利益关系。库利说:"在初级群体中,人性逐渐产生。人性不是生来就有的,人只有通过交往才能得到人性,而人性又可以在孤立中失去。"他认为,一般来说,人与人之间的交往,其目的都是为了获取其中的某种资源,只有在初级群体的人际交往中才不存在这种功利性。个体成功、社会和谐、自由平等等一些健康社会所必不可少的思想与价值观,在初级群体中很容易形成。

根据群体与其成员关系的密切程度,初级社会群体可分为两类:一类是不属于社会组织的初级群体,或者说是非正式的初级社会群体,如家庭、邻里、伙伴群体等。

1. 家庭

家庭是以婚姻和血缘关系为基础,以夫妻子女为基本成员的初级群体。社会学把家庭划分为以下四种类型。

(1) 核心家庭,是指由一对夫妇及其未成年或未婚子女组成的家庭。这种家庭只有一对配偶,最多包括两代人,其结构简单。在现代社会中,核心家庭是一种最普遍的家庭形式。

(2) 主干家庭,指父母(或一方)与一对已婚子女组成的家庭,或者一对配偶与其未婚兄弟姐妹组成的家庭。

(3) 大家庭,指父母与多对已婚子女组成的家庭。

(4) 其他类型家庭。如,只有一对老年夫妻组成所谓的空巢家庭;中途失偶又无子女的孤老家庭;祖父母与未成年孙子女组成的隔代家庭等。

家庭是社会的细胞,是人们社会生活的最基本单位。一般说来家庭具有三种主要功能:一是生育和赡养功能;二是生产和消费功能;三是满足精神生活的功能。

2. 邻里

邻里是在地缘关系基础上结成的友好往来、守望相助的共同体。如房前屋后、左邻右舍几户人家,或者一个小村落等。在人类历史发展过程中,邻里曾有过普遍的积极意义,特别是在传统社会中,邻里关系很密切。在现代社会中,由于商品经济的发展,人们迁移频繁,加之高楼大厦的兴建,使邻里关系淡化。特别是在大城市,传统的邻里形式已基本消失。但在农村或小城镇,邻里依然是很重要的初级群体,发挥着重要的社会功能,主要表现为以下几点。

(1) 生产上的互助合作。在传统社会中,每个家庭都是一个生产单位或经营单位。由于这种单位较小,劳动力和生产资料极为有限,所以邻里之间的互助合作、互通有无就显得非常必要。随着社会的发展,生产的社会化,家庭基本丧失了生产功能,邻里的生产互助功能也就明显地削弱了。

(2) 生活上的守望相助。邻里之间在空间上比较接近，生活上便于互相帮助、互相扶持，即所谓"远亲不如近邻，近邻不如对门"。目前，我国经济还不很发达，社区服务机构并不健全，不可能向每个遇到特殊困难或不幸的家庭和个人提供及时的援助，邻里在生活中的守望相助作用不可能完全丧失。

(3) 青少年的社会化。由于邻里之间经常打交道，彼此的思想行为耳濡目染，潜移默化，对于青少年的社会化起到重要作用。我们通常说，对青少年的教育包括家庭、学校和社会三个方面，而邻里就是一个小社会，邻里的影响是社会教育的一个重要方面。

(4) 社会控制的功能。邻里是社会道德、舆论和行为规范的发源地之一，它对于有些越轨行为起到舆论监督作用，从而约束人们的行为，起到社会控制的作用。

(5) 邻里还是人们交流思想、联络感情、满足精神需要的场所。邻里在闲暇时经常交往、聊天，可以沟通思想，交流感情，增进友谊，丰富闲暇生活。

3. 伙伴群体

伙伴群体是指兴趣、爱好一致，自愿结合而形成的一种非正式群体。它包括儿童游戏群体和青少年朋友群体两种。

(1) 儿童游戏群。儿童游戏群是由一起玩耍的儿童自然形成的初级群体。它往往由年龄相近、居住地点接近、游戏兴趣相似的儿童组成。儿童游戏群体的社会功能主要表现在社会化方面，儿童通过游戏学习扮演社会角色，初步认识角色要求和行为规范，理解角色之间的相互关系，从而为将来正式承担社会角色做好准备。

(2) 青少年朋友群体。青少年朋友群体是以性格、志向、兴趣、感情等因素为基础结合而成的初级群体，它对于青少年世界观、价值观的形成有很大影响。如果朋友群体接受的社会积极因素较多，有向上的气氛和正义感，个人就能从中发展成为合格的社会成员。相反地，如果朋友群体接受的社会消极因素较多，形成不健康的思想和气氛，个人就很容易受其影响而误入歧途。

另一类初级群体，则是社会组织中的初级群体，或称为正式初级群体，如班级、小组、科室等。这一正式初级群体仍具有初级群体的特征：规模较小、面对面交往、认同感强烈等。

在现代社会中，随着社会组织化程度的不断提高，正式初级群体在个人生活中起着越来越重要的作用，但前一类初级群体毕竟是个人参与社会生活最先接触到的群体，并且是最原始的、接触时间最长的、对个人影响最大的群体。

(二) 初级群体的功能

初级群体是连接个人和社会的第一道桥梁。初级群体对个体社会化的作用异常重要，其基本功能如下：第一，社会化功能。初级群体是一个人获得社会性的摇篮，是一个人通向社会的桥梁。初级群体提供人们社会化的最基本环境,特别是儿童、青少年的身心发展,生活技能的学习、积累都紧密地依靠初级群体。正是依靠初级群体,才使儿童、青少年从以游戏、学习为主导形式的社会实践,逐步过渡到以劳动为主导形式的社会实践活动。第二,满足感情需要功能。随着社会的发展,初级群体在历史上承担过的许多功能,如生产、教育、社会控制等逐步转移或弱化,主要由专门化的社会组织承担。但满足感情需要的功能却始终由初级群体承担着,还没有任何一种社会组织能够替代。第三,稳定社会的功能。社会的稳定,一方面靠法律、制度、政权等正式的控制手段,另一方面靠道德、风俗、习惯等非正式的社会控制。后者主要是在初级群体中实现的。同时,初级群体发挥着社会整合功能,有助于实现社会的稳定。在初级群体中,人们获得了社会中占主导地位的思想、价值观和行为规范,从而把自己一体化到社会整体中。

谢维和教授认为,班级群体属于初级群体,是一种特殊的初级群体。他曾于《教育研究》(1998年第11期)上撰文《班级:社会组织还是初级群体》表述自己的观点。后来在其撰写的《教育活动的社会学分析——一种教育社会学的研究》一书中进一步论述了"班级是一种比较特殊的初级群体"[①]这一观点。这种初级群体与通常意义上的初级群体是有区别的,相比较而言,它具有自己的某些特点:班级这种社会初级群体在互动方式上具有情感和理性的双重性;班级这种初级群体具有较统一的目标和行为上较大的整合性;班级这种初级群体具有在形式上比较正式的群体结构。

三、班级是一种社会组织

盖哲尔和谢仓在《研究作为一个社会组织的班级团体的概念结构》一文中指出:"学校本身或学校内部的单个班级,就其本身意义而言,它是一种社会组织。"[②]作为一种社会组织的班级与社会上的其他团体一样,具有一定的机构和角色分工以及承担一定的社会责任等。

吴康宁、郝京华认为社会组织有三大特征:① 有明确的组织目标;② 具有严密的组织机构;③ 具有严格的组织规范。以此为标准来衡量班级的话,班级符合这种社会组织的标准要求,因此班级属于社会组织。从组织的性质来看,组织一般分为强制性组织与规范性组织,正式组织和非正式组织两种。所谓强制性组织是指用某种威逼手段(如命令、训斥、体罚、隔离、关押等)来强迫成员服从和参与的组织。规范性组织则

---

① 谢维和.教育活动的社会学分析——一种教育社会学的研究[M].北京:教育科学出版社,2000:187.
② J.W.盖哲尔,H.A.谢仓.研究作为一个社会组织的班级团体的概念结构[J].王秉,译.国外教育参考资料[C].1985:2-4.

是指用激励或监督手段(如规范的约束、道德的反省、良心的驱使等)来促使成员服从和参与的组织。根据教育工作的性质而言,班级应该属于规范性组织而非强制性组织,但是,我们从教育实践中看到,班级管理中教师体罚或变相体罚现象异常严重,以至于强迫命令与训斥学生成为家常便饭,这种班级已演变成强制性组织。

所谓正式组织是指根据正式文件的规定、为完成一定的任务而建立的组织。在正式组织中,成员的地位、角色、职责及权限都是既定的。而非正式组织则是指不经正式文件规定,在正式组织内部自然形成的小群体。这种群体具有明确的或不言自明的地位分割、角色分工、职责分担及权限分享。班级应属于正式组织,它与其他所有正式组织一样,在其内部存在着多种非正式组织。非正式组织具有四个主要特征:① 成员之间具有密切的情感联系并因之而有较强的凝聚力;② 有为成员们所共同遵守的不成文的规范;③ 有为成员们所公认的核心人物;④ 有一条传递迅速的信息交流渠道。班级内非正式组织有积极与消极作用。积极作用有:能满足学生的交往需要;能促进班级内部的意见沟通;能帮助学生解决班级所难以解决的一些实际问题。消极作用有:成员之间的过多接触会消耗较多精力,影响对班级活动的参与;容易使成员在进行非正式组织内部交往与外部交往时产生心理反差,从而导致形成"独立王国";容易传播小道消息,造成与非正式组织外部成员之间的矛盾,影响班级的整体团结。①

四、班级是一种特殊的社会组织

吴康宁在《教育理论与实践》中撰文指出,班级是一种特殊的社会组织。他认为,班级是学校教育活动的基本单位,也是学生个体社会化的基本场所。班级的状况直接影响到学生对于学校生活的感受和参与程度,影响到教师的教育效果。研究学校教育,研究学生的发展,就不能不研究班级。吴康宁以班级成员——学生——的两个基本属性为线索,讨论了作为特殊社会组织的班级的两个重要的社会学特征。

(一)作为学习者组织的班级——自功能性

班级由学生组成。学生的首要属性是"学习者",其基本任务是学习。众所周知,学生的学习不同于成人教育中常见的"补偿性学习"或"进修性学习",它是为将来进入社会生活做准备的"奠基性学习"。这种学习无论是在明文规定的目标上,抑或在实际发生的过程中,都含有两个方面,既包括科学知识的学习,也包括价值取向、道德规范与行为准则等社会文化的学习。班级正是由几十个担负着这种奠基性学习任务的学生所构成的特殊社会组织,这便决定了班级区别于其他社会组织的第一个重要特征——"自功能性"。

---

① 郝京华,王晓柳,李宁玉,丁瑜,吴康宁.班级的社会学分析[J].教育研究,1988(2):56.

一般来讲,其他社会组织的生存目标都是指向于组织之外的。比如,工厂若不制造产品便不能称其为工厂,医院若不医治病人也不能称其为医院,这里的"制造产品"与"医治病人"分别就是工厂与医院的生存目标。显然,这些生存目标的着眼点并不在组织——工厂或医院——之内,而是在组织之外。衡量生存目标实现与否自然也不以组织成员——工厂或医生——自身的状况为依据,而是以组织之外的某种变化为标准,如工厂制造出多少产品,医院治愈多少病人等。也就是说,这些社会组织的生存目标具有"外指向性",它们所履行的首先是与组织自身无涉的功能,在这个意义上,我们不妨将这些社会组织称为"他功能性组织"。相比之下,学校的班级则迥然相异,由于班级的成员如前所述是担负着奠基性学习任务的学习者,因而,班级作为一种社会组织而得以建立,就不仅是为了实现某些外指向性的目标(如提高教学效率,便于学校管理等),而首先是按照现代教育原则对其成员——学生——进行自身的奠基性学习。

(二)作为非成人组织的班级——半自治性

班级以其组织成员的基本属性便可同其他社会组织明确区分的第二个重要之处为:它是非成人组织。作为班级组织主体的学生正处于身心发展的过程之中。尽管这一发展水平因学生的年龄阶段而异,但相对成人来说,学生是社会未成熟者。这一特点产生了班级区别于其他社会组织的又一重要特征——"半自治性"。

所谓半自治性是指作为非成人组织的班级并非完全靠自身的力量来管理自身,而总是在一定程度上借助于组织外部的力量。这一程度因情而异,但半自治性这一总体特征不变。如果说前面所讲的自功能性是班级组织在功能对象方面的主要特征的话,那么这里所说的半自治性则是班级组织在运行机制方面的主要特征。对此,我们可以根据学生的非成人属性,从以下三方面加以分析。

第一,从学生的自主意识水平来看,班级组织的运行趋向于半自治。自主意识是自治的心理基础。学生的自主意识一般会随着年龄阶段的递进而逐步增强。高中三年级学生的自主意识水平自然与小学一年级学生的自主意识水平不同。因此,学生对于班级自治的期望程度也因其年龄阶段而异。

第二,从学生的组织调控技能来看,班级组织的运行只限于半自治。这一点是以学生具有彻底的自主意识这一假设为前提的。也就是说,即使学生具有很强的自主意识,期望完全由自己来管理班级,也会由于缺乏比较成熟的组织调控技能而难以完全实现。

第三,从学生的相对社会地位来看,班级组织的运行被控于半自治。这一点是以学生同时具有彻底的自主意识与必要的组织调控技能这一假设为前提的,即使学生期望完全由自己来管理班级且已掌握各种组织调控技能,也会因其相对社会地位的限制而达不到班级的完全自治。

五、班级是一种活动共同体

我国学者毛景焕根据斐迪南·腾尼斯的共同体理论提出，班级也是一种活动共同体。所谓共同体是指在自愿的基础上组织集合起来的并由协商建立的、有规则运行的团体，它的首要特征是共同体成员之间的平等关系和资源共享。共同体中所建立的交往是一种亲密关系的交往，是一种既能够充分地发展和发挥个性又能信奉和遵守规则的交往，是一种能够体验到自我的价值又有机会认识他人价值的交往，是一种在尊重他人的基础上获得他人尊重的交往，班级正是这样一种共同体。班级首先是一种文化共同体，即班级不仅需要有共同的文化目标，传递社会的公约文化，包括为社会所承认和指向的系统的文本文化和行为文化，还需要处于一个更具有现实意义也更为流动的整体文化空间之中；其次，班级是一个精神共同体，即班级要关注每个学生的精神发展，使儿童在精神上成为一个相互承认、相互关爱的统一体，使每一个儿童精神的健康发展都以其他儿童的发展为前提；第三，班级是一个伦理共同体，即班级成员之间的伦理关系不是建立在单纯的个人私利之上，而需要用伦理的关系原则，如正义、平等、人道来建设。"班级共同体论"从班级文化学的角度，论述了班级的社会属性与功能，以及班级内部的精神、文化和伦理。该理论将班级视为一种特殊的共同体，有利于从精神层面关注到学生主体之间的平等交往与精神共享，也有利于构建和谐的班级生态和氛围。

六、班级是一种集体

20世纪20年代，苏联教育学家克鲁普斯卡娅和马卡连柯提出"班级是一种集体"这一观点，到50年代，在苏霍姆林斯基和孔尼科娃的教育研究与实验中得到了理论发展。他们认为，并非任何群体都能称为集体，也不能把任何共同行动的社会成员共同体称为集体，只有那些具有共同价值、共同活动目的与任务，且具有凝聚力的高度组织起来的群体才是集体；集体是一个历史范畴，是在社会主义社会中形成和发展的人际关系的高级的特殊形式。在苏联教育科学体系中，学校班级集体理论是一个带有基础性和综合性的独特领域。诺维科娃在其主编的《集体教育学》一书中，将班级集体列为专章，对其社会特征、活动体系、交往和人际关系、社会组织形式、社会环境等进行了较为系统的阐述。该理论将班级集体的社会本质特征概括为高度的社会倾向性，即班级集体作为社会的组成部分，不是一个封闭的体系，而是包含在社会关系的整个体系之中，并反映出社会的政治、道德、美学等思想；高度的组织性，即马卡连柯所讲，集体是"那些组织起来的，拥有集体机构，以责任关系彼此联结在一起的个人有目的的综合体";高度的社会主体性,即为了共同的目标,有着共同的集体意识而相互作用的人的共同体。苏联的班级集体理论带有明显的社会主义特色,对我国教育理论和实践的影响很大。把班级看成一个集体,强调班级共同价值的形成和共同的任务目标,对形成班级高度的荣誉感和集体的凝聚力十分有利,也有利于引导班级成员之间形成和谐的人际关系,增强成员的集体归属感与主人翁意识,从而充分调动起学生在班级活动中的积极性。但是,我们不能把班级看成一个过于狭隘的共同体,而应该是随着时代的发展更加开放的、充满活力的集体。①

七、班级是学习集体

片冈德雄在《班级社会学》中提出作为学习集体的班级的观点。他认为,要想说清这一问题,首先要把班级和教室两个概念弄明白。教室是指用来供学生学习用的一种物理环境和场所。为了和它区别开来,人们倾向于把利用这种物理场所来进行学习的人的群体组织称为班级。课堂则可看成是人的群体在教室这个物理场所里开展的学习。片冈德雄认为班级必须具备五个条件:① 起码有一个学习成长目标;② 有两个以上的人为了实现这个目标聚集在一起;③ 为了实现既定目标,有指导和学习这两种角色的分配;④ 这种集体起码要保证持续一定的时间;⑤ 一般来说应有一定的物理环境场所。最后一个条件前面加了一个"一般来说"限定词,也就是说第五个不是决定条件。环境场所是流动性的抽象性的概念,重要的是第一至第四个。简而言之,班级是以学习为目的的集体。②

八、班级是一种教育性学习集体

班级与社会中的其他组织和群体相比,既有很多共性,又有很多特殊性,但是班级绝对不是真正的社会组织,也不是真正意义上的社会群体。班级更不能以"系统"作为有别于其他系统的属性标识。班级具有多种属性,与其他社会学中的研究对象很类似,以致使人们不易看清其真实面目,从而导致学者们对此争论不休。譬如,吴康宁的特殊社会组织论,谢维和的特殊初级群体论,毛景焕的活动共同体论等。我们不能以社会学的理论来认定班级的属性,也不能用其他学科理论来判定其属性,我们只能借鉴多学科理论,拨开重重现象,揭示班级的本质属性。

第一,众所周知,班级的产生是基于人类生产方式的变革。人类由农耕时代进入机器生产时代,人们对知识的需求猛增,个别式教学已经不能满足时代的需要,单位时

---

① 董泽芳,伍海云.班级社会属性的相关理论与多元分析[J].当代教育论坛,2008(11):77-80.
② [日]片冈德雄.班级社会学[M].贺晓星,译.北京:北京教育出版社,1993:5-7.

间内以最快捷的方式将较多的知识传授给较多的人的班级便应运而生。由此我们非常清楚地看到,班级是组织形式变迁的结果,是人们追求教育教学效率的副产品。第二,我们所讨论的班级是学校教育中的班级,而不是社会其他组织的班级,学校教育中的班级是由一群未成年人组成的,旨在将它们培养成能适应未来社会生活需要的准公民,所以班级的主要任务是将他们培养成合格的人,班级这种组织具有很强的目的性和教育性。第三,班级的主要任务就是学习,这一集体的任务很具体,目标很明确,具备集体包含的条件。综上分析,我们认为班级是一种具有教育性的学习集体。

案例 1-1

班级频发的失窃事件

其实,我已经找这个反复拿人家东西的同学谈过了。

是的,我知道她是谁。

班级群体丢失苹果的那次事件后,我偶然地路过我的班级。那个时候是课间广播操时间,大家都下去做操了,班级里面只有三个同学,分别坐在三个位置。我把班级的七次失物事件联系在一起后发现,所有的这些事件基本上都是发生在某一位同学的周围。而恰好在春言(化名)的 100 元钱丢失后,我的办公桌上多了一张纸条,上面写着"老师我错了,我一天心里都不好受,请原谅我。100 元还回去了。"知学生者老师也,字迹我一眼就认出了,果然是她。而不久之后,我收到一张明信片,是通过邮局寄过来的,上面只有一句英文:"Sorry, my teacher." 没有署名,但是她的字迹我认得出。

我没有点透,只是找到她随便谈谈,说最近班级丢了很多东西,你怎么看。也许这个人你认识,也许就在你的身边。我没有盛气凌人地说就是你,我始终在强调,你也许认识这个人,希望你把我说的话转达给她。我给她留足了台阶。

我问她:"你觉得以后还会发生吗?"

她的回答让我心疼。我暗示她有的人一个月内频繁拿人家那么多次东西,心里难道舒服吗?她说,会不会有的人,她有两个自己,一个自己控制不住的时候,行为不受思想控制,管不住自己。我们没有深究,我不想听她再讲人格分裂的说法。我暗示她,首先,我在班级里面已经加强了管理;再次,同学很愤怒,已经自发组织起侦探小组;最后,人都是会改变的,希望越来越好,而不是越来越堕落。再有,现在城市化已经带给青少年很多压力,而心里不舒服的问题也不是什么见不得人的问题,有问题求助于老师和家人。

我说:"你猜,我们班级以后还会不会再发生类似的事?"

她说,她也不知道。

她眼睛红红的。我结束了谈话。①

案例 1-2

精致的笔盒不见了

一天,高一班小华告诉我,她的笔盒和钢笔放在教室里突然不见了。我到班里查找都没有结果,心里不安。第二天我向全班讲了《中学生守则》第十条"诚实谦虚,有错就改"。并说到丢笔盒,我说可能有人看到这样精致的笔盒很喜欢,拿去玩玩,过几天会找到的。

两周后,我在办公室发现一张纸条,里面裹着一支笔,纸条上写着:"请把笔还给小华,那个笔盒我太喜欢,就留下了。"我看出像小华同桌小丽的笔迹。我反复思考,她是共青团员,平时表现好,怎么能干这种事呢?放学后,我找小丽问道:"这纸条是谁写的?"她摇摇头,"你帮我调查一下好吗?"我观察着她的表情继续说:"一个人怎么能为自己喜欢而损害别人的利益呢?"又过了两天,外班的一位女生送来了笔盒,是在宿舍院墙下拾到的。同学们都议论这件事。独有小丽见人总是躲躲闪闪,我把她找来严肃地说:"我认出那张纸条是你写的,也了解到是你最先发现院墙下有笔盒的。"她愕然并低下了头。我接着说:"你动了不少脑筋,使物归原主。有错就改,是进步的表现。但拿人家的东西,是不道德的,今后你怎样和全班同学共同学习、生活呀?"她痛哭起来,无保留地向我说出了全部事实经过。

这时,我校正在开展"乘时代列车前进"的象征性竞赛活动。班里发生了这件不愉快的事,还能争当先进吗? 班委会上,干部们热烈讨论着不让一个同学掉队,并制定了帮助小丽进步的具体措施。同学们主动接近她。她脸上又出现了笑容,振作起来了,和同学们一道办报、唱歌……

"乘时代列车前进"的主题班会开始了。歌声、掌声中我颁发了"乘车证"。

---

① 天地一沙鸥. http://sq.k12.com.cn/20140826.

同学们还朗诵了热情洋溢的诗句:"列车开动了,风驰电掣,带上理想,带上远大志向,前进!前进!奔向四化锦绣前程!"同学们个个心潮澎湃,谈理想,表决心,交流经验。小丽再也坐不住了,站起来声泪俱下地说道:"我犯这样的错误是第一次,请大家相信,这也是最后一次,我没有拿到'乘车证',但我有信心拿到这次列车的补票证,和同学们一道前进!"她的话音刚落,教室里便爆发了热烈掌声。小华也拿着笔盒激动地站起来说:"为了使我和小丽建立新的友谊,我把这个笔盒送给她。"两个人抱在一起哭了,同学们热烈地鼓起掌来。①

本章小结

班级是学校实施教育教学工作的基本单位,也是学生身心健康成长的重要场所。班级有着自身的结构与特点。班级的结构随着学校教育教学任务的不同而发生改变,不同的结构方式会有不同的功能释放。班级的结构从其性质而言,可分为静态结构和动态结构两种形式。静态结构是指组织本身的建制与制度规范。动态结构是指组织运行中成员间相互协助、相互制衡的关系结构。动态结构一般包括:单干式结构、竞争式结构和合作式结构三种。班级具有同质性、可塑性、教育性和社会性等特点。

班级的属性,有多种理论观点,如,班级作为社会系统、班级是初级群体、班级是社会性组织、班级是一种特殊的社会组织、班级是一种活动共同体、班级是一种集体、班级是一种学习集体、班级是一种教育性学习集体等。确定班级的属性有助于开展教育教学实践活动,有助于建立正确的学生观,有助于对班级进行有效管理。

思考与练习

1. 什么是班级?班级的特点是什么?
2. 班级作为社会系统的功能是怎样的?
3. 怎么理解班级的属性?
4. 试分析班级社会中的各种关系。

---

① 王道俊,王汉澜.教育学[M].北京:人民教育出版社,1989:390.

参考文献

1. 张人杰.国外教育社会学基本文选[M].上海:华东师范大学出版社,2009.
2. 谢维和.教育活动的社会学分析——一种教育社会学的研究[M].北京:教育科学出版社,2000.
3. 郑杭生.社会学概论新修[M].北京:中国人民大学出版社,2003.
4. 李伟胜.班级管理[M].上海:华东师范大学出版社,2010.
5. 张作岭.班级管理[M].北京:清华大学出版社,2010.
6. [日]片冈德雄.班级社会学[M].贺晓星,译.北京:北京教育出版社,1993.
7. [美]珍妮·巴兰坦.教育社会学:一种系统分析法[M].朱志勇,范晓慧,译.南京:江苏教育出版社,2005.

第二章　班级教育形制与班级主任教师

学习目标

1. 了解班级形制的发展历程。
2. 掌握各个新型个别教学基本主张和操作规程。
3. 了解班主任的作用与职责的基本内容。

现代学校教育均将班级授课制作为主要班级教育形制,然而在古代社会却并非如此。正如一切社会形态都是社会发展史长链上的一个环节一样,学校班级教育形制也是社会历史发展到一定阶段的必然产物。从世界各国的班级教育形制发展来看,均经历了由个别教学到班级授课,由单一形式到多种形式并存的历史发展过程。

第一节　班级教育形制发展历程：回顾与前瞻

一、个别教学制

个别教学是古代学校所采用的教学形式。教师的教学主要针对个别学生而进行,即教师对学生一个一个地轮流进行知识传授、作业的布置、检查与批改等;教师在教某个学生时,其余学生均按照教师要求进行复习或做作业。个别教学最显著的优点在于教师能根据学生的特点因材施教,使教学内容、进度适合于每一个学生的接受能力。所以,在个别教学中,由于每个学生的情况不同,接受能力、努力程度有差异,因而即使是同时上学的学生,他们的学习进度也会有很大差别。

个别教学中的受教育者是一个结构松散的群体,没有统一的组织。因此,教师虽然教十几个甚至几十个学生,但不可能对学生有统一的教学进度和教学要求管理,教学主要是通过谈话、问答、讨论和示范等个别方式进行。学生的学习进度难以统一,年龄参差不齐不易管理,效率低下,教育成本较高。

二、班级授课制

在中世纪末期的西方,工商业逐步发展,科学文化逐步繁荣,个别教学难以满足社会发展的需求,班级授课制便应运而生。班级授课制,又称课堂教学或班级上课制,是一种集体教学形式。它将一定数目的学生按年龄与知识水平编成固定的班级,依据周课程表和作息时间表,安排教师有计划地向全班学生集体授课。在班级授课制中,同一个班的每一位学生的学习内容与进度必须一致,但开设的各门课程,特别是在高年级,通常由具有不同专业知识的教师分别授课。

班级授课制的特点:① 固定编班,学生年龄程度较一致,人数固定;② 面向全体学生统一授课,统一内容和时间;③ 计划周密,学科交替配合,学习与休息时间的安排有计划性。

班级授课制的优点:① 使教学更有组织、有计划地进行,保证教学的方向性和目的性;② 有利于提高教学效率,大面积地培养人才;③ 有利于发挥教师的主导作用;④ 便于发挥集体的教育作用;⑤ 分科教学,劳逸结合,符合教学卫生的要求,能保证学生身心健康成长。班级授课制的出现是历史的一大进步。

班级授课制的缺点:由于过分强调全班学生按统一进度在同一时间内学习同一内容,因此不能适应学生的个别差异,不利于发展学生的个性和独创性,难以顾及学生情感的个别需求,而且易忽略学生实践层面的锻炼。

三、新型"个别教学"

班级授课制对普及教育,扩大教育教学规模,提高教学质量和效率做出了积极贡献,但是,这种授课形式本身存在着压抑个性等诸多缺点,受到多方批评。于是人们纷纷对其提出多种改革方案并付诸实施。譬如:18世纪末到19世纪初,英国牧师贝尔和教师兰开斯特倡导"导生制",又称"贝尔—兰开斯特制";19世纪末20世纪初,美国学校在实用主义教学理论指导下,出现了以课题为中心的"设计教学法"和实验室作业的"道尔顿制",以及将大班上课、小班讨论、个别作业三种教学组织形式结合起来的特朗普制,还有文纳卡制等,这些教学组织形式均为针对班级授课制的不足所进行的颠覆性的改革。由于这些形制注重个别教学与辅导,强调学生个性发展,所以,我们将它们称作新型"个别教学"。

1. 设计教学法

设计教学法,也叫单元教学法,是由杜威的学生,美国著名教育家克伯屈提出来的。设计教学法废除了班级授课制,打破了学科体系,由学生根据自己的兴趣和需要进行有目的的活动,由此来设计学习单元和组织学校工作。克伯屈所谓的设计是指有明确目标、涉及整个身心活动或有目的的行为。根据行为目的的不同,克伯屈把设计划分为不同类型:① 生产者的设计;② 消费者的设计;③ 问题的设计;④ 练习的设计。

根据杜威的五步探究教学法,克伯屈提出了设计教学法的四个步骤,即决定目的、制订计划、实施计划和评判结果。在这个过程中,克伯屈强调教师的指导和决定作用,并且必须使目的具有教育价值。而这四个步骤的施行以学生为主,由他们自己找材料,自己研究,这四个步骤只是逻辑上的而非次序上的。

克伯屈的设计教学法得到迅速传播。20世纪30年代,这一教学法对英语国家的学校产生了广泛影响。它不仅在西欧和苏联被采用,对中国、印度和埃及等国的教育也有较大的影响。设计教学法充分发挥了学生的主动性和积极性,使学生成了学习的主人;力求使教学符合学生心理发展规律,以提高学习效率;注重培养学生的合作精神,加强了教学与学生实际生活的联系。但设计教学法的四个步骤主要是针对生产者的设计而言的,因此克伯屈本人也承认没有为学习知识的设计教学确定明确的步骤。由于强调根据学生的经验组织教学,设计教学法实施的结果也必然导致系统知识学习的削弱。

2. 道尔顿制

道尔顿制是美国进步主义教育家 H. H. 帕克赫斯特于1920年在马萨诸塞州道尔顿中学推行的一种新的课程与教学计划,是一种强调个别差异和个性发展的个别教学制度。

道尔顿制的实施有四个基本要素,即指定作业、工作合约、实验室和表格法。指定作业指的是学生必须学习的内容。教师必须以书面的形式把指定作业明确无误地确定下来,并根据不同学科和学生的不同特点进行安排,还必须充分考虑到每一个学生的特殊需要和爱好。指定作业通常以一个月为时间单位,内容主要包括本月作业导言、所学科目的主要内容、每周学习主题、书面作业、记忆作业、参考书目等。工作合约是指学生以合同形式认领学习任务,在指定作业要求的范围内按照自己的能力和兴趣,自由支配时间、自由确定学习进度。实验室是学生学习的场所,与以往的教室不同,它是按照学科划分的综合场所,配备教师指导学生,学生可以自由进出。表格法用于记录学生完成指定作业的情况,以帮助学生考察学习进度、掌握学习时间。在改造课程表的同时,道尔顿制保留了班级授课制、教学大纲和课程计划。道尔顿制有三个原则,分别是自由、合作和个性原则,这主要是基于大多数进步主义教育家的一个重要思想,即给个别儿童更多的自由,使他们得到完全自由的发展。因此,道尔顿制不仅是教学改革,而且也是一个基于儿童中心倾向的、试图达到多方目的的教育实验。

20世纪二三十年代,道尔顿制盛行于美国并迅速扩展到欧洲和苏联,许多国家都建立了这类学校。30年代末,道尔顿制走向衰落,在大多数学校里不再被作为一个完整的制度,而是作为个别化教学的方法之一来使用。

道尔顿制在发展学生个性、培养学生独立工作能力等方面弥补了班级授课制的不足,并对程序教学、个别指导教育等曾发生过影响。但道尔顿制偏重学习学科知识,过分强调个性差异,忽视了班集体作用以及德育,在推行时往往形成了教学上的放任自流。这一制度在20世纪20年代后曾在一些国家试行,中国的上海、北京、南京、开封等地也进行过实验。30年代后,采用此制者就日渐减少。道尔顿制是一种彻底的适应个性的教学方法,是对班级授课制的颠覆性改造。

3. 文纳特卡制

文纳特卡制是进步主义教育家华虚朋在芝加哥的文纳特卡镇所实施的个别教学实验。华虚朋认为,儿童之间存在显著差异,如何让学校适应儿童的个别差异是当前教育的一个紧迫问题。因此,他试图使用促进个体发展的方法,来实现儿童的全面发展。文纳特卡制主要有五个步骤:一是针对每一个儿童的特殊情况,制定个别训练的特殊目标和标准;二是进行全面的诊断测验,以明确儿童的能力;三是编写儿童自我学习与自我订正的教材;四是学习进度个别化;五是集体活动和创造活动。文纳特卡制是以学校适应儿童为出发点的个别教学形式,反映了儿童中心的基本取向。

20世纪30年代文纳特卡制在一些国家很盛行,中国的一些地方也进行过实验。但此制由于学科间进度不一,相关学科间不能很好联系,从而影响了学科的深入学习,同时也容易产生偏废某些学科的现象。此外,在编写自习与自行订正的教材和诊断测验方面也有不少困难等。因此,20世纪30年代后,此制日渐衰减。[1]

4. 特朗普制

特朗普制,又称"灵活的课程表",是20世纪后半叶在美国一些学校进行实验的一种教学组织形式,由教育学教授劳伊德·特朗普提出。其基本做法是,把大班上课、小班讨论、个别作业三种教学组织形式结合起来。首先是大班上课,把两个或两个以上的平行班合在一起上课,应用现代化教学手段,由最优秀的教师任教;然后是小班讨论研究,每个小班20个人左右,由教师或优秀学生负责,研究和讨论大班上课的材料;最后是个别作业,其中部分作业由教师指定,部分作业由学生自选,以此促进学生的个性发展。这三种形式的时间分配大致是:大班上课占40%,小班研究讨论占20%,个别作业占40%。不难看出,这种教学组织形式是一种综合的教学组织形式,它试图将班级教学、分组教学和个别教学的优点结合起来,既能集体上课,又有一定的研究讨论,还能够进行独立钻研。这种教学组织形式目前仍在使用。

四、当前我国主要的班级形制

我国在清末民初开始引入西方学校教育制度,班级形制随之便在各级各类学校中

---

[1] 张斌贤.外国教育史[M].北京:教育科学出版社,2008:254-356.

采用,一百多年来,西方班级形制在与中国具体国情相融合的过程中,班级形制也在进行着自身的演变,尤其是我国改革开放以来,经济变革加剧,教育的适应性变革不断提速,班级形制在这种情形下悄然应变。

1. 小班化教育模式

目前,北京、上海、长春等教育发达地区,已悄然兴起小班化教育模式。上海最早实施小班化教育模式。随着上海城市建设和知青回城高潮的消退,上海市人口出现了负增长,在校小学生人数随之减少,上海市抓住教育资源相对富余的机遇,适时提出在有条件的小学实行小班化教育。他们将过去四五十个人的班一分为二,改变以往师生交往、学习的方式和手段,使每个学生平均享有了比过去充分得多的教师关爱、辅导和交往时间,满足了学生各方面健康发展的需求。小班学生不超过 25 人,教师以灵活的方式主导课堂;学生可以在教师指导下自主活动,并在异想天开般的自由提问和讨论中培养想象力、探究意识和合作精神,从而提高综合素质,这种建立在高标准、高质量义务教育现代质量观基础上的有效尝试,成为个性化实施素质教育的重要载体,被称为"教学领域的一场静悄悄的革命"。目前,上海市已有 300 多所学校实施了小班化教育,占到全市小学数的 30%。小班化教学基本模式的研究已将重心转移到中高年级,更加突出了学生创新能力的培养。

2. "走"班式教育模式

《上海教育》2000 年第 5 期介绍了上海晋元高级中学的教学新模式,读来令人耳目一新。该校将"选择教育,充分学习,卓越发展"这一科研课题作为未来学校的办学理念和治校方略,以此探索基础知识扎实、个性丰富、有创见、能主动适应 21 世纪社会发展需要的新一代高中生的培养方略。他们的教学运作模式是设立专用教室,教师固定教室,并采用基础性课程、有本校特色的拓展性课程和由学生自选的研究性课程相结合的"套餐式"课程,让学生自选课程,流动"走班"上课,同时开展分层教学。这样做,把个体生命发展的主动权完完全全地还给学生,代表了 21 世纪教育的发展方向。我们向往着这样的班级教育教学模式成为现实。

3. 开放式教育模式

开放式教育是将现有的教育教学资源进行有序共享,为学习者提供服务。它有两层意思,一是学习资源的有序共享;二是学习者获取一定的自由。开放式教育是相对于封闭教育而言的。开放式教育应具有以下基本特征:① 以学生和学习为中心,而不是以教师、学校和教学为中心;② 开放式地应用各种教和学的方法;③ 取消和突破种种对教与学的限制和障碍。

教学实践中有一些学校在做有限性的开放式教育改革试验,还没形成成熟的经验,在此也不再深入讨论。作为学校教育的班级既是学生学习的课堂,又是学生社会化的演练场,也是学生认识社会的窗口,还是学生走向社会的跳板、桥梁。如何把班级教育教学与社会紧密相连,如何借鉴开放式教育理念对其进行探索式研究,对我们来说将是一个艰难的课题。

五、未来教学组织形制将形成以班级教学为主,其他形式为辅的综合形制

未来社会的发展是受将来政治、经济、文化等多种发展趋势影响的,未来教育发展走向势必要受未来经济等诸要素的制约,在可预计的将来,未来的教学形式仍将以班级授课形制为主,主要原因有以下几点。

1. 班级教育具有稳定性

纵观世界各国教育实际,可以肯定地说,班级教育形制不仅在过去而且在当今乃至将来的很长一段时间里,仍然是学校教育的主要形制。这对于不发达国家是如此,对于发达国家亦是如此。作为基础教育的主要教育组织形式,班级的功能已由纯粹的教学组织形式发展为多功能的统一体,在学生的身心发展、人格教育、智能开发与拓展上发挥着越来越大的作用。历史表明,正是班级制度这个教育遗传的精巧机制具有传递社会文化、维系人类世代交替、促进儿童青少年社会化的巨大潜能。现代技术可以丰富、完善班级教学,也可以给予某些特殊教育对象以某一方面的满足,但迄今为止,至少在可以预见的将来,还没有发现可以取代班级教育的其他教育形式。

2. 班级设置具有科学性

从教育组织形式变化的脉络及传承关系可以清晰地看出,学校班级教育组织形式在近代出现,绝不是偶然的。它是社会政治经济发展的必然产物,也是教育组织形式适应社会发展的必然结果。随着社会政治经济文化的不断发展,以及教育的社会化、个性化发展,未来的班级设置将更具科学性,具体表现为以下几点。

第一,班级设置首先遵循同龄性原则。因为儿童的身心发展存在着阶段性、共同性的特点,对于一定年龄阶段的儿童实行分班才成为可能,这是班级设置的生理、心理学依据。

第二,班级设置要遵循交往性原则。社会学研究证明,人际交往在年龄相近的人群易于发生或进行。要想人际交往顺利,首先必须排除非同龄的身心"落差",避免非同龄交往中的身心水平不同而造成的障碍,这是班级设置的社会学依据。

第三,班级设置要遵循经济性原则。历史上的个别教育之所以被班级教育所代替,很重要的一个原因就是经济因素。班级设置要考虑到师班比,这种比值越高,效益就越低。反之亦然,但也不尽然。"高投入,高产出"也是一种发展趋势。目前进行的"小班化教育"尝试就是一个有力的证例,这是社会经济发展到一定水平的必然选择。

另外，班级设置还要考虑卫生学、人体工程学等方面的制约因素，使教室空间与学生人数有一个符合生态学要求的数量关系，以最大限度地发挥教师影响力。

3. 班级组织形式具有多样性

随着教育社会化、个性化时代的到来，未来的班级组织形式将更加丰富多样，这是因为教育的社会化、个性化要求弥补班级注重整体素质提高而忽略个性差异的缺陷，通过大力发展课外个别发展，分层分类教育教学，使得不同的学生个体在其原有基础上都得到发展，这也就是说班级的发展趋向将是两种教育组织形式（集体和个体）的合流，在以班级为主导性教育组织形式的前提下，充分发挥个别教育的长处。届时按学生的兴趣、能力和学业成绩编班，分组进行教育的组织形式将普遍实现，固定的班级可能会改为弹性的学级编制，班级编制将趋于小型化，班级教育组织形式将日趋多样化，"走"班制、复式制、分层制等更加开放的教育组织形式将日渐增多，这样一些趋向，无疑将给学校的班级管理带来诸多新问题。

第二节 班级主任教师

班主任这一称谓源自于班级存在，班级是班级授课制的产物。班级授课制作为一种最基本的教学组织形式，需要有一种凝聚教育本质，强化教育目的和职能的岗位，班主任便应运而生。

一、班主任制度的历史沿革

班主任虽说是主任称谓，但它不是行政管理体系中的一级职位，没有相应的人事、财物等支配权，它只是一个班级所有任课教师中的代表，具体负责一个班级的日常教育教学活动事务，负责教师与教师之间、教师与学生之间、学生与学生之间的关系协调工作，引导和指导学生健康快乐地生活与学习等。班主任源自于新中国成立前夕在解放区使用的"班级主任教员"，是这一职称的简称，并沿用至今。班主任制度的产生与发展有其自身的历史渊源。

（一）师儒训导制

中国古代的学校教育诞生以来，一直以"明人伦"为职志，无论是私学还是官学，大多采用个别教学形式，没有进行编班分组或分科教学，自然也就谈不上所谓的班主任了。

春秋末期，孔子以"吾从周"为志向，创立儒家学派，并开设了私学，打破了"学在官府"的局面，实现了"学术下移"的格局，使教师成为一种专门职业，并以"修身"或"成仁"作为教育宗旨，师儒训导制由此而生。孔子不仅重"管教"，更重"管导"，且以严己宽人、以身作则、内省外察等作为育人的原则,因而在功能上这可视为班主任制的渊源。后经孟子、荀子等传人的充实,儒学教育模式得以延续。

为皇子教育而建立的"师保傅制",其中的太傅、少傅就是专门负责训育的。隋唐以降,最高学府国子监中皆设"监丞"一职,而府、州、县学又专设"训导"一职,其职责即专事训育。明清国子监中又专设"绳愆厅",由监丞主其事,训育职能愈益强化。

(二) 级任教师制

1862年京师同文馆正式创立,并首次采用了编班分级的授课方式,使班级授课制得以移植。当时国文馆设正提调2名,帮提调2名,对学生进行管理,正提调可以不"逐日到馆",而帮提调必须"轮班在馆管理一切",如"文移稿件"、"学生画到"等。虽然帮提调的管理对象是同文馆全体学生,但其责与班主任之职已有许多相同之处。

1878年张焕伦创办正蒙书院,该校把学生"分为数班,即今多级教授制,每班置一班长,每斋置一斋长,斋长上有学长"。这种班级管理之制已初具班主任制之意味。因"学长、斋长、班长"递相监督而统一于教员,"以养成学生服从法律性质"。

1904年1月13日,《奏定学堂章程》(寅卯学制)颁行,其中规定,小学"各学校置本科正教员一人","任教授学生的功课,且掌所属之职务"。就实质而论,此乃学级制的肇端。在同年颁布的《各学堂管理通则》中,又规定各校设"监学"或"舍监",专责学生管理。五四运动后,学监制改为训导主任制。1922年,《壬戌学制》颁行后,中学实行选科制,此乃采用级任教师制的根基。1927年国民政府成立后,明令中学废止选科制,从而为采用级任教师制铺平了道路。1932年12月24日,国民政府颁布《中学法》,明确规定中学实行级任教师制。级任教师负责一个学级的主要课程的教学和组织管理工作。由于当时的学校规模较小,一个学校往往只有一个班;而若有多班,则相应配备多个级任教师,因此级任教师与班主任已是名异而实同了。

(三) 导师制

1938年3月28日,国民政府又将级任教师制改为导师制,是日,中华民国国民政府教育部颁发《中等以上学校导师制纲要》,其中规定:"各校应于每级设导师一人,由校长聘请专任教员充任之","各级导师对于学生之思想行为学力及身心,均应体察个性,依据训育标准表之规定及各校教导计划,施以严密之训导,使得正常发展,以养成健全人格"。"训导方式除个别训导外,导师应充分利用课余及例假时间,集合本级学生谈话会、讨论会、远足会、交谊会以及其他有关团体生活之训导。"导师负责班级管理领导工作,这无疑与班主任更为接近了。

(四) 班主任制

在中国共产党领导的解放区学校中,"班主任"这一名称已普遍使用。1934年《中华苏维埃共和国小学制度暂行条例》中即规定:"每班设主任教员一人,一班学生在四十名以上者,得增设助教员一人。"在1942年绥德专署教育科的《小学训导纲要》中强调教导合一时,提到了"班主任"这一名称。《小学训导纲要》中写道:"实行教导合一制,必须加强班主任的责任,否则教导主任就忙不过来。"

1949年7月21日,《陕甘宁边区政府关于新区目前国民政府改革的指示》中写道:"废除训、教分立制度,实行教导合一,这一原则从两方面实施:① 教师不只教书而且要参加具体的指导工作;② 组织上训育与教务统一。在学校组织上(适用于完小)校长下设教育主任。取消级任导师,班设主任教员。"从以上各种文件的条款中,我们不难看出,班主任是班级主任教员的简称。由此班主任作为专用名词便固定下来,沿用至今。

二、班主任制度的沿用与固化

新中国成立后,也曾一度在中小学设立级任主任,后又撤销级任主任,设班主任。1952年3月18日中华人民共和国教育部颁发《小学暂行规程》和《中学暂行规程》,其中规定:"小学各班采取教师责任制,各设班主任一人,并酌设任科教师","中学以班为教学单位……教员人数每班以二至三人为原则……每班设班主任一人,由校长就各班教员中选聘"。自此以后,班主任制在中小学教育中普遍施行。此后,在学校教育中具有重要意义的班主任工作,更是受到党和政府的关心与重视。

考虑到班主任工作的特殊性和艰巨性,1956年,教育部规定:对从事班主任的教师予以适当补贴。党的十一届三中全会后,则正式实行了班主任津贴制度。

1963年和1978年在《全日制中学暂行工作条例(草案)》中规定:"学校应加强对班主任工作的领导,选派政治觉悟较高和较有教学经验的教师担任班主任",对班主任的任职条件提出了一定要求。

1979年11月,教育部、财政部、国家劳动总局颁发了《关于普通中学和小学班主任津贴试行办法(草案)》。1984年又专门召开了全国优秀班主任颁奖大会,共有2914名优秀班主任受到表彰。

1988年8月10日、20日国家教委相继颁布了《小学班主任工作暂行规定》和《中学班主任工作暂行规定》,进一步体现了党和国家对班主任工作的重视。教育部于2006年印发了《教育部关于进一步加强中小学班主任工作的意见》,就班主任的职责和保障等提出了指导性意见。

随着我国经济社会改革的进一步深入,基础教育步入了由全面普及转向更加重视提高质量,由规模发展转向更加注重内涵发展的新时期。2009年8月,教育部印发了《中小学班主任工作规定》(以下简称《规定》)。该《规定》的出台基于如下原因。

一是素质教育的时代呼唤。党的十七大报告提出要全面贯彻党的教育方针,坚持育人为本、德育为先,实施素质教育,培养德、智、体、美全面发展的社会主义建设者和接班人。已制订的《国家教育改革和发展中长期规划纲要》也将确定把实施素质教育作为今后一个时期教育改革和发展的根本任务。实施素质教育,首要解决的是培养什么样的人和如何培养人的问题。中小学班主任作为中小学教师队伍的重要组成部分,是班级工作的组织者、班集体建设的指导者、中小学生健康成长的引领者,是中小学思想道德教育的骨干,是加强和改进未成年人思想道德建设,全面实施素质教育的重要力量。《规定》的发布,正是满足国家当前和今后一个时期教育改革和发展的需要。

二是内涵发展的必然选择。长期以来,各地教育行政部门和中小学校重视班主任队伍建设,发挥班主任独特的教育作用,积累了丰富的经验,形成了有效的工作机制。广大中小学班主任兢兢业业、教书育人、无私奉献,做了大量教育和管理工作,为促进中小学生的健康成长做出了重要贡献。但是必须看到,中小学班主任工作面临许多新问题、新挑战。经济社会的深刻变化、教育改革的不断深化、中小学生成长的新情况、新特点,对中小学班主任工作提出了更高的要求,迫切需要制订更加有效的政策,保障和鼓励中小学教师愿意做班主任,努力做好班主任工作;迫切需要采取更加有力的措施,保障和鼓励班主任有更多的时间和精力了解学生、分析学生学习生活成长情况,以真挚的爱心和科学的方法教育、引导、帮助学生成长进步。《规定》的出台,正是中小学班主任工作适应时代发展的需要。

三是学生成长的现实需要。学校教育是以班集体为单位来进行的,学校教育的各项工作,都跟班主任有关系,班主任既要关心学生的学习状况,教育学生明确学习目的,端正学习态度,掌握正确的学习方法,养成良好的学习习惯,增强创新意识和学习能力;又要进行有效的班集体管理,保证学校各项教育工作的顺利进行;还要组织学生开展班会、团队会以及各种主题教育活动和文体活动;更要了解每个学生的身体、心理和思想状况,开展有针对性的教育,做每一位学生人生路上的引路人。对班主任教师而言,做班主任工作和授课一样,都是主业;对学校而言,班主任队伍建设与任课教师队伍建设一样重要。《规定》的出台,对于贯彻党的教育方针,全面推进素质教育,把加强和改进未成年人思想道德建设的各项任务落在实处,具有重要意义。

该《规定》具有以下四个鲜明特点。

一是明确了班主任工作量,使班主任教师有更多的时间来做班级管理工作。一直以来,班主任教师既要承担与其他学科教师一样的教学任务,还要负责繁重的班主任工作,使得班主任教师工作负担过重。《规定》要求:"班主任工作量按当地教师标准课时工作量的一半计入教师基本工作量。各地要合理安排班主任的课时工作量,确保班主任做好班级管理工作。"《规定》明确了班主任教师应当把授课和做班主任工作都作为主业,要拿出一半的时间来做班主任工作,来关心每个学生的思想道德状况、身心健康状况及其他各方面的发展状况。

二是提高了班主任经济待遇,使班主任有更多的热情来承担相应的工作。长期以来,广大中小学班主任教师辛勤工作在育人第一线,而享受的班主任津贴一直是按照1979年教育部、财政部、国家劳动总局颁布的《关于普通中学和小学班主任津贴试行办法》(教计字〔1979〕489号)规定的标准。津贴标准低,已经远不适应现代经济社会发展的要求。自2009年起,国家实施义务教育学校绩效工资制度。根据国务院办公厅转发的《人力资源社会保障部财政部教育部关于义务教育学校实施绩效工资的指导意见》,这次出台的《规定》第十五条要求将"班主任津贴纳入绩效工资管理。在绩效工资分配中要向班主任倾斜。对于班主任承担超课时工作量的,以超课时补贴发放班主任津贴。"

三是保证了班主任教育学生的权利,使班主任有更多的空间来做班主任工作。在强调尊重学生、维护学生权利的今天,一些地方和学校也出现了教师特别是班主任教师不敢管学生,不敢批评教育学生,放任学生的现象。新出台的《规定》第十六条明确规定:"班主任在日常教育教学管理中,有采取适当方式对学生进行批评教育的权利。"保证和维护了班主任教育学生的合法权利,使班主任在教育学生过程中,在坚持正面教育为主的同时,不再缩手缩脚,可以适当采取批评等方式对学生进行教育和管理。

四是强调了班主任在学校中的重要地位,使班主任有更多的信心来做班主任工作。《规定》从班主任的职业发展、职务晋升、参与学校管理、待遇保障、表彰奖励等多个方面强调了班主任在学校教育中的重要地位,充分体现了对班主任工作的尊重和认可,对广大班主任教师是一个极大的鼓舞和激励。强调班主任在学校教育中的重要地位,对于稳定班主任队伍、促进班主任专业成长,鼓励广大班主任能长期、深入、细致地开展班级管理工作有着积极的意义。①

三、班主任的地位、作用与职责

(一)班主任的地位与作用

1. 班主任是班级建设的设计者

班级建设的设计者是指班主任根据国家大政方针、教育目的、学校的整体办学目标以及班级具体情况和班级成员的身心发展特点,对班级整体发展进行谋划,具体包

---

① 中国新闻网. http://www.chinanews.com/edu/news/2009/08-23/1830619.html.

括班级建设的目标制订、班级文化发展规划、班级发展愿景规划、学生发展前景规划，以及实现这些规划与目标的途径、方法和工作程序安排等。

2. 班主任是班级组织的领导者

班主任教师是班级组织的领导者是指班主任在整个班级组织中处于中心地位，是得到学校授权的负责班级组织管理的核心责任人。换言之，班主任是按照学校委员会授权行使其对班级的管理的。所以，班主任作为学校委任的班级组织领导者，除了具有教师本身的影响力之外，与其他组织的领导者一样有着两方面的影响力。

（1）学校的授权，这些构成班主任的职权影响力。

（2）班主任的个性特征与人格魅力，这些构成班主任的个性影响力。

班主任的个性影响力包括其个性特征与人格魅力。班主任在班级管理中若能充分发挥个人魅力将会对班级管理工作产生积极作用。美国学者豪斯（R. J. House）提出魅力领导理论，其观点认为，作为一名领导者能否成为魅力型领导者，看其在工作中带领大家完成任务时所呈现的八项指标的程度：第一，被领导者对领导者理念正确性信仰的程度；第二，被领导者与领导者理念相似的程度；第三，被领导者毫无疑问地接受领导者的程度；第四，被领导者对领导者的情感；第五，被领导者愿意服从领导者的程度；第六，被领导者对组织任务在情感上涉入的程度；第七，被领导者之成就目标增高的程度；第八，被领导者相信能够贡献群体任务成功的程度。班主任作为班级组织的领导者，也可以按照这八项指标程度的高低来估摸自己的魅力大小。

按照班主任的个性与领导风格可将班主任的领导类型分为：权威型、放任型和民主型。

权威型班主任的领导风格是专断独裁、命令、权威与疏远。这种类型风格的班主任在场时，学生都是乖乖男、乖乖女，一旦老师离开，学生就会释放压抑而炸锅。平时学生对教师往往敬而远之，不敢接近。

放任型班主任的领导风格是随意、无序和放纵。在这种管理模式中，学生随意性较强，无视教师的存在，无论是纪律还是学习，都会一团糟。如果班主任不在场的话，靠学生管理组织的自治与自律，情况反而会好转。

民主型班主任的领导风格是平等、互助与合作。在这种领导风格班主任的管理下，学生的学习与生活比较愉快幸福，能够得以健康成长。学生能够以主人翁姿态积极主动参与班级各项活动，学习也会认真刻苦。

美国爱荷华大学的领导研究表明，领导风格将会影响员工的态度与生产。如果领导的风格是民主的和放任型的，员工欢迎，但是工作效率较差；如果是专制独裁的，则不受员工欢迎，但是生产效能高，工作效率好，员工具有依赖性而不独立。这一研究成果可以迁移到班级管理之中，班主任的领导风格同样也会影响学生的学习效率与独立性的形成。

3. 班主任是学生生活的指导者

中学生虽说比小学生年龄大几岁、身体发育逐渐成熟、个头长高了,有的甚至比成年人还高,但是他们的心智还不成熟,人生观、世界观、价值观尚未形成,判断是非的能力、人际交往能力、自我控制力、自理能力和生活生存能力还比较弱,他们的生活经验与经历比较匮乏,生活中如果遇见"难题"或身处困境,尤其是师生之间、同学之间、异性之间的交际问题,他们很难恰当处理,一旦出现问题又很难走出"阴影"。班主任是成年人,见多识广,生活经验丰富,青少年时期容易遇到的一般性"难题",他们都能巧妙而轻松地解决,即使不是常见问题,教师也可以用成人的智慧去得体地处理,从而避免学生走弯路走错路。从这种意义上讲,班主任是学生生活的指导者。

(二)班主任的职责

班主任的职责是清晰明确的,主要做好以下工作:① 管理整个班级;② 指导班委员会做好管理工作;③ 教育影响学生,促进每个学生全面发展;④ 协调科任教师做好班级管理与教育教学工作;⑤ 沟通家长做好学生的后勤服务工作;⑥ 联系社会做好横向服务工作;⑦ 做好全方位学生服务工作。这些具体内容将会在其他章节进行详细讨论,这里不再赘述。

班级管理随笔选读 2-1

第一天的见面礼[①]

盼了一个暑假,我和我的没有见过面的学生今天终于见面了。

四年之后,重新当上班主任,我激动得有点像刚刚参加工作的年轻人,甚至像刚刚上小学一年级的小朋友。呵呵!我特意把头发理了理,把皮鞋擦了擦,换上新衬衣,穿上新裤子,七点四十便来到了学校。

学生们还没有来,我便走进办公室,照着新生名单在《爱心与教育》上一一签名题词——我今天将要送给孩子们每人一本《爱心与教育》,作为我送给他们的礼物。我尽可能给每一个学生的赠言都不一样:"相逢是缘。共同进步!""很高兴成为你的朋友,让我们携手并肩,一起走向成熟和成功!""童心永驻,青春万岁!""真诚乃善,朴素即美!""把爱心献给他人,把信心留给自己!"……我还把有的学生名字嵌入题词:"东方破晓,神州腾龙!"(杨晓龙)

[①] 教育在线. http://bbs.eduol.cn/20061021.

"人生如兰,淡雅高洁"(朱雅兰)……还没有签完,但我一看时间已经八点,便匆匆朝教室走去。

我一来到教室,看见副班主任王晓丹老师(学校也安排他做我的徒弟)和英语赵老师已经比我更早地到了,正在接待一个名叫"赵毓秀"的女同学——她是我班第一个来报到的新生,第二名到的李翔同学也正在办理有关手续。

"欢迎欢迎!"我和学生寒暄起来。每来一个学生,我都笑眯眯地和他攀谈,和他们的爸爸妈妈攀谈。我听到家长说得最多的一句话是:"我们就是冲着你才把孩子送到这里来的!"我很感动,但也很认真地说:"孩子的成长主要还是靠他自己!放心吧,我会尽量不让你们失望的。"

一个高大的小伙子走了进来,我问他什么名字,他大方而开朗地回答:"路遥!"我笑了:"呵呵,您可是我敬重的作家呀!您写的《平凡的世界》我给每一届学生都推荐,您的《在困难的日子里》我给每届学生都朗读过。哎呀呀,今天终于见到真人了!"他不好意思地嘿嘿笑了,说"同名同名"。他办完手续又回到教室,为新来的同学服务:带新同学去看寝室,给报名的同学和家长送上一杯水……结果有家长竟然把他当做老师了!

成都经济电视台的记者扛着摄像机来了。我这次被成都市民评为"成都市教坛十大明星",他们准备随机拍摄我第一天和学生见面的情景。我旁若无人地继续和我的学生交谈着,不把电视台的人"放在眼里",记者们对着我和我的学生,记录着一个个普通的镜头。

有一段时间,学生来得少了,我心里老惦记着我给《爱心与教育》的签名题词还没有完,怕耽误下午发送礼物,便叮嘱王老师和赵老师帮我接待一下学生,我赶紧回到办公室继续把剩下的书签完,我一溜小跑,扛着摄像机的记者也跟在我后面小跑。

在办公室里,我争分夺秒地在一本本《爱心与教育》上签名题词。突然,手机响了,是成都市教育局人事处打来的,催问我起草的《人民教师誓词》完成没有,叫我赶快传真给教育局。我说今天上午就完成。于是赶紧打开教育在线论坛,将网友们帮我修改的"誓词"下载了,再认真修改了一遍。全文如下:

我立志做一名光荣的人民教师。我的肩上扛着民族的希望,我的心中装着祖国的未来,我的手中捧着孩子们的明天。面对国旗,面对学生,我宣誓:把整个心灵献给孩子,用人格引领人格,让智慧点燃智慧;以民主、平等的态度对待每一位孩子;呵护生命,尊重个性,激发创造;发展德智体,弘扬真善美;做学生爱戴的师长和真诚的朋友;为了中华民族的伟大复兴,我将通过每一天平凡的工作,培养具有世界胸襟的现代中国人,行使一名人民教师推动中国文明进步的神圣使命!

然后,我交给行政办公室的小杨,请她帮我传真给教育局。

回到教室,又来了一些学生,我和他们随意聊着,同时观察感受着他们。我随身带着相机,不时拍下他们报名的镜头。有学生问我照相干什么,我说:"等你们长大后,再看这些照片,就知道今天我照这些相片的意义了!"

本来,按学校统一要求,班主任给新生集体讲话是晚上七点。但我想在新生进校第一天就照一张合影,该多好啊。于是我告诉每一位来报名的同学,并在黑板上写下:"下午五点钟在教室集合!"

我还想着没签完的《爱心与教育》,于是利用午休时间,把所有书都签完了,把给每一个学生写的信夹在书的扉页。然后趁教室里没有一个学生的时候,和王老师一起悄悄地把37本《爱心与教育》抱进了教室,藏在了保管柜里面(我要给学生一个惊喜,不能让他们提前知道)。

下午,五点整,同学们在教室里坐得端端正正,我开始了对学生的第一次集体谈话。

我先作了自我介绍,把"李镇西"三个字写在了黑板上。然后我说,我真是盼了一个暑假,盼望着今天和同学们的见面。我讲了我为什么要从教科所申请调回学校,讲了我怎样要求做班主任。同学们静静地听着,我感到他们开始理解我了。

我说:"第一天见面,李老师给大家准备了一份礼物!是什么呢?呵呵!一会儿就知道了。"说着,我走到教室角落打开柜子,和王老师一起把37本书拿了出来,整整齐齐地放在讲台上。"我给同学们的礼物是一封信和一本书。"我说,"下面,我念一个名字,便请一位同学上来领我送的礼物,好吗?注意,我的信就夹在书的里面。"我开始把书打开,按我写在扉页上的学生姓名,一一请同学们上来领书。每上来一位同学,我便双手把书送给他,几乎每一个同学都用双手接过,然后说"谢谢李老师"。

书发完了,教室里静静的,同学们在看着我写给他们的信。我的信是这样写的——

××同学：

你好！从今天起，我们就是好朋友了！

仔细想来，我们能够相识纯属偶然——用个比较通俗的话，叫做"缘分"！你想想，这世上那么多的学生，我为什么就遇到了你呢？这世上那么多老师，你为什么就遇到了我呢？呵呵，这是不是缘分？

第一次见到新朋友，我把我早已准备好的礼物送给你——一句话和一本书。"让人们因我的存在而感到幸福！"我把这句话作为礼物送给你！（请你在心里默念一遍："让人们因我的存在而感到幸福！"）这既是一种伟大崇高的价值观念，同时也是一种平凡朴实的实践行为。用精神播撒精神，以真情赢得真情。亲爱的朋友，做一个"让人们因我的存在而感到幸福"的人，往往只需"举手之劳"：公共汽车上，你为一位老人让座，这位老人就会因为你而感到生活在这样一个文明的社会环境中是一种幸福；在街头，你热情耐心地回答一位外地人的问路，他就会因你而感到能够得到一位素不相识的人的真诚帮助是一种幸福；在教室楼道，你主动上前帮老师抱作业本，老师会因为有你这样的学生感到幸福；有同学病了，你哪怕是送上一句亲切的问候，他也会感到有你这样的同学是一种幸福……今后在我们班，当某个同学遇到困难时，是你第一时间出现在他的面前并伸出温暖的手臂："别着急，有我呢！"那样，他会因为有你而感到班集体的无比温馨！我希望在我们的集体中，大家有共同的追求、共同的荣辱、共同的精神支柱、共同的心理依托。成员之间互相友爱，互相帮助，谁也离不开谁。每一个人为集体的挫折感到难过与忧虑，集体为每一个人的成绩感到欣喜与自豪。

你手中这本《爱心与教育》，也是我送给你的礼物，这是我好几年前出版的一本著作。这本书记录了我和我学生的故事，是我和我学生真情的结晶。你打开这本书，会走进我的精神世界，进而了解李老师是怎样一个人，李老师是怎样在从事教育的。当然，我之所以要送这本书给你，更重要的目的是要你按书中的李老师监督你眼前的李老师，看李老师是不是真的爱学生。爱，不等于教育；但没有爱，肯定没有真正的教育。因为我爱你们，所以我会想方设法地做好自己每一天的工作。其实，李老师也有许多缺点，比如我脾气不好、做事急躁等，但我想只要有了同学们的监督和帮助，我会随时克服缺点，不断改进自己工作的。我一直认为，老师和学生是一起不断走向成熟和成功的伙伴。我在教育你们的同时也在接受你们的教育，让我们在今后三年里共同成长！我坚信，在未来的日子里，我们会用行动共同创作出一部新的《爱心与教育》！

最后我还想说一个愿望：我希望在三年后你离开我的时候，会这样说："我幸运，因为我在高中遇到了李老师！"请相信，我会为我这个愿望而不懈努力！

要说的话很多很多，反正来日方长，更多的话留着以后慢慢说吧！就让我们在未来的日子里风雨同舟，携手而行吧！

你真诚的朋友：李镇西
2004 年 8 月 30 日

我看同学们差不多都读完了我的信，便在黑板上写下一行大字："让人们因我的存在而感到幸福！"然后说："今天和同学们第一天见面，我已经从一些同学的行为看到这句话的含义。比如，上午我看到一位母亲陪他儿子来报名，上楼的时候，那位男生非常自然地搀扶着他的妈妈。我很感动，便走上去对那位母亲说，你真幸福，有一个这么懂事的孩子！在我看来，这位母亲便因为自己儿子的存在而感到了幸福！还有我们班的路遥同学，他来得比较早，便主动承担了为后来的同学服务的接待任务，后来的同学们便因为路遥同学的存在而感到了新集体的温暖！我希望，以后我们每一个同学都用自己的行动来诠释这句话！"

我看时间已经五点半，同学们还要吃晚饭，便对大家说："今天第一天见面，我们一起合张影吧！等三年后毕业时我们再照毕业照，对比今天的照片，你们会看到自己成长的痕迹！"

我和学生来到教学楼前的小广场，照了一张我们新集体第一张合影照。

晚上七点整，我和学生们又聚集在教室里，按学校统一规定，给学生进行入学教育。我继续解释"让人们因我的存在而感到幸福"这句话，但我仍然没有空谈大道理，而是和学生们讲起了以前教过的一个学生崔涛的故事：他如何帮助安超，如何给周围的同学送去温暖，到了高三还如何照顾一位受伤的同学，最后考进了中国科技大学……我又讲了原来班上的优秀学生如何利用宝贵的时间给后进生补课，讲了"做人第一"的含义。同学们认真地听着，我为他们的理解而感动。我又说："李老师还有一句话要送给大家。这句话是——'我们和他们不一样！'"然后我解释道："这里的'我们'就是有志向的你们！"我给他们算了一笔同龄人求学的账，让他们感到在全国同龄人中，"我们"的确是处于金字塔尖的上部。"这意味着什么？意味着'我们'的确比其他同龄人承担着更多的使命！如果我们都没有理想、没有志向、没有追求，我们这个民族就毫无希望可言！"我重重地说道。因此，我们和他们不一样！他们可以浑浑噩噩地过日子，我们不能，因为我们和他们不一样；他们可以不学习而沉溺于电子游戏，我们不能，因为我们和他们不一样；他们可以追逐庸俗，但我们不能，因为我们和他们不一样！他们可以没有理想，但我们不能，因为我们和他们不一样！他们可以放纵自己的懒惰，但我们不能，因为我们和他们不一样！我们这一辈子是要干一番大事业的！我们要在高中三年这流金岁月，充实自己的心灵世界，通过学习，通过书籍，与人类历史上的精神大师对话，因为——我们和他们不一样！"教室里静静的，但我仿佛听到了一颗颗年轻的心在怦怦地跳动。

我又谈到一些具体事情，首先是编座位，我说："现在同学们是随意坐的，但我每次接手新班都是和同学们商量着编座位。绝对尊重同学们！我们只确定一个原则——不影响他人，不影响自己。只要这个原则大家同意，那么，你们想怎么坐就怎么坐，以后我们每周都轮换一次座位，让每一个同学都能在教室里的每一个地方坐一周。好不好！"大家都说："好！"

因为是随意坐的，因此，教室里面男生女生坐的比例不太合理，阵线分明。于是，我和大家商量着略作了调整，使男女同学能够混合地坐在一起。最后，我问了问有哪些需要照顾的同学，并把一位视力特别不好的女生安排在了最前排，然后说："我和同学们也只能照顾你一周，请理解！因为我们每周都要轮换座位。"

我知道，编座位对许多班主任来说是一件很棘手的事，但我就这么简单地完成了，只要尊重学生，什么事儿都好办！然后是班委的组建，我又和学生商量。我先说了自己的想法：第一，当班干部是义务而不是权利，更不是权力！人人都应该当班干部。第二，不搞终身制，轮流"执政"。第三，绝对让同学们选举，选了谁就是谁。大家都说好，我便问临时班委如何产生。有同学说自荐，我说这样，明天同学们给李老师写一封回信吧！在信中表明你的意愿。说到写回信，我自然谈到了随笔在一个人成长中的意义。我说同学们千万不要理解为李老师要大家写作文；不，随笔不是通常意义上的"作文"，其写作原则是"真情实感，随心所欲"。大家想写什么就写什么，想怎么写就怎么写。我又以自己写《爱心与教育》为例，说明用文字记录自己生命的流程是特别有意思的事。我又说："明天这封回信，实际上也就是一篇随笔。同学们给我回信随便写什么都行,不过我建议——注意,是建议不是强求——同学们在给我回信时能有这些内容:第一,给李老师推荐一位你以前遇到过的好老师,他有什么优点值得李老师学习;第二,给李老师出主意,你希望李老师怎样当班主任;第三,你愿意在哪些方面为集体效力,如果有当班干部的意愿可以提出来。"

  还有二十多分钟才下晚自习,我说开个记者招待会,请大家就感兴趣的问题提问。可能是第一天见面,大家还有些拘束,提问的同学不是很多。但也有几个同学提了很好的问题。一个同学希望我讲讲我的求学经历,我笑了:"我的求学经历非常曲折复杂,要讲的话可以讲一千零一夜呢!这样吧,我简单讲讲我初中毕业的遭遇吧!"我开始给同学们讲自己那一段不堪回首但也很有意义的经历,同学们听得很认真。有一个同学又问:"李老师,在你的人生中,对你影响最大的是谁呢?"我说:"很难说谁对我影响'最大'。因为在我成长过程中,很多人都对我有过很大的影响。不过,这里我可以说说两位通过书籍认识的人,这两个人对我的教育影响特别大,他们是陶行知和苏霍姆林斯基。"于是,我给学生们讲陶行知和苏霍姆林斯基的生平事迹,讲陶行知师从杜威和办晓庄师范的事,讲苏霍姆林斯基给女儿的信和《爱情的教育》,讲他们和学生的故事,用通俗简要的语言介绍两位教育家的教育思想。"你若忘记了你是先生,你就变成了学生心目中最好的先生!""把整个心灵献给孩子!"……讲我是如何追随两位教育家的。我又说:"还有一类人对我影响特别大,是我首先要感谢的。这就是我历届的学生!真的,我从心里感谢我的每一届学生,他们帮助我改进语文教学,帮助我改进班主任工作。是我的学生告诉我哪篇课文上得不好,哪篇课文上得很好。是我的学生帮助我克服急躁的毛病,改善了我的性格。是我的学生对我的爱,让我感受到了教育的幸福!是我的学生以他们的童心告诉我,什么叫纯真,什么叫善良!如果没有理解我的学生,我到现在可能还不会教书不会做班主任。我以前的学生给我留下了帮我改进工作的一封封书信,如果说我现在在教育上有了一些成绩,首先要感谢我的学生!我坚信,在未来的三年中,我也会在同学们的帮助下,取得更多的进步!我提前感谢大家!"正准备结束我的话,让学生们回寝室休息时,突然有人通知去领教材。于是我便问,"哪些男同学愿意去领教材?"好几个男生把手举了起来,我注意到,举手的人中有李运。

  我对大家说:"你看,我们便因这几位男生的存在而感到了幸福!"过了一会儿,李运上来说:"李老师,得你下去签字呢!"于是我便和他走了下去。路上,他说他对我印象特别好,我说:"我们以后可能会吵架呢!比如,我认为你做错了会批评你,你可能会和我顶撞;你认为我做错了可能也会批评我,我说不定也会反驳你。不过我认为,吵架是正常的,思想碰撞嘛!只是希望我们以后服从真理,谁说的正确就听谁的。"李运拍了拍我的肩膀说:"好,好!"

签完字,我也抱了一摞书,李运和我争抢,说:"李老师,还是我来吧!"我说:"我也行呀!你以为我老了?"

我发现搬运的人太少了,便叫所有男生都去搬书。一趟又一趟,班里的男生挥汗如雨地把书和本子搬到教室里。最后一趟是李运,当他进来时,几乎浑身上下都被汗水浸透了,我对班上所有同学们说:"让我们向李运同学和全体男生表达我们的敬意!"

全班鼓掌……

女同学要求发书和本子,于是每一位女同学都走上讲台,一人发一样,很快书和本子便发到了每一个同学的桌子上。我对同学们说:"今天晚上,我们男生和女生进行了一次互相服务的愉快合作!希望今后我们班每一位同学都能有种互助精神!让我们班充满兄弟姐妹般的温暖!"

最后我说:"明天上午八点半开始是学校统一的新生入学教育,地点在音乐厅。按规定每班必须在八点钟到教室集合,由班主任讲纪律要求。但是我们能不能创造一个奇迹,不到教室集合,直接到音乐厅坐好呢?"同学们都说好!于是我便说:"那这样,明天同学们准时于 8 点 25 分在教学楼前列队集合,但在 8 点 24 分之前,我不会来,王老师也不来,由你们自己整队,男生女生各两列。我在 8 点 25 分准时到,我希望看到你们整齐的队列。班主任不在场你们也能自觉排好队,你们能不能创造一个奇迹呢?"学生都说能,我说我也相信能,因为"我们和他们不一样"!

晚上十一点多我才回家,回家路上我对政教处徐主任说:"我的学生真可爱!"

本章小结

班级形制的发展历程是一个漫长而多变的过程。从个别教学到班级授课制,再到新个别教学形制的探索,直到目前所进行的以班级教学为主,分组教学、个别教学为补充的综合班级形制的形成。未来的组织教学形式仍将采用班级授课形制为主的班级形制。班级授课的采用,产生了班级主任教师职位,班级主任教师制度的历史沿革与班级形制变化息息相关。班主任的地位、作用与职责等也随之发生转变。概而言之,班主任的作用有:① 班主任是班级建设的设计者;② 班主任是班级组织的领导者;③ 班主任是学生生活的指导者。其主要职责有:① 管理整个班级;② 指导班级委员会做好管理工作;③ 教育影响学生,促进每个学生全面发展;④ 协调科任教师做好班级管理与教育教学工作;⑤ 沟通家长做好学生的后勤服务工作;⑥ 联系社会做好横向服务工作;⑦ 做好全方位学生服务工作。

思考与练习

1. 谈谈你对班级授课制的理解。
2. 什么是新型个别教学,包括哪几种,基本观点是怎样的?
3. 你对班主任的地位与作用是怎样认识的?
4. 你认为案例中李镇西的做法如何?如果你是一位班主任你会怎么做?

参考文献

1. 张斌贤,王晨.外国教育史[M].北京:教育科学出版社,2008.
2. 王道俊,王汉澜.教育学[M].北京:人民教育出版社,2009.
3. 陈青之.中国教育史(上、下)[M].长春:吉林人民出版社,2013.
4. 孙培青.中国教育史[M].上海:华东师范大学出版社,2009.

第三章 中学班级管理

学习目标

1. 了解班级管理与中学班级管理的内涵。
2. 理解中学班级管理的特点。
3. 掌握中学课堂管理的内涵、原则。
4. 掌握课堂气氛的内涵、类型以及良好课堂气氛的营造。
5. 掌握课堂问题行为的形成原因及矫正等内容。

中学班级管理是中学阶段的班级教育教学的管理,是相对其他阶段的班级管理而言的,中学班级管理的管理对象主要是身心处于迅速发展阶段的中学生,中学生身心发展的特殊性决定了中学班级管理与其他阶段的班级教育教学管理的种种差异性。要研究中学班级管理,我们首先要对管理、班级管理、课堂管理以及围绕课堂管理所产生的一些现象与问题进行分析与探讨。

第一节 中学班级管理的含义

一、什么是管理

何谓"管理"? 从字面来看,管理是由"管"和"理"两字组成,在该词组里"管"意为"管辖""看管""管教";"理"意为"办理""整理",合起来该词应从负责某项工作使其顺利进行、保管和料理、照管并约束(人或动物)三方面理解。从管理学角度来看,"管理"却是一个非常复杂的概念,不同的学者有着不同的解读。

科学管理之父泰勒认为:"管理就是确切知道要别人干什么,并注意他们要用最好最经济的方法去干。"[①]德鲁克在其著作《管理——任务、责任、实践》一书中阐述了他对"管理"的看法:"管理是一种工作,它有自己的技巧、工具和方法;管理是一门科学,一种系统化的并到处适用的知识,同时管理还是一种文化","管理是一种职能,表明一

---

① [美]F.W.泰罗.科学管理原理[M].胡隆昶,冼子恩,曹丽顺,译.北京:中国社会科学出版社,1984:33.

种社会地位和阶层,同时还指一门学科和研究领域"。① 法约尔对管理的认识更为独特,他将管理视作一个历程,将整个历程分为计划、组织、指挥、协调和控制五个阶段。因而他因这一主张被后人称为管理历程之父。② 斯蒂芬·罗宾斯给管理的定义是"所谓管理就是通过协调和监督他人的活动,有效率和有效果地完成工作"。③ 孔茨则认为"管理就是设计和保持一种良好环境,使人在群体里高效率地完成既定目标"。④

我们从以上管理学家对管理的不同解读中发现,大而言之,管理不仅是一门科学、一种系统化的知识,还是一种文化;小而言之,管理是一种工作,有其自己的技巧、工具与方法。若将管理细分开来,我们又发现,管理是由多个环节构成的活动过程。管理具有多面性,很难概而总之,一言以蔽之。我们只能从一般意义上对它进行分析解读,我们倾向于管理是一个活动过程的说法。基于此我们认为管理具有以下五种含义:一是管理要有人负责,责任人要执行管理职能——计划、组织、人事、领导与控制。二是管理适用于任何组织。三是管理适用于各级组织的责任人。四是责任人的目标都是一致的,即创造盈余。五是管理涉及生产率,即效率与效果。

二、什么是班级管理

给班级管理下定义看似一件很简单的事情,但若想清楚地解释明白又很困难。那么我们该怎么对它进行界定呢?我们先从班级管理所涉及的内容方面进行理解,即班级管理是指对班级中的人与事务的处理与管控。班级管理,简而言之就是对班级进行管理。中学班级管理,顾名思义,管理的对象是中学生,而非小学生,是有着青春气息的青少年,管理的策略与方法要符合青少年身心发展的特点和规律。在中学管理系统中涉及班级管理的人与部门并非一两个。若进而细想,谁对班级进行管理?管理者具体都做些什么?又好像很难一下子说清楚。我们试从以下几个方面进行分析。

1. 谁是班级管理者

班级管理者就是对班级进行管控的人。班级管理的不同时段有着不同的管理者。首先,从整个学校管理系统看,由于班级处于整个学校管理中的底层,是最小的组织单位,班级管理可以被看做是学校管理中的基本环节,从这个意义上说,班级管理者是学校的高层领导和中层领导们。学校中层领导是班级管理的直接领导者,包括教务部门、政务部门、学生工作部门、党团组织等单位的责任人。在学校日常管理中,班级管

---

① [美]彼得.F.德鲁克.管理——任务、责任、实践(上)[M].孙耀君,等译.北京:中国社会科学出版社,1987:16.
② [法]亨利·法约尔.工业管理与一般管理[M].周安华,等译.北京:中国社会科学出版社,1982:5.
③ [美]斯蒂芬·P.罗宾斯,玛丽·库尔特.管理学[M].北京:中国人民大学出版社,2008:7.
④ [美]哈罗德·孔茨,海因茨·韦里克.管理学[M].北京:经济科学出版社,1993:2.

理所占比重极大,可以这样说,班级管理是整个学校工作的核心,是整个学校管理中的重中之重,如果没有班级管理,学校管理将失去意义。其次,从班级是教育教学的基本单位角度看,不同学科的教师单独授课时,班级同样需要管控,这一时段的班级管理者就是各科任课教师。第三,从管理者是管理组织中的成员角度看,班级管理者是班级组成成员中的责任人。班级事务主要由班级的主体——学生自己来处理,所以班级管理者是学生自己。除此之外,班级管理还要涉及一个特殊的岗位,即由学校任命的专门负责班级事务的教师协助管理班级,负责该岗位的教师被称作班级主任教师,简称班主任,但是班主任并非唯一的班级管理者。班级管理有别于一般行业的一般部门管理,班级管理具有特殊性(以后章节还要详细阐述)。因为对班级执行计划、组织、领导与控制职能的人是多部门、多学科的,我们很难具体清晰地指明谁是班级管理者。若从罗宾斯的管理定义"管理者要通过协调和监督他人的活动,有效率和有效果地完成工作"分析判断的话,各科任课教师、班级中的班干部们和班主任教师最符合班级管理者的条件。

2. 班级管理者做什么

准确说出班级管理者做什么不是一件很容易的事情。因为班级是不同的,不同班级管理者面对由不同成员组成的班级需要做的事情肯定是不同的。但是若从管理学的职能、角色、技能三个维度来讨论班级管理者做什么就能很清晰地加以分类说明。

(1)从管理职能视角看班级管理者的工作。

20世纪初,法国管理学家亨利·法约尔首次提出管理者在管理活动中要履行五种职能,即计划、组织、指挥、协调和控制。计划就是探索未来、制订行动计划;组织就是建立企业的物质和社会的双重结构;指挥就是使其人员发挥作用;协调就是连接、联合、调和所有的活动及力量;控制就是注意一切是否都按已制定的规章和下达的命令进行。① 直到今天,管理界仍在用这种方法划分管理内容,一般用以下四种职能来划分:计划、组织、领导与控制。计划是指设计目标,开发计划协调整个活动;组织是决定做什么、怎么做、谁去做等问题;领导是指导和激励群体和个体工作,解决各种冲突等;控制则是监控活动过程以确保其按计划完成。用这种方法划定管理者的工作简单、明了,得到普遍接受。班级管理虽说有别于一般管理,但是班级管理整个过程也可按照计划、组织、领导与控制活动次序细分,班级管理者可以按照这种次序展开工作。

(2)从管理技能角度看班级管理者的工作。

管理者的工作是千变万化的,管理者在处理日常事务中需要具备多种技能技巧。具体而言,这些基本技能都是什么呢?早在1955年,罗伯特·卡茨(Robert L.

---

① [法]亨利·法约尔.工业管理与一般管理[M].周安华,等译.北京:中国社会科学出版社,1982:5.

Katz)在《哈佛商业评论》上发表《有效行政管理者应具备的技能》(*Skills of an Effective Administrator*)一文,他指出管理者需要三种基本技能或素质:技术技能(Technical Skill)、人际技能(Human Skill)和概念技能(Conceptual Skill)。[①] 技术技能是指完成某项特定工作必须具有的专门知识和娴熟技能。灵活运用这些程序性知识、技术等的能力和娴熟度,如同音乐家、外科医生、会计师或工程师在各自领域里的完美表现一样。这种技能对基层管理者而言是必须拥有的基本技能,否则很难建立自己的威望。人际技能是指能与所领导的组织成员建立有效合作、相互尊重的和睦关系的能力。如果说技术技能与程序或物质相关的话,那么人际技能则是与人直接相关的能力。这种能力可以调动他人的工作热情,激励他人工作,获取他人信任等,帮助管理者更有效地达成既定目标。概念技能则是用整体观处理组织事务,协调个体与个体、个体与群体、局部与整体、整体与外部的利益关系的技能。这种技能对管理高层尤为重要。班级管理者同样需要一般管理者的三种管理技能。管理技能的具体阐述会涉及管理的工作内容,毫无疑问,用这种方式来框定管理者做什么是实用的,也是非常有意义的。

(3) 从管理角色看班级管理者的工作。

乔兰(Choran)于1969年用结构分析的方法对三个小公司的总经理的工作进行研究,得出结论——他们担任所有十种角色,与大公司的总经理相比,他们对某些角色更为重视,而对其他角色较少重视。科斯汀(Costing)于1970年对200位中层经理进行了问卷调查并验证了这一结果,其中一半为商界经理,一半为政府官员。亨利·明茨伯格于1973年在其《管理工作的性质》(*The Nature of Managerial Work*)中详细论述了用管理角色方法分析管理者所从事的工作内容与范围。明茨伯格认为,管理者的工作可分为三类:即人际关系、信息传递和决策制定。人际关系类细分三种角色:一是挂名首脑角色,管理者在所有礼仪事务方面代表组织的责任(法律性和社会性活动等);二是联络者角色,与外界交往交流,有获得信息与支持的责任;三是领导者角色,管理者与下属的关系——激励、调配等责任。信息传递类细分三种角色:一是监听者角色,管理者是信息的接受者和收集者,使其对组织有彻底的了解;二是传播者角色,即管理者要将特别的信息向其组织内部传播;三是发言人角色,即管理者把组织的信息向组织所处的环境传播。决策制定类细分四种角色:一是企业家角色,即像企业家一样寻求组织和环境中的机会,制订方案进行变革;二是故障排除者角色,即管理者在组织面临重大威胁时及时处理;三是资源分配者角色,即管理者配置组织资源决定组

[①] R. L. Katz. Skills of an Effective Administrator [J]. Harvard Business Review,January—February,1955:33-42.

织发展方向;四是谈判者角色,管理者代表组织利益与外界打交道。[①] 明茨伯格将管理工作用角色分类方法进行细分的有效性得到后来者的进一步验证,也得到管理实践中的管理者的认同,但是管理者角色所强调的重点并非都一样,这与组织的大小和管理者所处的层次高低相关。通过以上十种角色的描述去判定班级管理者做什么可能会出现不吻合,但是大部分角色描述的任务还算贴切,由于工作性质的不同管理者所需扮演的角色会有所改变,这也算正常。班级管理者做什么,用这种角色理论划定形象而具体,实践性较强。

以上三种划定管理者工作的理论各有侧重点,第一种从管理职能视角对班级管理者做什么工作进行过程描述,按照管理过程的五个环节划分班级管理者的职责范围和任务,班级管理者在班级日常管理中易于操作。第二种从管理者所需技能角度详尽描述了作为管理者必须具备的专门知识、技术与管理技能。班级管理岗位虽说不如一般工商企业和行政管理岗位要求层次高、技术性强,但是作为最小的教育教学单位的管理者同样需要具备基本的管理知识及管理技能素养。第三种从管理者在对内和对外不同的工作环境中与各种各样的人打交道时应具备的八面玲珑、应变自如的交际素养与问题解决机智,即多种角色转换与扮演技能。班级管理者所处的环境相对不太复杂,面对的人员关系比较简单,但是"被管理者"相对比较特殊,多是较为稚嫩的未成年人,需要管理者扮演的角色不是管理场域中威严善变、足智多谋的强者,而是要符合未成年人成长需求的长者、智者、善者、友者和亲者。从这三种管理者工作性质的描述看,管理者的工作是多样的、复杂的、善变的。我们不能按照一种描述来框定班级管理者做什么,我们可以借鉴研究管理者的视角观察研究班级管理者的工作内容,但是不能撇开班级管理对象的特殊性。从某层意义上讲,班级管理者与一般管理者工作相比更复杂善变。这是由教育教学工作的性质决定的,后面我们还会继续讨论这一问题。

通过对谁是班级管理者和班级管理者应该做什么进行探讨之后,再回过头来回答什么是班级管理这一问题就容易多了。班级管理既具有一般管理的共同属性,又有自身的特殊性。班级管理的特殊性有:教育性、层次性、时段性和多极性。班级管理的基本任务是为促使学生全面发展的教育教学服务,目标是帮助学生顺利完成知识储备和社会化进程,所以,班级管理始终围绕如何使学生快速掌握学科知识和学会如何生存、做人做事等生活技能。基于此,我们说班级管理不同于其他部门管理的绩效优先,班级管理是育人优先,教育性是其根本,这也是班级管理有别于其他部门管理的关键所在。所谓层次性是指班级管理既是校级管理系统中的重要环节,又是中层管理部门的管理对象,同时又是具体管理者的服务对象。时段性是指班级管理不是一人全时段

[①] [加]亨利·明茨伯格.经理工作的性质[M].北京:中国社会科学出版社,1986:74-77.

负责到底,而是随着不同的教育教学任务的展开会有不同的人轮流担负管理者责任。多极性是指班级管理者不是固定的一长制,而是多人负责多头管理。至此,什么是班级管理已不言自明了。

三、何谓中学班级管理

中学班级管理是研究中学阶段班级管理中的管理现象与规律的学科。中学班级管理又是中学班级主任教师在班级管理中要依据国家教育方针、学校办学目的,针对中学生年龄特点,规划、组织、协调、控制、监督、评价班级集体与个体的一切班级活动的过程。

(一)中学班级管理对象的身心发展特点

进入中学阶段的学生一般为十二三岁到十八九岁左右的青少年。中学阶段是指初中和高中两个阶段。处于中学阶段的学生身心发展迅速还具有阶段性,下面我们从中学生的生理、心理与认知层面发展进行简单介绍。

1. 初中生身心发展的特点

初中生的年龄一般为十二三岁到十五六岁之间,这一阶段其身体处于快速发育期,而他们的心理发展又相对滞后,所以这一时期学生心理上充满着矛盾与焦虑。

(1)生理层面。

初中生的身体发展特点:身高显著增高、体重增加、胸围加宽;心脏作为血液循环动力系统的发展滞后于四肢和血管的延伸,因此易疲劳;神经系统,尤其是大脑皮层发展变化巨大,脑神经分化机能已达到成人水平,第二信号系统作用明显提高。从初中生的神经活动过程中看,兴奋与抑制转换也较快,但不稳定。性器官与性功能逐渐成熟。

(2)心理层面的发展特点。

初中生身体发展迅速,但是心理发展相对缓慢。譬如:感受性与观察力的发展较慢;注意力、意志力和控制力相对较弱,均处在逐渐增强中。初中生的发展总是在一种矛盾状态中前行。一方面身体发展迅猛,甚至接近成年,内心总希望成年人把自己当成成年人看待,而心智却显得稚嫩;另一方面,渴望自由自在地生活,但又缺乏独立的生活经验与能力,尤其是经济不独立,只能委曲求全,他们内心充满着各种冲突与矛盾。

(3)认知层面。

初中生正处于身体发展迅速转变期,其大脑和神经系统也在不断改善与扩容之中,所以初中生在认知层面也处于不断完善与发展状态。他们的有意识记能力、理解能力逐渐增强,形象识记能力依然较强,但抽象识记能力的发展仍然较弱。

2. 高中生身心发展特点(处于青年初期)

高中生的年龄一般在十五六岁到十八九岁左右,这一阶段的学生身体发育逐渐趋缓,心理发展逐渐成熟,认知方面也接近成人。

(1)生理层面。

高中生的身体发育增长速度减慢并逐渐成年化;骨骼韧带得以强化,心脏容积收缩力加大,心脏功能增强,高中生体力增强;神经系统发育完全,脑容量与成人等同,兴奋与抑制平衡,第二信号系统起调节作用,但神经联系的复杂化和大脑活动机能仍在日趋完善,性机能发育成熟。

(2)心理层面。

高中生心理发展逐渐成熟,感知力较高,观察力全面而深刻;注意力持久稳定,各方面均接近成人。他们的情感丰富,情感控制力逐渐加强,但在两性爱情方面尚处于朦胧期。

(3)认知层面。

高中生,尤其是高二、高三阶段,身体发育已接近成年,脑容量以及神经系统功能已经等同于成年人。此时的高中生无论是身体各个器官,还是心理层面,作为人的物质基础与心理基础都已夯实。所以,他们的有意识记能力、理解能力、形象识记能力、抽象识记能力以及逻辑思维与判断能力等都接近成年人发展水平。

(二)中学生班级管理特点

我们通过对中学生身心发展特点的分析之后,再来讨论中学班级管理的特点就容易多了。中学班级管理就是为身心处在迅速发展变化的中学生服务的,所以,中学班级管理相对其他阶段班级管理而言有着自身的特殊性。

1. 中学班级管理的民主自治性

进入中学阶段的学生独立支配和调节自己活动与行为的能力逐渐加强。这个时期学生的自我意识发展具有以下几个特点:第一,他们对人的内心品质发生兴趣,开始要求了解别人的和自己的个性特点,了解自己的体验与评价自己。第二,他们能够更自觉地评价别人的与自己的个性品质。第三,他们评价别人和自己的品质的能力与成人比起来,还是比较低的而且不稳定。

但是高中阶段的学生,其自我意识就相对成熟些,他们能够了解自己的内部世界,即主观世界,他们不但关心和认识客观现实,而且关心和认识主观本身。他们能够独立自觉地按照一定的目标与准则评价自己的品质与能力。所以,高中阶段,尤其是高三阶段,学生的自我控制、自我约束与自我管理能力都逐渐增强,与别人协商合作的能力也得以发展。这一阶段的学生所形成的班级集体就具有很好的民主自治性。

中学生的民主自治能力虽说还不像成年人那样完全成熟,但是与小学生相比有了很大的进步,处于中学阶段的学生在教师的指导下,完全有条件、有能力进行自我治理和自我教育。

2. 中学班级管理目标的阶段性与年段性

中学班级管理目标在学生成长的不同阶段有着不同的管理目标。中学阶段又分初级中学和高级中学两个阶段。在这两个阶段中,班级管理目标是不同的。初级中学阶段与高级中学阶段,学生每一年的变化都是非常巨大的,尤其是初一年级和初三年级的差别,高中一年级与高中三年级学生的变化。

初中生正处于身体发育迅猛而心理发展又相对滞后阶段,三年的变化是非常惊人的,就连学生自身都难以相信发生在自己身上的巨大变化以及由此带来的心理发生的微妙感觉。如一位初三女生在日记中对初中三年自我发展的认识就极具代表性:初中一年级时,好像一下子长大了,对新的学校充满了新鲜的占有欲,再也不怕小学的班主任了,甚至敢趾高气扬地走到他面前像对同龄人一样说:"怎么样啊,你近来好些吗?"上课的时候老实得像只猫,说话的声音小得像蚊子,有时还爱掉眼泪,但对周围的事从来就没有在乎过。初中二年级时,才觉得过去的事有些荒唐,偶然间又会否定曾经坚信不疑的一个真理,仿佛才开始凝望世界,呆呆地,却觉得自己比过去懂得多了。初中三年级,最讨厌别人对自己说,"小孩儿,你十几了?"再也不习惯大人摸自己的头,却想握握别人的手,仿佛仍摆脱不了孩子的模样,于是就总琢磨着怎么使自己看上去显得更大一些,从来没有过的心理——不愿意承认错误,哪怕是认识了这个错误,也总要在大人面前装出一副满不在乎的样子,背地里偷偷地改。

这一事例说明,中学生的身心发展不仅具有初中与高中的阶段性,同时还具有年段性,每一年之间都会产生巨大变化。教师在规划班级管理目标时要充分考虑这一变化,要根据中学生发展的年龄特点与年级特点,确定班级管理的不同阶段目标与年段目标。

3. 中学班级管理的服务性

如果说小学生处于成长初期,一切均需要班主任教师进行手把手地训练培养的话,那么中学生已经脱离了那个稚嫩的孩提时代,他们的综合能力已经足以为其自身生存提供支持。简言之,中学生已经不再需要保姆式的教育方式,而是需要教师根据他们的志向、兴趣和爱好提供服务性的指导。据此而言,中学班级管理也不再是师道尊严、耳提面命,而是要根据班级集体及个体的需求提供力所能及的支持性服务。如,初中阶段学生自我控制力的养成、学习兴趣爱好的培养、是非观的树立与辨别是非能力的培养、学生身心健康指导等;高中阶段学生的自我治理能力训练与提升、职业定向的职业选择指导、情感生活指导、正确的生活观与爱情观的树立等。中学班级管理主要是为学生提供服务性支持,而不是传统意义上的严看死守与规训惩罚。

4. 中学班级管理的复杂性

中学班级管理的复杂性表现在:第一,中学班级管理目的的全面性。中学班级管理目的的全面性源于全面发展的教育目的。我们的教育目的是"坚持教育为社会主义现代化建设服务,为人民服务,与生产劳动和社会实践相结合,培养德智体美全面发展的社会主义建设者和接班人"。毋庸置疑,中学班级管理的目的就是要让每个人都能在德、智、体、美、劳等多方面得以发展。第二,中学班级管理内容的多样性。中学班级管理内容不仅涉及班级集体的管理事务,还涉及学生个人学习兴趣、能力的培养,以及学生的生活指导等。第三,中学班级管理对象的差异性。中学班级管理对象不再是单纯幼稚的小学生,而是进入青春期的青少年,这些处于迅速发展期的学生个别差异又被青春期放大,这就给班主任教师的管理工作带来了压力。班主任教师要针对每位学生的不同情况进行有针对性的管理与教育,"因材施教"与"点面结合"教育、管理方略就显得尤为重要。

第二节　中学班级管理的价值追求

一般管理尤其是工商企业管理追求的是效率与效果。效率(efficiency)是指以最可能少的投入获得尽可能多的产出。效率指做事的方式,不浪费资源,即"正确地做事"。效果(effectiveness)则是通过某些工作或活动有助于组织达成预设目标。效果指向最终目标,涉及结果,即常说的"做正确的事"。班级管理不同于一般管理,班级管理的目标追求也应该有所差别。班级管理者怎么做才是正确的,什么事才算是正确的事呢?

一、教育:班级管理的逻辑起点

班级的产生源自于教育方式的变革。班级管理是教育变革的必然产物。在中世纪,欧洲文艺复兴之后,宗教改革如火如荼,宗教教育变革随之而来。在此影响下,教育规模不断扩大,接受教育的人数继而递增。教派之间为扩大影响广收门徒,改善教育教学效果已成为他们亟待解决的难题。为提高教学效率,增进效果,他们必须打破个别教学的传统形式,开始探索新的教育教学组织形式,他们试用分班分级教学组织形式与制度来代替个别教学形式。譬如,在耶稣会派和路德派所创办的中学中,分别把学校划分为九个年级或十个年级。耶稣会派还制订了《课程计划》,对所有年级的教学作了详细规定,并按年、月、周规定了工作进程。夸美纽斯总结了前人的经验,并予以完善和发展,在《大教学论》中第一个从理论上提出并详细论述了包括班级授课制和与此配套的学年制在内的学校管理理论,后来又在其他著作(包括《泛智学校》《创建纪律严明的学校的准则》等著作)中,对此问题进行了更深入的探讨及规定。① 这些探讨与规定都是基于能使教育教学效果更好这一基本目的而实施的。为了进一步说明这一点,夸美纽斯借用太阳以其"光亮与温暖给予万物;它用同样的蒸发与凝结的步骤把水分覆盖万物;它使同一的风吹在万物身上;它用同样的温暖与寒冷使万物发生运动"而"不单独对付任何单个事物、动物或树木"。"它使一切事物经过一定的阶段去发展,使一个阶段能为下一个阶段铺平道路,每一阶段都自然而然地跟随上一阶段"②为依据,论述教育规模扩大后需要进行学校和班级管理的可行性和必要性。

首先,夸美纽斯对教育教学规模扩大,人数增多进行了教育教学效果的论证。他认为,人数增多不是问题,一个教师就应同"一个面包师搓一次生面,热一次火灶,就可以做出许多面包,一个印刷匠用一套活字可以印出成千上万的书籍"一样,"一个教师同时教几百个学生不仅是可能的而且是要紧的③;因为,对教师,对学生,这都是一种最有利的制度。教师看到面前的学生数目愈多,他对工作的兴趣便愈大;教师自己愈是热忱,他的学生便愈热心。同样,在学生方面,大群的伴侣不仅可以产生效用,而且也可以产生愉快(因为人人乐于在劳动的时候有伴侣),因为他们可以互相激励,互相帮助"。④ 他从教师和学生两方面论述了教育教学规模的扩大不仅不会降低效果,反而还能提升教育教学效果。一言以蔽之,在夸美纽斯看来,班级授课已然成为对教师与学生能产生激励作用、提高教学效率的管理手段和有效措施。

其次,夸美纽斯班级授课的实施细则。夸美纽斯认为,要实现一个教师对付一群学生的话,必须按照年龄特点、知识水平把全体学生分成不同班级,作为教学的组织单元。每个班级有专用的教室。在国语学校(只打算从事手工劳动的孩子所读的学校)中,分别设六个班级,每一级有与之相对应的教材使用,学生逐步升入高一级的班中学习。在拉丁语学校(相对比较高深的学校教育)中,分设六个班级,从低到高,班级名称分别为文法班、自然哲学班、数学班、伦理学班、辩证术班、修辞学班。在这种学校里,学生要学四种语文,对艺术应当获得百科全书式的知识,学完全部课程应当成为:文法家、辩证家、修辞学家或演说家、算数家、音乐家和天文学家等。⑤ 至于班级管理的具体操作,他建议教师将班级分成十人一组,每组由一个学生去管理,管理的学生又由上一级的去管理,如此等等。每组组长的责任是协助教师督促小组成员学习、管理学业,

---

① 吴式颖,任钟印.外国教育思想通史(第五卷)[M].长沙:湖南教育出版社,2000:271.
② [捷克]夸美纽斯.大教学论[M].傅任敢,译.北京:人民教育出版社,1984:122-123.
③ 夸美纽斯的这种观点很显然是受当时合格教师稀缺这一因素制约而提出的一种偏激主张——作者注.
④ [捷克]夸美纽斯.大教学论[M].傅任敢,译.北京:人民教育出版社,1984:124.
⑤ [捷克]夸美纽斯.大教学论[M].傅任敢,译.北京:人民教育出版社,1984:220-221.

必要时还可代替教师主持若干教学活动。夸美纽斯认为,班级管理有助于得到以下结果:① 教师的工作可以减轻;② 没有一个学生会被忽略;③ 学生会比以前更用心;④ 对一个学生所说的话会对全体学生同样有益等。[①] 夸美纽斯建议教师在进行班级授课时要注意休息时间安排,每日用四个小时上课,在每次从事一个小时的紧张智力作业之后,要休息半小时。而在早饭和午饭以后"要有一个小时的散步和娱乐活动"。[②]

从夸美纽斯的论述中我们看到了班级管理的原始状态,班级管理自其诞生之日起就是为教师的教育教学增效服务的。班级管理的目的是促使教师的教育教学活动顺利有效地开展,帮助学生圆满完成学业。班级管理的内容、手段与方式较为简单粗糙。160多年后,赫尔巴特把管理、教学与训育剥离开来进行思考,他认为:"管理所关心的是现在,而教学与训育具有共同之处,两者都是为了教养,也就是为了未来而工作。"[③] 赫尔巴特所指的管理是宽泛的,当然包括班级管理,他说的管理关心的是现在,意思是指管理只是维系教学与训育两种活动正常开展的手段,是暂时的、当下的,具有极强的时效性,而教学与训育才是学校教育的中心任务,而且两者都是指向学生未来发展的。赫尔巴特把班级管理看做是教育教学的组成部分,只不过把班级管理与教育教学分别看待,并认为两者是有差别的。这也充分说明班级管理是依附于教育教学的,班级管理具有教育性格。无论是夸美纽斯还是赫尔巴特在论述班级管理时都显示了班级管理理论缔造者所具有的强烈冲动,不见今天班级管理中渐变的思维僵化和深陷在技术与纯粹的陈规俗套中的无奈与虚化。

二、教育:班级管理的目标归宿

班级管理是随着班级教学的产生而产生的,同样也随其发展而发展的。无论班级管理怎样发展,也不论班级管理采取什么样的举措,举办什么样的活动,班级管理的目标只有一个,即为实现班级的教育教学目标服务。一切班级管理活动的过程与结果均以是否完成教育教学目标为标准进行评价。概言之,教育既是班级管理的行动指向又是其目标归宿。

(一)班主任教师的核心工作是对全班学生的教育

从字面上看,我们应该将班级工作定义为管理,但实质上班级管理的核心工作却是教育。2009年8月12日,教育部颁发的《中小学班主任工作规定》指出:"班主任是中小学日常思想道德教育和学生管理工作的主要实施者,是中小学生健康成长的引领

[①] [捷克]夸美纽斯.大教学论[M].傅任敢,译.北京:人民教育出版社,1984:129.
[②] [苏联]阿·阿·克腊斯诺夫斯基.夸美纽斯的生平与教育学说[M].杨岂深,等译.北京:人民教育出版社,1957:295.
[③] [德]赫尔巴特.普通教育学·教育学讲授纲要[M].李其龙,译.杭州:浙江教育出版社,2002:234.

者,班主任要努力成为中小学生的人生导师。"①从这一表述中我们可以清晰地获知班级管理者的核心工作由四个方面构成,一是对学生进行道德教育;二是对学生进行管理;三是对学生健康成长的引领;四是对学生积极向上的生活指导。其中第二部分内容是对学生进行管理,这里说的管理,严格意义上是教师组织学生积极参与教育教学活动,为顺利完成教育教学目标而服务的组织活动。一言以蔽之,班级管理脱离不了教育教学。正是基于这样的思考,李学农在其编著的《班级管理》中论述班级管理者之一——班主任——的工作时认为,班主任角色的特点有三个:第一,班主任为教育进行管理。班级是为实现一定的教育目标建立起来的,所以班主任要围绕教育目标进行管理,这种班级管理是为"教育"的管理。在班主任的管理活动中,学生的思想道德教育、身心健康,乃至人格发展,都是管理的指向。第二,班主任通过教育进行管理。教育是班级管理的目标所在,同时也是管理的手段。良好的班级是管理的结果。一个良好班级的标志,是全班学生在教育中获得成长。良好的班级作为管理的成果,又是通过教育来实现的。第三,班主任通过管理进行教育。班主任的教育工作是面向全班的。在一个班级里,即便是对学生进行的个别教育,要想取得预期的教育效果,也必须得到班级环境的支持;面向班级全体学生的教育,更要通过班级生活的积极建设才能获得成效。班主任的班级教育工作,是管理过程中的教育。②

(二)教育:班级管理的目标指向

班级管理的目标指向,不是单位时间内所获取的效率,也不是班级组织的总产值,而是让班级中每一位学生都能在德智体美等方面得到充分的发展,其自身的各种能力与情感能得以提升,让班级成为提升个体生活质量和生命质量的民主型集体组织。

若要实现让学生的各种能力与情感得以提升这一目标,肩负班级管理责任的教师们需要指导学生在班级生活中去陶冶。"陶冶活动本身就是已获得教养的表述和继续教育的途径,占有知识并不等于陶冶,而是习得精神内容的代名词,这种习得尽管也算是一种知识的积累。但是,如果知识是陶冶的一个要素的话,那么已获得的思维、行动和认识的形式就会在知识中显现出来。这样的知识并非陶冶本身,单纯的知识只是达到某种目标的手段,人们可以运用这些知识,但它们对于人而言,是外在的财富。而陶冶的知识却能改变人、帮助人成为他自己……而且还能使人永远睿智。"③

三、班级管理偏离教育目标将会滑向管理主义

班级是学校教育教学的基本单位,对班级加强管理是应该的也是必要的,但是如

---

① 中国教育报.2009-08-24,第01版.
② 李学农.班级管理[M].北京:高等教育出版社,2010:10.
③ [德]雅斯贝尔斯.什么是教育[M].北京:生活·读书·新知三联书店出版社,1991:104.

果过分强调管理,把班级管理绝对化,就偏离了教育目标,使班级管理滑向管理主义。那么什么是管理主义呢?管理主义即在各种社会组织活动中为实现组织预设的目标使管理活动与手段绝对化,进而将管理手段变成目的。在教育领域的管理主义则是把作为教育手段和方式的教育管理绝对化,将教育管理变成目的本身。① 一般意义上的教育管理是指"以中央或地方的教育法令、法规为指导,遵循教育的客观规律,对整个教育行政系统和各级各类学校组织进行规划、组织、指导、协调和控制,使有限的教育资源得到合理的配置,以实现管理目标优化"的行为。② 教育管理者在教育管理活动中如同一般管理者一样,拥有一定的职权,也会像其他管理者一样"利用自己的权力、地位和信誉对被管理者的思想和行为施加影响,以便使被管理者按照管理者的意图去行动"③。在教育管理领域中,把教育管理者的权力无限夸大甚至绝对化,过分强调管理行为本身并把它推向极致,这就是教育界的管理主义倾向或教育管理主义。在班级活动中过分强调管理权力并把权力推向极致,则是管理主义在班级活动中的具体化。

在班级管理活动中存在管理主义倾向究其原因是多方面的。首先,我国经历了漫长的封建时期,新中国建立时间较短,各种封建意识和糟粕很难在较短时间内被彻底摆脱,尤其是封建官僚习气以及官宦思想仍在人们的潜意识里根深蒂固地存在着,有时它还会左右着人们的思维和行为。譬如生活中的官僚主义和形式主义,官僚主义是封建旧官场的恶习遗留,其要害是脱离群众,当官做老爷;或高高在上,作威作福;或不谙实际,胡乱指挥;或敷衍应付,不负责任;或浑浑噩噩,无所用心;或空话连篇,不干实事等。形式主义是一种恶劣的工作作风,其要害是只图虚名,不务实效。或只讲形式,不重内容;或只求过程,不管结果;或只看表面,不顾实质;或弄虚作假,欺上瞒下等。这些遗留和风气就会激活潜藏在教育管理者和教师身上的毒素遗留,使其在班级活动中强化权力意识步入歧途。其次,学生家长望子成龙心切,认为只有让自家的孩子从小当"官儿"并接受"官儿"的行为训练,长大后才能出人头地。家长们便想方设法买通相关教师与领导为自家孩子挣一班级管理干部职位,这种现象促使班级管理走向管理主义。其三,在实际教学工作中,班级作为教育教学活动的基本单位,教师要完成一定的教育教学任务和实现预期的教育教学目标,在其执教过程中必须采取相应的管理措施。但是,就在这样现实的管理中,我们可以发现,这种作为手段的管理活动,往往会从不同的方向走向极端。班级活动的管理绝对化现象主要表现在两个方面,第一,以对班级教学活动管理水平的高低作为衡量班级教学活动质量和教师水平的重要标准。

---

① 谢维和.论班级活动中的管理主义倾向[J].教育研究,2000(6):54-59.
② 陈孝彬.教育管理学[M].北京:北京师范大学出版社,2008:2.
③ 陈孝彬.教育管理学[M].北京:北京师范大学出版社,2008:24.

根据这种标准和要求,有些教师常常以自己的班级和学生非常听话而感到自豪;有些教师则是以能够管理住一些调皮捣蛋的学生而得意;而有些教师却也常常因为班级中学生的问题而受到领导和同事的非议,如"连学生都管不住,还当什么教师"。这种管理主义的倾向甚至在一定程度上渗透到班级活动的结构中,以至于形成班级活动中的管理主义倾向。第二,把加强班级的管理活动作为解决班级教育教学活动中出现的各种问题的重要手段和基本途径,有时甚至是唯一手段。班级中的学生常常会出现一些问题,这些问题常常是多种多样的,包括青少年学生身心发展过程中的各种问题,以及其他与班级教学活动有关的各种因素。在这种情况下,有针对性地加强管理和不断改善班级管理是必要的。然而,值得注意的是,每当班级教育教学活动中出现这样或那样的问题时,有些教师和班主任所想到的原因往往是对班级和学生的管理不够,而解决问题首先想到的是加强对班级和学生的管理,甚至是进一步加强管理。班级管理的不善可能是导致各种问题和不良现象出现的原因之一,但它绝不是唯一的原因。过分或单纯强调和注重管理,特别是过分强调教师和班主任等教育管理人员的权力,往往可能事与愿违。如果班级教育教学活动中的各种问题恰恰就是由于管理主义的倾向而造成的,那么,在这种情况下,倘若仍然一味地强化管理,其结果必然适得其反。①

第三节 中学班级的课堂管理

一、课堂管理概述

课堂管理是指教师为了实现教育教学目标,在既定时间内合理安排教育教学内容,通过教学设计营造愉快而富有建设性的教学环境,增进教学效能以及减少学生问题行为所采取的一系列教育教学组织管理活动与措施。

(一)课堂结构

课堂结构又叫课堂教学结构,主要包括课堂教学目标、教学主体(教师与学生)、教学媒介(教学材料、辅助设施与手段及方法)等要素及其相互关系;围绕教育教学目标而组织的各种活动、组织形式与时间空间安排等。课堂结构因学科不同而不同,因教学主体变化而变化。至于某一具体课堂的结构,教师应从四个方面进行把控,一是量(包括质量与数量,质量是指课堂掌控质量与教育教学进度与效率),二是序(课堂秩序与教育教学程序),三是度(教育教学尺度的拿捏,尤其是速度、强度与难度),四是势

---

① 谢维和.论班级活动中的管理主义倾向[J].教育研究,2000(6):54-59.

(课堂氛围与情境),这四者是构成一节有效课堂的重要组成要素,如能兼而顾之,教师的教育教学效果将是不言而喻的。

(二)做好课堂管理工作的基本条件

课堂管理是教育教学实践中最基本也是最重要的环节。做好课堂管理有助于学校教育教学目标的实现,有助于学生德智体美全面发展。课堂管理所涉及的问题具体、复杂而多变,教师要做好课堂管理工作需从以下几个方面着手。

1. 了解课堂基本情况

课堂管理是基于对课堂全面了解基础之上的,教师要对所管辖课堂做大致了解,如教育教学主体(师生)的背景资料与精神状态、班级课堂文化氛围、课堂设计情况、教育教学环境设施等。

2. 兼顾教育教学目标与学生个体目标

教育教学目标是课堂管理的航行灯塔,要以此为方向做好课堂管理工作,既要按照总目标执行,又要兼顾学生个体目标的达成。

3. 根据课堂规模调整教育教学策略

课堂规模一般是指学生人数多少。课堂规模越大课堂管理的难度越大,教育教学效果就越难保证。面对规模较大的课堂,教师要充分激发学生的学习兴趣,调动学生的积极性,同时加强课堂的纪律约束,提高学生的自我约束要求;然而,课堂规模越小越便于教师的有效管理,教育教学效果就越容易提高,也越有利于学生的个性发展。

4. 制订适合课堂的规范要求

课堂规范是做好课堂管理工作的基础,有基础的课堂要学生自己自主制订,如果没有基础,则需要教师根据班级情况亲自制订。例如,美国著名优秀教师卡拉克亲自为班级制订了22条班规。课堂规范是课堂中所有参与教育教学成员必须接受并遵守的行为准则与模式,是课堂教学有序、有效进行的根本保障。教师与学生不仅要参与制订,还要参与执行、监督检查与评价。

5. 教师的组织教学能力与技巧

课堂教育教学管理不仅要依靠课堂规范,还要依靠教师的教育教学组织能力与技巧。

教师的组织教学能力是教师必须具有的基本功,是教师掌控课堂正常运行的基本保障。这种组织教学能力的强弱高低受多种因素影响,譬如,学识是否渊博,专业能力是否强,口才是否优秀,思维是否严密,个人魅力是否强大等。教师要做好课堂管理工作首先要做的就是苦练这些基本功。教师组织教学的技能技巧则是在具有基本能力之后,在教学实践中反复历练、逐渐摸索,经常对自己的课堂教学管理进行反思,多年之后慢慢形成的。在课堂管理中,教师可以通过以下方式进行组织教学:① 利用注意规律组织教学;② 妙用课堂提问组织教学;③ 善用口头评价组织教学;④ 恰用教学方法组织教学;⑤ 巧用教学语言组织教学。

(三)课堂管理的原则

课堂管理是学校教育教学中老而旧、却又时新的问题,因为自课堂存在以来,课堂管理便始终伴随着它,教育学专家便通过对教育教学实践中的得与失进行总结得出诸多课堂管理理论成果。限于篇幅,我们仅对课堂管理要遵循的主要原则做相应梳理。

1. 严格要求与尊重学生相结合原则

严格要求与尊重学生相结合原则是指教师在课堂管理时要把对学生的课堂行为的严格要求与对他们人格的尊重相结合。

2. "管""教"结合原则

"管""教"结合原则是指课堂管理中教师的管理与教学要有机地结合在一起,"教"中有"管","管"中有"教",两者同时进行相互兼顾。这里的"教"具有两种含义,一是教学,二是教育,尤其是品德行为方面的积极影响。具体而言,就是教师在对学生进行授课时,既要按照教学设计按部就班施教,又要关注课堂的整体与每个个体的听课状况,还要利用可能的机会与条件对学生进行品性与行为教育。

这一原则要求:① 教师要对课堂管理有正确的认识,不能只教不管。要通过课堂管理使学生不仅在学业上,还要在思想、品德、生活等方面沿着正确方面发展。② 教师要引导学生自觉遵守课堂纪律,使学生能从他律走向自律。

3. 预防性原则

《学记》总结了教育教学中的经验教训,概括出了四条原则——"豫时孙摩"。其中的"豫"就是讲的教育教学的预防性原则。课堂管理也要遵循这一原则。那么什么叫"豫"呢?《学记》曰:"禁于未发之谓豫",也就是说教师要在事先估计到可能会产生的不良倾向时,就采取预防措施。课堂管理中,教情学情复杂多变,教师在执教时要"眼观六路耳听八方",时刻关注课堂中每个学生的神情与行为,一旦出现不规范行为端倪要及时采取适当措施使之"禁于未发"。

贯彻这一原则的要求应做到以下几点:① 全面了解学生。古人云:"知己知彼,百战不殆。"相对课堂管理而言,了解学生非常重要,只有对学生深刻了解了,教师才能看懂、读懂来自学生的"信息",才能对此做出准确判断,才能及时地采取恰当的措施加以制止。② 措施得当。有经验的教师看到一些问题"端倪",一般不动声色,只是通过巧妙地处理就可以化解"危机"。譬如,幽默的语言、提高声调、"眉目传情",乃至利用提问、转变授课方式等巧妙地转移学生的注意力。万不可小题大做或情绪化处理问题,这样不仅不能起到预防的作用,反而会引发师生冲突使事态升级而酿成祸端。

4. 及时施教原则

《学记》曰:"当其可之谓时","时"即指及时施教原则。课堂管理的目标就是要有效地实施教学,在单位时间内提高教学效率。教师在课堂管理中要把握教学的最佳时机适时施教,使学生兴趣盎然、积极主动、愉快适时地有效学习,否则,"时过而后学,则勤苦而难成"。

贯彻这一原则时教师要做到:① 夯实教育理论基础,掌握教育教学技巧,形成教育教学智慧,合理引导学生求真、求实、求善。② 善于观察捕捉学生的"心求通而未得之状""口欲言而未能之貌"。③ 兼顾整体与部分,集体与个体的差异需求。

5. 平行教育原则

平行管理是指班主任既通过对集体的管理去间接影响个人,又通过对个人的直接管理去影响集体,从而把集体和个人的管理结合起来的管理方式。在课堂管理中贯彻这一原则,能使学生更好地健康成长。班级平行管理的理论源于著名教育家马卡连柯的"平行影响"的教育思想。

贯彻这一原则的要求有以下几点:① 要建设一个班风优良的集体;② 要善于对学生个体进行说服引导;③ 选择好能促进集体教育的具有代表性的个体;④ 要善于把握集体与个体互相促进的教育时机。

6. 因材施教原则

因材施教原则,是指在课堂管理中,教师既要注意学生的共同特点,又要照顾个别差异,从学生的实际出发,有的放矢地进行教学与管理,使每个学生都能得到充分发展。

贯彻因材施教原则的基本要求是:① 了解学生,从学生实际出发进行教学;② 正确对待个别差异,善于发现和培养具有特殊才能的学生。

7. 及时反馈原则

及时反馈原则,是指在课堂管理活动中及时地把一个活动的结果,通过反馈信息再送回来进行比较、修正,影响下一个活动,以此来调节和控制活动过程,使得教学有效进行。

贯彻及时反馈原则的基本要求是:① 教师要善于观察、了解和研究学生;② 要使学生及时了解学习的结果;③ 要善于利用教学的反馈,对学习的缺点、错误及时补救。

8. 全面和谐发展原则

课堂管理的终极目标是促使全体学生德、智、体、美全面和谐发展。因此课堂管理必须面向全体学生,从学生整体角度思考问题,处理问题。全面和谐发展的另一层意思是教师在关注整体的全面发展的同时,必须关注每个学生的全面发展,而且还要为个体的个性发展提供帮助与服务。

贯彻这一原则时教师需要做到：① 注意全面发展。一是指全面发展教育，它包括德育、智育、体育、美育等方面；二是指学生的全面发展，包括生理与心理两个方面的发展；三是指全面发展教育的诸因素，如学生的智力、品德、身体、审美发展等。② 关注学生个性与创造性发展。个性发展指学生的个性自由发展。课堂教学管理注重增强主体意识，促使学生形成开拓精神、创造才能，提升其个人价值感，促进学生个性的发展。个性发展是学生的高层次的需要，也是其使命感、事业心、创造性的源泉。③ 关注每一位学生，不能让任何一位学生掉队。课堂教学管理还要关注每个学生的全面发展，不能出现所谓的"差生"。如果出现掉队者，教师要主动关怀，帮助其分析问题之所在，并协助他弥补不足重新归队。

二、课堂管理相关问题

（一）课堂气氛

课堂气氛是课堂中教师与学生所表现出来的公共情绪状态。它是课堂教学与管理能否顺利进行的一个重要因素，可以用一定的心理、行为指标来衡量。以师生的注意、思维、情感、意志等心理状态为依据，可将课堂气氛划分为三种主要类型：积极的课堂气氛、消极的课堂气氛和对抗的课堂气氛。

1. 积极的课堂气氛

积极的课堂气氛是指课堂秩序良好，学生注意力高度集中，思维敏捷而活跃，师生情绪高涨热情满怀，发言积极踊跃而又彼此尊重的教学状态。积极的课堂气氛是一种理想状态的课堂气氛。在这种氛围中师生能把握分寸，彼此倾听各自意见并在紧张中深入思考，情感交流充分，学生参与面广。这种气氛是恬静与活跃、宽松与严格、热烈与冷静、紧张与松弛的有机统一。

2. 消极的课堂气氛

消极的课堂气氛是指课堂教学中，师生互动不畅，学生情绪低落、注意力涣散、反应迟钝、态度敷衍，甚至出现昏然欲睡的课堂状态。这种课堂气氛是一种被动的带有明显缺陷的课堂气氛。具体表现为：教师以权威的长者或智者自居，学生作为一个被动对象在接受教师的教导；课堂中学生精神状态欠佳，情绪压抑，小动作频现；师生间缺乏交流，学生甚至害怕上课，尤其是惧怕被提问。

3. 对抗的课堂气氛

对抗的课堂气氛是指教学秩序缺失或失控的课堂状态。这种课堂气氛主要表现为：师生之间关系紧张，大部分学生不信任教师；教师缺乏驾驭管理课堂和调动学生积极性的能力；大部分学生讨厌上课，各行其是，任性而为，甚至大声喧哗打闹等制造混乱局面；正常的教学活动难以开展，教与学的任务不能完成；教师疲于维护纪律但往往是徒劳而终。

（二）课堂气氛的影响因素

影响课堂气氛的因素有很多，其中主要有教师、学生、教材、教学方法和手段及校风、班风等，其中最主要的则是教师、学生与环境三个方面。

1. 教师的人格魅力、业务水平、教学风格、教育智慧等

教师在课堂教学管理中起着主导作用。这种作用发挥得好坏取决于教师的人格魅力、业务水平与教学风格等。教师的人格魅力主要源自教师对学生的博爱。俗话说："良言一句三冬暖，恶语伤人六月寒。"当学生遇到困难时，应给予鼓励与支持；当学生受窘时，不妨幽默一把；当学生自卑时，以其之长助燃其自信；当学生痛苦时，设身处地地给予安慰；当学生犯错时，宽容待之。如此形成的教师人格魅力之下，良好的师生关系必能建立，积极的课堂气氛就不难形成。

教师的业务水平是影响课堂气氛的重要因素，广博的文化知识、扎实的专业功底、高雅的谈吐、如簧的口才、善喻而风趣的语言等能使学生达到痴迷的境地欲罢不能。教学风格对课堂气氛影响也很大。概言之，教师的教学风格主要有三种类型：专制型、民主型、放任型。良好的课堂气氛需要教师以民主教学风格去组织教与学活动。这种教学风格，有利于培养学生热爱学习的内在积极性，挖掘学生的学习潜能；有利于师生之间进行双向交流与反馈，唤起学生学习的兴趣和热情；有利于学生参与教学过程，教师对学生参与教学活动进行更多的认可和赞赏，使学生产生成功的满足感。

教师应对偶发事件的教育智慧也是影响课堂气氛的重要因素。在课堂教学中，不可避免会出现偶发事件，机智果断地处理课堂出现的偶发事件是掌控课堂气氛不可缺少的手段。当偶发事件发生时，教师要因势利导，以变应变，确保教学顺利进行。在处理偶发事件时，教师要运用教育智慧化消极因素为积极因素，消解矛盾，采取"冷处理"方式，切忌造成师生情绪上的对立。

除此之外，教师的教学设计能力、组织教学能力等技能技巧也很重要。教师在课堂教学过程中，课的导入、课中调控、结课环节等都需要精心设计。尽力做到：开头，引人入胜；中间，波澜起伏；收尾，余音不绝。这样组织设计的教学，课堂气氛必然会严肃而活泼，愉悦而紧张。

2. 学生的因素

学生是课堂教学的主体，是课堂气氛的主要营造者。所以，学生的表现是影响课堂气氛的重要因素。首先是学生参与课堂教学的积极主动的态度。学生积极主动的

态度来自于学生对课堂教学目标与班级集体目标的理解与认同。要提高学生参与课堂教学的积极主动性,教师必须组织学生对班级集体目标与课堂教学目标进行详细解读。其次是学生的自律、自治与自理。这里主要指的是课堂秩序、课堂纪律的遵守。第三是学生的听课习惯、学习习惯、个人品行操守。第四是同学之间的合作与竞争关系、集体舆论等。以上这些因素都会对课堂气氛造成影响。

3. 课堂环境因素

课堂环境是指课堂教学在时间与空间上所构成的特定场域。课堂环境因素包括课堂用时安排、空间大小、班级人数规模、设备设施及陈列方式、采光程度、桌椅摆放方式等。时间宽裕、空间适度、规模适中、设备适用、教室明亮、桌椅摆放自然顺心,在这样舒适的课堂环境中,积极的良好的课堂气氛就容易形成与维持。

(三)创设良好课堂气氛的条件

创设良好的课堂气氛的条件有以下几点。

1. 对课堂教学的基本情况要作深入了解

要创设良好的课堂气氛,教师必须对课堂的基本情况作深入了解。譬如,学生的知识储备,对课程的预习情况,个人的兴趣爱好等,尤其是学生们的性格特征、家庭生活背景等都要详尽了解。学生的基本情况信息越详细,教师就越容易走近学生,越容易受学生的欢迎与支持,也就越有利于创设良好的课堂气氛。

2. 营造愉悦欢快的情境

良好课堂气氛的营造需要一个持续的欢快氛围,需要教师的主导与学生的参与,即需要师生双方共同创建。教师主导是指教师通过自身的愉快情绪感染学生,也可以通过幽默的话语技巧激发学生的情绪使之愉悦兴奋,在整个课堂中教师要掌控好学生的情绪,使之随着教师的节奏起伏,课堂气氛沉闷时教师将之激活,课堂气氛高涨时,教师给予降温,始终使学生处于愉悦欢快之中,而不失控,这样的课堂气氛将有助于学生快乐学习与成长。

3. 建立良好的师生和生生关系

良好的师生关系和生生关系是创建良好课堂气氛的基本条件。师生、生生关系融洽,彼此间就能产生亲密情感和深厚友谊,即使产生不愉快、矛盾甚至发生摩擦或冲突,也能很快得以处理或消解。互敬互爱、互相谦让是师生、生生之间相处的基本原则,人人需要遵守。

4. 教师的授课技艺与教育机智

良好课堂气氛的营造需要教师的授课技巧与教育智慧。授课技巧是指艺术化处理教育教学内容、情境或其他信息。教育机智是指教师针对教育教学过程中出现的意外情况,能迅速准确地做出判断,并能随机应变地及时采取恰当而有效的教育措施解决问题。教育教学情境是不断变化的,因为学生在变,教师在变,气氛情境也在变。换言之,教师不断面临挑战,这些挑战可能来自外部也可能来自教育者和被教育者,可能是好奇却远离目的的提问,也可能是非善意的挑剔等。总之,这些挑战造成的干扰往往会形成尴尬局面,打乱正常的教学秩序。在这种情况下,教师若能用一两句话,一两个动作或活动排解开,就会化不利为有利,并且产生更佳的教育效果。所以,教师的授课技巧与教育机智对良好课堂气氛营造意义重大。

三、课堂纪律与课堂问题行为及矫正

(一)课堂纪律

课堂纪律是指为了保证课堂教学活动顺利进行,师生共同制定的大家必须遵守的一系列课堂行为规范。从形成来看,课堂纪律可分为以下四种。

1. 教师促成纪律

教师促成纪律是指课堂行为规范是在教师的指导与协助下制定出来的。之所以会出现这种情况,主要因为学生集体还没有正式形成,或者学生年龄偏小因而对教师具有极强的依赖性。

2. 集体促成纪律

集体促成纪律是指在集体舆论与集体意识作用下形成的群体行为规范。群体又分正式群体和非正式群体,正式群体包括班集体、团队组织、各种正式社团等,非正式群体是指没被学校认可或授权的,自然形成的群众组织,或者伙伴群体等,如同乡会、同学会等。这些群体所形成的纪律都被称作集体促成纪律。

3. 目标促成纪律

目标促成纪律,也叫任务促成纪律,是指根据具体任务要求对成员提出的行为规范要求。一般而言,这种纪律随着任务的结束而结束。

4. 自我促成纪律

自我促成纪律就是人们常说的自律,是指个体按照组织行为规范对自我行为的控制或自我约束。自律程度高低直接影响着课堂纪律管理结果的好坏,也标志着学生成熟度的高低。

(二)课堂问题行为及矫正

1. 课堂问题行为、类型及成因

(1)课堂问题行为。

课堂问题行为是指在课堂教学过程中学生不遵守班级和课堂行为准则,甚至对他

人或班级集体造成危害的违规违纪行为。学生的课堂问题行为轻者表现为漫不经心、感情淡漠、逃避班级活动、与教师关系紧张、容易冲动、上课插嘴、坐立不安或活动过度等;重者表现为大声喧哗、行为祸及他人等。

(2) 课堂问题行为的类型。

国内外学者从不同角度对课堂问题行为进行分类。据我国心理学家调查并认为,从学生行为表现的主要倾向看,可把学生的问题行为分为两大类。

一类是外向性的攻击型问题行为,如活动过度、行为粗暴、上课不专心、逃学、欺骗、偷盗等;另一类是内向性的退缩型问题行为,如沉默寡言、孤僻离群、烦躁不安、过度焦虑等。

国外学者则从心理与行为角度来划分。美国的威克曼(E. K. Wickman)把破坏课堂秩序、不遵守纪律和不道德的行为等归纳为扰乱性的行为问题,把退缩、神经过敏等行为归纳为心理性的行为问题。奎伊(H. C. Quay)等人将学生的问题行为分为品行性行为问题、性格性行为问题以及情绪上、社会上的不成熟行为问题等三种类型。布罗菲(Brophy)和罗尔肯帕(Rohrkemper)则从责任角度将课堂问题行为分为三类:① 属于教师的问题。学生的行为使教师的要求受挫,从而引起教师的不快或烦恼。② 属于学生的问题。由于意外事件或他人(除教师外)的干扰,学生的要求受到挫折。③ 师生共有的问题。师生彼此使对方的要求和目标受到相同程度的挫折。[①]

(3) 课堂问题行为的成因。

① 教师的原因。很多课堂问题行为的产生都是由教师引起的,具体而言有以下几类。

第一,教师教学原因。教师在课堂教学时教学任务处理不当,没能因材施教,一些学生慢慢失去学习兴趣,以至于听不懂、学不会,最终导致学生上课开小差,出现违规违纪行为。

第二,教师要求不当。教师在课堂教学中,要么要求过严,动辄得咎,学生无所适从,学生易产生抵触情绪,以至于师生关系紧张,课堂问题行为层出不穷;要么要求过松,只要学生不惹事,得过且过,课堂纪律松懈,乱成一团糟。

第三,教师惩罚不当。课堂问题行为一旦出现,教师不问青红皂白就是一顿训斥,或者进行严厉惩罚。这样做虽说能迅速制止违规违纪行为,但是被训斥或惩戒的学生内心就会产生怨恨情绪,以至于诱发更加严重的课堂问题行为。

② 学生的原因。课堂问题行为多数还是由学生本身引起的,究其原因有以下几种。

---

① 简明国际教育百科全书(教学)[M].北京:教育科学出版社,1990:8.

第一,学生的失败与挫折。学生在日常学习生活中,所遭受的失败与挫折,往往能演变成课堂问题行为。如,学业成绩不良、人际关系不和、对班级或学校生活不适应等。这些都能引发学生的紧张、焦虑、惧怕甚至愤怒等情绪反应,而且这种情绪反应在一定的条件下就可引发课堂问题行为。

第二,学生的防卫机制。鲁道夫·德莱克斯认为,学生形成防卫机制旨在维护他们的自尊,不和谐的家庭关系中成长的学生更需要这些防卫机制。所有学生的不得体行为都有其特定的目的,学生所表现出的不良行为均为其目标而做。不良品行最轻度的形式就是引起别人的关注,较严重的形式是以寻求权力为目的,再严重的将是试图对他人寻求报复,最严重的不良品行形式是试图通过公开展示的自卑情节来获得教师的特殊对待。所以,学生的课堂问题行为是因为他们没有能力自我调节以适应个人间结构平等的团体中共存的需要。这种无能表现是早期家庭生活中出现的自尊问题所导致的。

第三,行为过度或异常。行为过度是指学生由于情绪异常,或是由于脑功能障碍,使他们对外界刺激过于敏感或反应过度,从而做出一些有违常规的举动来。这种课堂问题行为一般表现为注意力涣散、多动、行为无法自我控制等,这些问题往往一开始就对课堂造成严重干扰。对于情绪性问题,教师与学生要有耐心积极引导使之慢慢得以缓解与克制,至于生理上的原因造成的课堂问题行为,教师与学生不要歧视他们,要有足够的诚意与耐心去帮助他们,或在医生的指导下协助他们治疗疾患,以减轻对课堂的干扰。

③ 环境因素。学生课堂问题行为与环境息息相关。环境又分大环境与小环境,大环境包括社会、家庭和大众媒体;小环境包括学校环境和课堂环境。这些因素对学生的课堂问题行为有着千丝万缕的联系,限于篇幅就不再赘述。

2. 课堂问题行为的矫正

学生课堂问题行为的矫正是一个非常专业的问题,将涉及很多心理、行为矫正理论与方法。本部分仅从教育角度粗略地谈一谈我们对这些问题的处理意见。

(1) 营造积极快乐的课堂氛围,形成良好的教学秩序。

良好的教学秩序能促进愉快而和谐的课堂气氛的产生,进而能使教师与学生心情愉快、思维活跃而敏捷,并能减少问题行为的产生。我们在论述课堂气氛时曾经论及这一问题,积极欢快的课堂气氛将有助于预防或降低学生问题行为的产生,在此不再赘述。

(2) 课堂教学要促进每个学生的发展。

教师在教学设计时要从每个学生的需要着手,通过课堂教学使每个学生都能从中受益并得到发展。学生的成就感得以满足,并能有尊严地面对大家,面对自己,建立强大的自信。所有这些都有助于学生更好地要求自己,遵守课堂纪律。

(3) 建立和谐融洽的师生关系。

有课堂问题行为的学生往往不善交际,或人际关系适应不良。所以,建立和谐融洽的师生关系将有助于这些学生改善自身问题,使他们在大家的关爱、体贴中逐渐建立自信,并能重新回归正常的班级生活。在帮助这些学生的时候,教师与全班同学需要真诚相待,切忌挖苦嘲笑讽刺,甚至是伤害他们。

(4) 家庭学校密切合作。

如果在班级中很难转变这些有课堂行为问题的学生,就需要请家长协助进行教育与纠正。但是要注意,是请家长合作而不是向家长告状或转交育人责任。

(5) 与医生、心理辅导专业人士合作。

如果学生的课堂问题行为比较复杂或严重,万万不可自作主张情绪化处理,一定要求助于专业机构,让专业的医生、心理咨询或心理治疗师进行协助处理。

本章小结

中学班级管理是中学阶段的班级教育教学的管理,是相对其他阶段的班级管理而言的。中学班级管理的管理对象主要是身体处于迅猛发育的中学生,其身心发展特点的特殊性决定了中学班级管理与其他阶段的班级教育教学管理的种种差异性。中学班级管理具有自身的特点:① 中学班级管理的民主自治性;② 中学班级管理目标的阶段性与年段性;③ 中学班级管理的服务性;④ 中学班级管理的复杂性。中学班级主任教师在班级管理中要依据国家教育方针、学校办学目的,针对中学生年龄特点,规划、组织、协调、控制、监督、评价班级集体与个体的一切班级活动。

中学课堂管理是指教师为了实现教育教学目标,在既定时间内合理安排教育教学内容,通过教学设计营造愉快而富有建设性的教学环境,从而增进教学效能以及减少学生问题行为所采取的一系列教育教学组织管理活动与措施。课堂管理应遵循的原则有以下几点:① 严格要求与尊重学生相结合原则;②"管""教"结合原则;③ 预防性原则;④ 及时施教原则;⑤ 平行教育原则;⑥ 因材施教原则;⑦ 及时反馈原则;⑧ 全面和谐发展原则。课堂管理的相关问题,如良好课堂气氛的营造、课堂纪律与课堂问题行为等,均为中学班级管理中的重要内容。

思考与练习

1. 什么是班级管理?怎么理解班级管理?
2. 中学班级管理的特点是什么?

3. 什么是课堂管理?中学课堂管理的原则有哪些?

4. 什么是课堂气氛?如何营造良好的课堂气氛?

5. 课堂问题行为形成的原因有哪些?如何矫正课堂问题行为?

参考文献

1. [英]苏·考利. 学生课堂行为管理[M]. 范玮,译. 北京:教育科学出版社,2009.

2. [美]F. W. 泰罗. 科学管理原理[M]. 胡隆昶,冼子恩,曹丽顺,译. 北京:中国社会科学出版社,1984.

3. [美]特里萨·M. 麦克多维特,珍妮·埃利斯·奥姆罗德. 儿童发展与教育[M]. 李琪,闻莉,罗良,潘杰,译. 北京:教育科学出版社,2007.

4. 庞守兴,张宝书,宋其安. 教育学基础[M]. 北京:北京大学出版社,2015.

第四章　中学班级管理中的沟通

> **学习目标**
> 1. 了解沟通的内涵、意义与目的。
> 2. 掌握沟通的理论知识。
> 3. 掌握沟通在中学班级管理中的具体运用。

第一节　沟通的意义与目的

一、沟通的意义

　　班级管理中的沟通是非常重要的，因为班主任教师在开展具体工作时需要和各种部门、各种群体及个人打交道。班主任教师要与学校内部各部门、各科教师及后勤服务人员进行信息交流，更要与由学生产生的各种关系进行沟通，包括家长、社会群体、社会组织等。在班级内部，班主任教师还要与班级各个小组织、每个学生个体保持联络畅通。一旦出现一方面的沟通不畅，就有可能把班级管理带入困境，为学生的未来发展埋下隐患，所以沟通在班级管理中非常重要。

　　现代汉语词典将沟通解释为"使两方能通连"。英语中的沟通是"communication"，这一词是由拉丁语"communis"蜕变而来，含有分享或建立共识之意。在管理学领域，西方管理学者对沟通有着他们自己的理解：管理学大师西蒙（Simon）认为，沟通是组织中的某一分子，将其决定前提传送给另一分子的历程。而罗宾斯（Robbins）认为，沟通是意义的传达与了解过程。即一方将信息与观念传达给另一方，而另一方能加以理解。皮特（Peter）和罗伯特（Robert）认为，沟通是人们交换重要信息并与他人分享自己观点和感受的过程。李维斯（Lewis）认为，沟通是通过两人或多人之间分享信息、观点或态度而达成某种程度的理解。克莱格（Craig）则认为，沟通是人们通过面对面或利用技术性媒介进行相互作用和影响的过程。

　　综观上述诸位学者的观点，我们不难看出，他们均是基于显性的信息传递与交流而定义的。实际上，沟通还包含隐性的信息交流，根据《辞海》的解释，我们也可获得较为全面的理解："沟通为'人际沟通'的简称，是指人与人之间的信息交流过程，往往是直接的、面对面的信息交流。在社会心理学中一般把人际沟通区分为两类——言语沟通和非言语沟通。言语沟通是利用言语交流信息,对人来说这是沟通的主要形式。非言语沟通包括目光接触、面部表情、身体运动和姿势、人际距离、接触等。言语沟通与非言语沟通各有其重要性,在不同场合分别起着主导作用。"[①]这一释义为我们建立全面的沟通观念提供了支撑,我们所讨论的沟通,既包含显性的,又包含隐性的信息交流,这些交流至少在两人之间进行有意义的互动。结合以上认识,我们认为沟通是个人或团体把意义符号和情景暗示信息,通过有效管道或方式传递给信息接受者,并使其准确理解的互动过程。这一概念所含的要素较多,为了更好地理解它,我们把这一沟通程序绘制成图式,如图 4-1 所示。

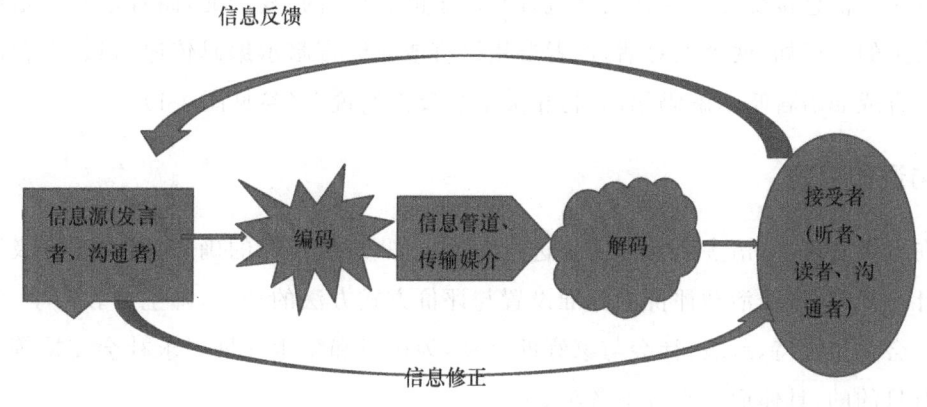

图 4-1 沟通模式示意图

这一概念所含要素有信息、管道、发送者、接受者、传输、编码、沟通效果和反馈。信息是指沟通者之间传递时所使用的语言的或非语言的显性的或隐性的符号系统,包括情景暗示,是沟通者期望交流的内容。管道是指沟通者所使用的交流方式、媒介和工具。这种信息承载体可以是有形的,也可以是无形的,甚至可以是非语言暗示的光波和面对面谈话时的声波以及现在常用的电话、短信、微信、推信和 E-mail 信息等。信息源是指信息产生地,是发送信息者的泛化,如班级纪律督察、社会实践组织等。接受者是指信息传递的目的地、信息解读人。传输是通过特定的信息承载与输送系统将信息传递给信息接受者并使其接收的一系列活动。编码是指信息发送者通过一定的方式将要表达的意愿信息转换成接受者能理解的符号的系列过程。解码是指信息接受者将接收的信息进行翻译的过程。无论是编码或解码,都是个体通过解释和理解信息来建构意义的。反馈原指将系统的输出返回到输入端并以某

---

① 夏征农,陈至立.辞海[M].上海:上海辞书出版社,2009:1881.

种方式改变输入,进而影响系统功能的过程。这里是指信息发出后接到的回应信息,信息发送者据此可做进一步信息处理或修正。反馈有助于接受者进行准确的信息解读。反馈包括负反馈和正反馈。概念中提到准确理解,实指沟通的效果问题。沟通效果是信息传输与接受的结果。效果好坏受信息发送者与信息接受者之间的态度、文化、情景以及满意度等因素的影响,故此,信息交换双方能否彼此理解,沟通效果是关键指标。

信息发送者根据特定的目的按照一定的方式将自己的意愿进行信息编码,并通过有效管道使用适当的媒介把信息传递给信息接受者,而使信息接受者准确解码并将解码后的感受信息反馈给信息发送者,发送者再根据反馈回来的信息做出反应或修正后再次发送给信息接受者。这种交互过程是动态的、反复的、复杂的,而且还经常是双方同时发生的。譬如,两个人对话,说者要用语言或非语言暗示编码传递信息,听者边听边用语言或非语言暗示解码编码,将相关信息反馈给说者(参见图4-1)。

二、沟通的目的

在班级管理中,诸多活动都需要进行沟通。如,班级目标的确立与达成,班级活动的设计与开展,班级活动评价的标准设置与评价方式方法的选择,师生的教与学,学生个体社会化与维持,班级、社会与家庭的互动,为班级和学生发展寻求社会支持等。沟通是有目的的,具体而言有以下各项。

1. 协调一致达成共识

沟通的目的在于通过双方共同磋商来消除双方分歧,为共同的目标与利益达成共识。班级目标是大家的共同目标,但是每个学生个体有着各自的目标和不同的自身情况,有着各自不同的小利益,这些小目标与小利益之间,甚至与班级目标与班级利益之间都存在着很多矛盾,需要大家协商处理,去割舍选择,只有通过磋商、相互忍让才能达成共识,确保行动协调一致,更好更快地实现共同目标。

2. 集思广益

达成共识、协调行动是目标达成的前提,在目标实现过程中,还会出现很多困扰与窘迫。解决这些难题尚需大家共同努力。班级生活相对于复杂多变的社会生活而言是简单的,但是在班级生活中同样也会存在各种各样的难题和难以迈过的沟沟坎坎,面对困难,需要汇合大家意见,群策群力以求集思广益,尽快找到解决问题的有效办法。

3. 满足情感需求

沟通并非全是为了达成班级目标或协调行动,有些沟通是为了满足学生们的情感需要,如班主任教师与学生拉拉家常,学生之间闲来无事一起聊聊天。这些攀谈常是东拉西扯、云里雾里,这样的沟通既不求集思广益,又不求达成共识,纯粹是为了满足情感需要。如缓解紧张情绪,消除孤独感,驱散心里的阴霾,抒发心里的不满与委屈情绪抑或满足隶属感、安全感和成就感,甚至还有一些虚荣和骄傲等。

4. 信息共享

班主任教师和班级各种组织的负责学生,以及家长委员会成员,在参与班级管理时,尤其是在解决班级难题,或者在做出有关班级事务重大决定时,所有成员均需详细了解班级情况以及所有班级成员个体情况,要通过交流沟通将各方面的信息状况进行汇总并共享,最大程度地提高成员们的共识度,以增进决定的正确度和加快解决问题的速度。

5. 活动管控

班级活动是常有的,也是多样的,管控班级活动对班主任教师而言异常重要,班主任教师要做好有效沟通工作。与班级成员进行有效沟通是顺利开展班级活动的有力保障。只有通过沟通才能及时传达或调整班级成员的活动任务,管控班级活动进程,了解班级成员的状态,适时地进行激励或鞭笞,才能确保班级活动的顺利完成。

班级生活多样,班级活动繁多,班级情况复杂多变,班级人数较多,所有这些导致了沟通方式的多样。有的沟通相对简单,只需上述之一即可,有的则需要两种或两种以上才行,甚至有的会全部兼而有之。总而言之,班级管理中处处需要沟通,甚至需要是多层面、多种类的沟通。了解沟通理论,掌握沟通技巧对班级管理而言意义重大。

第二节 沟通的理论与实践

沟通理论代表人物,美国学者多伊奇(Karl Deutsch,1912—1992)指出,信息沟通主要包括信息产生、传递、储存、选择和处理,要确保信息沟通有效,关键要把握住传递、反馈、互补和效应四个要素。沟通理论与实践就是基于这些环节和要素进行探讨的。

一、沟通的模式及相关概念

米歇尔·迈尔斯和盖尔·迈尔斯认为,可以将沟通视为一个人们通过交换符号来对身边所发生的事建构意义并寄予希望的交流过程。在这一过程中,人们使用符号(如代表思想、情感、意图的物体或单词以及其他物体)来描述他们的经验并建构一种通用的符号系统或言语,以便与他人共享经验。人们在互相影响和观察他人使用符号的行为中,学会了符号或言语,并且把上述经验和符号联系起来。在这种观察与相互影响中,人们学会了对要做什么和想要什么的预测。班级中的个体每天都要通过一些不同的言语或非言语形式进行着符号交流,如上课、问答、讨论、演讲、规劝、争论、协商、聊天、打扮、炫耀甚至争吵。这些沟通从共享意义上说,可分为单向沟通和双向沟通模式。

(一)单向沟通模式

单向沟通模式即信息传递方向是单向的,发言者发出信息传送给信息接受者。课堂上教师传授新课内容,班主任教师对学生适当行为的规劝,班级管理者发表演讲等都属于单向沟通,如图 4-2 所示。

图 4-2　单向沟通模式示意图

单向沟通模式的传输方式在班级管理活动中较为常见,是班级管理活动信息传递的有效方式之一。这种传递模式有着自身的优点和缺点。优点表现为两个方面,一是这一模式需要信息发送者具备一定的技能技巧,从而使发出的信息被信息接受者准确理解掌握,所以这一模式能促进信息发送者提升自我素质和将事务细化的能力。二是这一模式提高了信息传递效率,能有效阻止无聊的闲谈、个人问题的讨论以及无用信息的共享等现象的发生。然而这一模式有着致命的缺点,也就是单向沟通模式的假设——有效表达就等于有效沟通。事实上,无论信息发送者的观点是多么有效而清晰地表达出去,都未必保证信息接受者完整无误地理解接收。因为信息接受者不是一个完全被动的信息处理器,他有其自身的情感与经验,要主动地将听到的信息进行重新建构,并创造出自己的意义。因此,班级管理活动中的相互理解的共识达成尚需其他沟通模式进行参与。

(二)双向沟通模式

双向沟通模式不是两个单向沟通模式的叠加,而是沟通双方共同参与、互惠互动的交流过程,如图 4-3 所示。双向沟通模式与单向沟通模式的不同就在于沟通双方互为信息发送者与信息接受者,并且在整个沟通过程中,双方不仅仅使用语言还要动用多种信息传递手段以促使双方更好地相互交流、相互理解、相互影响,沟通过程也是信息不断相互反馈和校正调整的过程。

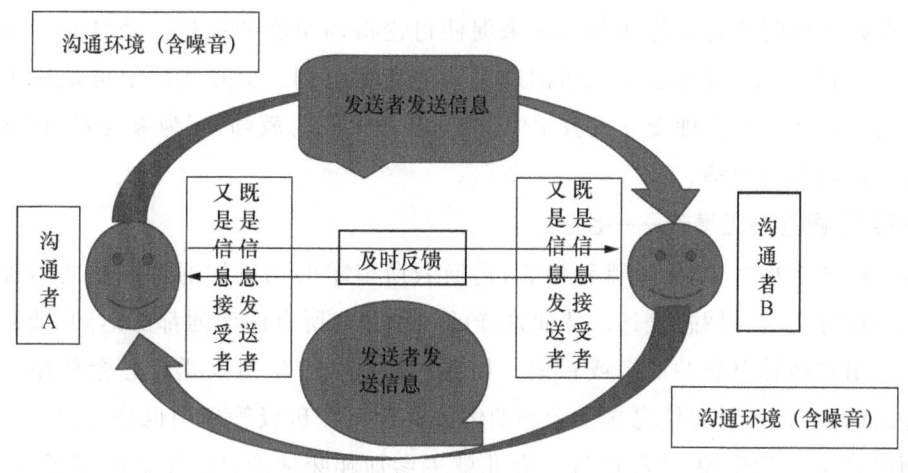

图 4-3　双向沟通模式

双向沟通具有多样性。美国学者尼古拉斯·巴布勒斯(Burbules)通过对个体对话的研究认为,个体对话有四种形式——交谈、探究、辩论和教学。

1. 交谈

交谈,是人们用语言表达思想及感情的方式,是人际交往的重要手段。交谈具有两个主要特征:一是彼此合作而宽容;二是目标指向彼此相互理解。如果双方有彼此相互理解的经验和愿望时,可采用这种沟通形式。譬如,两个学生开学后在谈论他们是如何度过愉快的假期的以及在假期里他们收获了哪些可贵的经验和精神财富等。

2. 探究

探究,即为探索研究,深入地探究问题,并把原因挖出来。我们这里要谈的却是班级中两个或两个以上的人共同合作,去解决某一问题、化解一个争端、形成一种令各方都愉快的协商共赢的活动方式。譬如,同学们在"WIFI 辐射对人的身体是否形成危害"试验中,关于应该用植物还是用小动物做实验对象这个问题产生意见分歧,最后通过协商论证达成双方都满意的用豌豆等植物种子作为观察研究对象的折中方案。

3. 辩论

辩论,也是一种双向沟通的方式,它包括尖锐的质问、怀疑的精神,并且无须在参与者之间达成一致。辩论的潜在好处是参与者可以看到他们选择的观点和立场受到最为激烈的挑战。辩论的目的是澄清和强化所选择的观点。

4. 教学

教学,即教学过程,也是双方沟通的过程,只不过它是一个有计划、有目的的沟通方式,通过这一方式,教师把学生引领到某种确定的答案或理解上去。教学过程中教师通过批判性提问和直接陈述等方式来促使讨论得到明确的结论。著名的苏格拉底问答法（又叫产婆术）就是这类双向沟通方式的典型范例。交互式教学也是这种对话式教学的好范例。在这种交互式教学中，教师和学生互为教师，互为参与者，在高度交互活动中进行沟通理解。

（三）沟通的校正模式——反馈

沟通模式多种多样，无论哪种模式，沟通者所追求的均是沟通者彼此之间进行准确无误地信息交流与情感表达。然而这样的结果并非所有的沟通都能达到，彼此间的沟通总会出现林林总总的误解或错读。如在沟通过程中信息发送者总会使用一些模棱两可的词或话语，引起信息接受者的曲解或误读。在班级管理中也是如此。如班主任老师经常会对学生说："我们待一会儿就去参加趣味活动。"由于老师用了一个"待一会儿"这样不确定时长的词，学生们就很难准时参加活动。要解决类似的问题，对沟通中的信息进行校正就显得异常重要。反馈正是起这种积极作用的关键环节。所谓反馈是指沟通双方在沟通过程中对彼此表述内容给予回应的举动，它既包括具有肯定意义的正反馈，也包括具有否定或质疑的负反馈。正反馈能促使沟通双方将沟通更加深化；负反馈则能使沟通双方不断调整自己以便使沟通更加顺畅。所以反馈能将不清晰、不确定的陈述进行确认与澄清。它可能是简短的问答，也可能是一个疑惑的眼神、一个耸肩、愁眉深锁或者是一副若有所思的不解神情。

反馈对信息发送者而言是判断信息接受者是否准确无误地接收信息的途径，也是信息发送者提供校正问题的良好机会。因此，反馈的作用有两个，一是它为沟通是否成功提供了某种依据，更确切地说它为沟通双方提供了信息的精准度和清晰度；二是反馈为沟通提供了及时矫正的可能，保证了沟通的正确方向，为成功有效沟通奠定基础。在班级管理的各种沟通中，我们通常把反馈看做是有关任务绩效和他人如何观察与评价个体行为的信息。一般认为有两种类型的反馈，一种是具有肯定意义的反馈，这种反馈能为个人或学校发展指明方向；另一种则是具有否定意义的反馈，这种反馈可以是语言的，也可以是非语言的，可以是有意识的，也可以是无意识的。例如，学生在班级活动中的消极怠工，学生在课堂上或在课间表现出的异常行为举动，都能为教师提供丰富的反馈信息。

（四）沟通能力

沟通是使彼此相通。沟通能力是指沟通者在一定环境中，有效利用沟通资源将沟通信息传达给沟通对象，并根据对方反馈的信息做出及时调整以使彼此交流顺畅而有效的能力。沟通资源包括沟通规则与规范的策略知识、编码与解码技能类知识和能力等。从沟通整个过程来看，沟通能力主要包括信息传输能力、倾听能力、反馈能力等。

传输能力是沟通者使自己被他人理解的能力。作为班级管理者,这种传输能力尤为重要,它是确保有效沟通的关键。为了提升这种传输能力,班级管理者可从以下五个方面去准备:第一,班级管理者应使用适当的、直接的、简单的语言,避免使用教育术语或复杂概念。然而,为了建立别人对自己的信任,班级管理者的语言必须显示其具有教育方面的渊博知识。第二,班级管理者必须为沟通对象提供清晰、完整的信息。第三,班级管理者应使来自物理环境和心理环境的干扰最小化。例如,在家长会上,他们必须采取有效措施消除电话干扰,减少自己或家长的陈规陋习。第四,班级管理者应该使用多重的和适当的媒介渠道。如,单向性演讲可以通过双向沟通的试听展示使其功能放大。巧妙地将媒介的丰富性与环境需求和沟通需要相匹配以使沟通效率提升。第五,当沟通陷入信息不准确,模棱两可的窘境时,班级管理者要采用面对面的沟通方式,而且不怕麻烦和啰嗦,要使用丰富的语言,反复强调,要使用反馈信息反复确认,直至彼此相互理解并达成共识。

倾听能力是指沟通者理解他人的能力。有效沟通需要有效倾听技能,有效倾听技能包括一系列因素:参与、质疑、鼓励、释义、回应性情感和总结。所谓参与是对谈话予以关注的过程。其中包括适当的眼神接触、善于接受的体态语等。如果听者目光游离表明听者对话题不感兴趣,眼神交汇和凝视发言者则说明听者对话题极感兴趣。所谓质疑是听者对信息的准确性和清晰性产生疑问并提出信息校正诉求。若信息是模糊的,需要通过质疑予以澄清。一些质疑是直接、清晰地、简单的,就可以通过"是"或"不是"来回答。一些质疑更加开放,需要通过思考进一步展开。鼓励则是倾听的技巧部分,有效沟通离不开鼓励。沉默是有力的非语言信息。什么都不说但保持兴趣,是向沟通者表示你想听更多的信息。富有情感的确认有助于促进沟通。诸如"是""嗯""我明白"等语言性暗示具有鼓励性,尤其是与非语言暗示(点头、微笑)等结合使用效果更好。大量的鼓励性短语短句也能促进沟通,如"说说看""多讲点""举个例子""讲详细些"等。释义是表示关注和理解别人言语的最好的途径和方式。高明的沟通者会通过释义向对方确认自己已经获得了正确信息。回应性情感是指沟通者关注对方的情绪与情感,是欣然接受对方的积极方式。也就是说是用情感认同的方式反馈信息的。例如:"你能感到这样……是因为……""我能体会到你的失望与痛苦"等,这些都反映了听者的情感倾向并表达了同情。高明的听者能从情绪变化中提炼出事实并予以确认,进一步做出情绪反应。总结则与释义近似,但总结时间较长,经常在谈话快结束时进行,总结的目的是将各种信息、情感加以组织,形成一个连贯的、准确的、言简意赅的纲要性片语。

反馈能力是沟通者在信息传递和接收过程中,对沟通者双方先前的沟通和行为结果进行评判并做出回应的技能。反馈能力包括语言反馈能力和非语言反馈能力。语言反馈包括提出疑问、描述行为以及对信息发送者的话语进行释义等。非语言反馈包括面部表情、眼神、体态语以及各种伴随沟通时所发出的非语言信号。反馈能力是沟通双方有效沟通的重要辅助能力,有助于双方及时有效沟通。但事实上,有很多特殊情况发生,部分沟通者缺乏反馈能力或出于某种原因含而不露甚至是故意隐瞒,这就需要沟通的另一方具备搜寻反馈的能力,这种寻求反馈的能力在特殊情况之下显得异常重要。因而,沟通者拥有寻求反馈能力有助于其适应环境,取得成功。寻求反馈能力的获取要基于以下两个方面的策略:一是要通过仔细观察环境以及周围其他人的反应来判断沟通者的反馈信息;二是直接询问了解情况的第三方来对自己的行为与沟通者的行为进行感知与评价。这种参照第三方评价来应对不情愿反馈或抵触反馈的情况是行之有效的策略。然而值得注意的是,我们在探询反馈的时候,一定要尊重另一沟通者的自尊和隐私权,万不可为了获取反馈信息不择手段、铤而走险,冒犯他人。

(五)沟通的媒介与渠道

1. 沟通的媒介

媒介是指信息沟通中的信息载体。按照媒介性质可分为言语形态和非言语形态两种。

言语形态媒介,主要指我们人类言语本身,包括直接的、面对面的对话,或通过电话、广播、电视、网络会议和即时消息类的电子交流(如手机短信、QQ信息、微信等);书面媒介包括信件、传真、电子邮件、公告板、报纸、备忘录、微博等。

非言语形态媒介,主要指体态语言或手势。包括:① 面部表情、姿势、手臂动作;② 具有象征性意义的物品或工艺品,如装饰品、挂件、服饰等;③ 空间,如领地和个人空间;④ 接触类,如握手、拥抱等;⑤ 其他非言语形态,如语调、重音、音高、声音的强度和语速等。

在沟通中运用媒介的原则有以下几点。

第一,多媒介并用以强化效果。多媒介并用是指在沟通时运用多种媒介以提高信息传递效果的沟通方式。一般而言,沟通中兼用文本与非文本媒介,其效果要比单用文本媒介或非文本媒介好得多。譬如教师在讲课时,语言表述与黑板板书相结合,学生理解的效果要远远大于单一方式的表述。从行为主义心理学角度来说,兼用多种媒介沟通,可以提供多种刺激,信息接受者就能获得各种感觉器官(如听觉、视觉、触觉乃至嗅觉等)的参与,以便产生更多反应,建立多种连接,以使理解或记忆更加深刻、牢固。

第二,媒介要完整承载信息。我们在沟通中所选择的媒介,无论是文本的或是非文本的,都要准确无误的传达所要传递的信息,不能出现歧义现象。运用媒介至少要做到明确易懂。在选用媒介时,我必须注意:① 符合接受者的文化程度与经验水平;② 要慎用含糊不清、用意不明的媒介;③ 媒介要达意准确、全面、完整。

第三,传递过程中编码与解码要准确。在沟通时,双方要表达的意思存在各自内心之中,要想清楚无误地表达出来,会受多方面因素的影响。譬如文化水平、生活习俗、自身经验等,信息发送者要想被信息接受者准确接收并理解自己的意思,必须按照接受者的水平与习惯对其进行编码加工,再从接受者解码的反馈信息对自己的编码进行修改。如果编码出错,沟通就会陷入困境;同样,解码出错,接受者接收的信息就会不准确,因此,编码与解码的正确与否,是沟通双方能否成功交流的关键所在。

2. 沟通渠道

沟通渠道是指沟通信息传递的路径或通道。沟通渠道有正式与非正式之分。正式沟通渠道是依法或依规章确立的正规渠道,如组织体系中生成的沟通渠道,诸如各种会议活动、文件签署等。非正式沟通渠道是指正式沟通之外的其他沟通渠道,如自然形成的沟通渠道,尤其是以个人身份参与的,如聚会、郊游、聚餐、闲谈、各种主题的沙龙、联欢会等。此外,还有半正式沟通渠道,即非法定的、以组织名义设置的沟通渠道,如意见箱、问卷调查、网络论坛等。

沟通渠道的快捷畅通是高效传递信息的前提。如何才能达到这一目标呢?我们需要了解沟通渠道的结构体系。我们知道在实际沟通中,沟通渠道不是单一存在的,而是多种渠道并存形成复杂的网状结构。我们把它们称作沟通网络,不同的网络会产生不同的沟通效果。罗维特(Leavitt)曾对此进行过实验研究。如图4-4和表4-1所示。

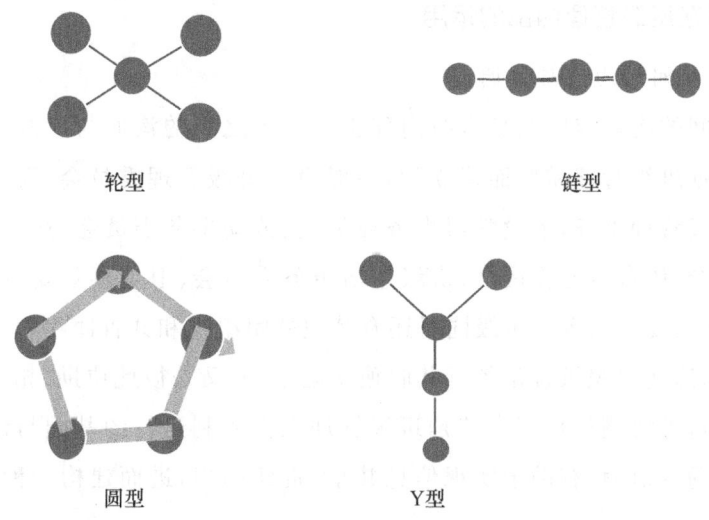

图 4-4　李维特实验的四种沟通网络

资料来源:谢文全.教育行政学[M].台北:高等教育,2007:218.

表 4-1 不同的沟通网络对行为的影响

影响	轮型	链型	圆型
解决问题的速度	快	次快	慢
正确性	高	高	低
团体作业的组织化	迅速产生组织化且组织稳定	慢慢产生组织化且组织相当稳定	不易产生组织化
领袖之产生	非常显著	相当显著	不发生
士气	非常低	低	高

资料来源：谢文全.教育行政学[M].台北：高等教育,2007：218

实验结果证实,沟通网络结构不同将产生不同的影响,如在解决问题的速度及正确性上,轮型比链型及圆型高,但却造成成员士气的低落。圆型可以提高士气,但在解决问题速度及正确性方面却很差。其中 Y 型网络与链型类似。[1]

沟通渠道的结构体系与沟通效果有一定相关性,但究竟在何种条件下采用什么样的沟通结构需要更加缜密的实验验证。然而,现实生活中的沟通实际要比沟通实验更复杂多样,在兼顾解决问题的速度、准确性以及成员士气等方面的要求,需要做进一步探索。

二、沟通在中学班级管理中的运用

(一)沟通在班级管理内部的运用

1. 班级组织间的沟通与协调

班级组织间的沟通与协调是班级内部正式组织之间的沟通与协调。班级内部组织的组建是根据班级管理需要而建立的,一般设置班级管理委员会,简称班委会。班委会再根据班级管理事务,下设学习事务委员会、劳动事务委员会、宣传事务委员会、文艺事务委员会、体育事务委员会、班级生活服务委员会、卫生事务委员会、纪律监督委员会、班务督察委员会等。班级同时还有其他社团组织和共青团组织等。在班级事务管理工作中,这些组织虽说是各行其职独立运作,但又是彼此协助、相互支撑的。班级组织之间的这种协调与相互支持是班级管理工作顺利运行的基础与保障。做好班级组织间的沟通与协商,有助于实现信息共享、责任同担,进而建构一种学习、管理和生活共同体。

---

[1] 谢文全.教育行政学[M].台北：高等教育,2007：218.

2. 班级成员间的沟通与协调

(1) 师生间的沟通与协调。

班级管理活动中,师生间的沟通与协调是最重要的一项工作,因为师生间的关系走向会影响到班级成员间的人际关系的发展和教师对班级成员教育效果的优劣。如果教师与学生沟通不畅或缺少沟通,学生在情感上就会有疏远感,甚至会产生陌生感,会觉得教师可敬,却不可亲,也不可爱。从班级管理实践中存在的问题看,师生间问题大多源于缺乏相互理解,彼此沟通与协调存在障碍。师生间的沟通与协调在班级管理中至关重要。

(2) 学生间的沟通与协调。

虽说有75%～85%的同学明显倾向于和同龄人交往、交朋友,这种倾向也基本反映出他们对平等关系的向往,对友谊的渴求。他们愿意对"志同道合"的知心朋友倾吐心声,愿意发展伙伴关系。但是由于这一阶段,他们的是非观、价值观、择友观还不成熟,辨别能力、控制力和意志力还比较弱,在交往过程中出现的问题不能及时沟通与协调,往往产生矛盾而分道扬镳;在与"非志同道合"的同学相处时,由于交往动力性不足,亲密性和信任度不高,他们更不知如何处理相互间的关系。在班级管理中教师引导学生之间真诚沟通和有效协调就显得异常重要了。

(3) 学生异性间的沟通与协调。

中学生身心发展迅速,尤其是性不断成熟,异性之间相互吸引逐渐强烈。异性间的正常交往有助于学生健康成长,有助于其情感的互相交流,有助于个性发展的互补,有助于妥善处理异性间的人际关系,更有助于建立互相激励的生活机制。但是在中学生的实际生活中他们相处得并不愉快,由于大部分中学生缺乏相应的性知识和与异性交往的经验,他们在彼此相处时缺乏与异性沟通的技能技巧,也难以把握彼此间交往的尺度,不是羞于与异性交流,就是异性交往过频过深,乃至酿成不可挽回的过错。

学生异性间的沟通与协调是中学班级管理中的难题之一,班级管理者需要用心处理。建议班级管理者给进入青春期的学生在适当的时候开设两个专题讲座。一是要聘请医生等专业人士给学生讲人的生理解剖,尤其是生殖系统知识,让学生正面地、科学地了解有关性的知识;二是聘请心理专业人士给学生做一个心理健康教育讲座,解决由生理迅速发展带来的心理困惑与不适问题。学生在掌握正面的、科学的知识之后,异性间的交往就会走向健康之路,此后,即使在交往中出现一些问题,他们也不再因为缺少这方面的科学知识妨碍沟通与协调。

(二) 沟通在班级与外部组织等互动中的运用

班级与外部的沟通包括三部分,一是与学校内部的其他班级以及学校的各级管理部门、服务机构的沟通与协调;二是与每个学生家庭的沟通与协调;三是与社会层面的组织机构的沟通与协调。

1. 与学校内部组织成员间的沟通与协调

班级作为学校内部组织成员之一,在日常工作中与其他组织进行信息交流、工作协调、资源共享等,这些都是沟通的主要内容。在这些沟通中,沟通程序和规范要求比较重要,尤其是正式沟通,往往需要组织公函或组织领导的授权或认可。非正式沟通相对来说简单而随意。

2. 与家庭间的沟通与协同

作为班级管理者与家庭间的沟通是常有的,也是必要的。与家庭间的沟通的渠道与方式较多,主要有以下几种。

(1) 家访。

家访是班级管理者为了更好地指导学生的学习与生活必须要做的重要功课。班级管理者走进学生家庭,是为了充分了解学生的家庭状况、父母文化程度、在家排行次序、邻里关系情况以及他们对该生的评价等。教师在家访时主要通过对学生家长等进行调查走访获得有关学生的全面信息,要多角度观察了解,不能先入为主,也不能偏听偏信,更不能走过场敷衍应付。在与家长交流过程中,不能抱着告状的心理,不负责任地把学生在学校的种种"罪状"全盘端给家长,教师走后出现学生描述的"必有狂风暴雨、电闪雷鸣"或者上演"男子单打"或"女子单打",甚至是"男女混合双打"的局面。这样的做法就不是家访,而是告状。家访与告状是有本质区别的,家访是教师为了做好教育工作,积极主动地去了解学生校外的情况,目的是为了学生的进步与发展,而告状则是教师无法应对学生出现的状况,只能借用家长之威为自己的无能管理做些弥补。简而言之,教师告状就是教师无能的表现。

案例 4-1
以生命为代价的"家访"

在失踪两天后,浙江丽水市缙云县盘溪中学 31 岁女教师潘伟仙的遗体在县城附近的一座山上被找到,而杀害她的竟然是她的学生丁某。

2008 年 10 月 21 日中午,因为学生丁某前一天逃课,潘老师找他谈话,丁回答说是上网去了。潘老师本想给丁某的家长打电话,但没联系上,只好中午带着他去做家访。下午 2 点 25 分,丁某从校外回到教室,有老师问他,潘老师怎么没一起回来?丁某回答说,他俩在校门口就分开了。直到晚自习时间,潘老师一直没有出现。第二天,学校发现潘老师手机关机,住处无人,遂向警方报案。当晚10点左右,警方在一座山上找到潘老师的尸体。而犯罪嫌疑人就是她的学生丁某。据丁某交代,他借口父母不在家,而爷爷奶奶在山上干活,将潘老师骗到山上后掐死。

据了解,今年17岁的丁某跟着爷爷奶奶生活。在学校老师的印象里,成绩不算好的丁某性格孤僻、内向、不合群,曾多次逃课上网,还打过架。

潘老师是今年8月才调到盘溪中学的,此前她在缙云一所偏远的山区学校任教。去年她带的班是县里的优秀班级,而她本人也曾连续5年被评为县优秀教育工作者或校级优秀教师。在同事的印象中,潘老师说话温和,对学生很负责,每天学生晚自习,她都会在学校,等住校学生晚上睡觉关了灯才回去。

丁某已经因涉嫌故意杀人罪被警方刑拘。

(2) 班级家长会。

班级家长会是班级管理者为了促进教师与家长、家长与家长之间的相互联系而经常举办的活动。班级家长会的举办有助于班级管理者提高工作效率,并集中处理一些学生出现的同等性质的问题,与此同时还能加强学生家长们的横向交流与联系。但是,班级家长会不能开成学生问题通报会、批判会,甚至是批斗会。班级家长会可以针对班级面临的较为复杂的问题,集思广益、群策群力进行解决,但切忌开成集资动员会、募捐会等。班级管理者在举办班级家长会时,要尊重学生的人格,尊重学生的隐私权,更要顾忌学生家长的尊严与脸面。个别学生的问题不宜在班级家长会上提及,需要单独与家长在会后沟通、交流。

(3) 家长学校。

家长学校是为了更好地发挥家长的配合协调作用,班级管理者有针对性地对家长进行的指导和引导活动。活动安排一般是根据班级管理的需要来拟定的。譬如,家长文化程度参差不齐,对学生的教育观念陈旧,对孩子的身心发展规律认识不足。班级管理者就可以聘请教育专家给家长作专题报告来提升他们的认识水平。通过这种方式培养家长协助班级管理者管理班级的能力。

众所周知,对学生的教育不仅仅是学校的事情,社会、家庭同样存在不可忽视的责任。家庭教育在学生成长过程中发挥着不可替代的重要作用。为了更好地整合这种力量,也为了给家长以正确的引导,我们要对家长进行知识信息和育人方面的指导。家长学校的宗旨就是引导家长避开家庭教育的误区,提高家庭教育的质量,进一步配合学校教育,与学校形成合力,从而引导学生健康成长。

(4) 家长委员会与家长沙龙。

家长委员会是班级管理者为了便于班级学生家长协调沟通,组织学生家长在协商基础上由学生家长自己商定组建的非正式组织。家长委员会定期召开会议,主要议题是积极参与学校、班级管理与教育事务,协助学校班级做好学生的生活服务与教育工作。

家长沙龙是围绕学生教育管理工作而组织的非正式活动,沙龙主持由学生家长轮流担任,班级管理者积极参与,或邀请教育、心理等专家学者作为咨询嘉宾,一次围绕一个主题开展活动,可以是咨询性活动,也可以随意交流。家长与班级管理者在轻松愉快中互相交流与学习,彼此情感也在不知不觉中得以深化。家长沙龙形式自由、宽松、不拘谨,有利于家长们敞开心扉深入交流。

3. 与社会层面组织机构的沟通与协调

学生的社会化离不开学校所处的社会环境,如何利用社会资源帮助学生顺利完成其社会化进程,是班主任的责任与义务。班主任要与社会层面的组织机构积极沟通协调,采用"走出去,请进来"的策略,与各级各类组织机关社会人士建立广泛联系,优化整合社会教育资源,为自己的班级管理寻求社会帮助与支持。具体形式有以下两种。

(1) 依托社区的教育委员会。

社区教育委员会是基层政府领导下的教育行政机关,是负责社区教育事务的服务与管理机构。班主任教师要积极主动地与他们建立联系,做好沟通与协调工作。还可以邀请他们参与班级的各项活动,通过与他们接触使学生更多地了解政府与社会的实际状况。班主任可以通过教育委员会给学生争取更多的社会教育资源和参与社会实践活动的机会。

(2) 建立校外教育基地。

校外教育基地,一般是指国家或地方政府为了青少年全面发展而建立的具有多种教育功能的机构或单位。如:少年宫、青少年活动中心、科技展览馆、博物馆、各级各类艺术活动中心、各种文化遗产遗址管理单位以及各种类型的国家青少年教育基地等。班主任教师还可以与学校周围的工厂、商业中心、科研机构、服务机构或者农场等联系,建立学生教育成长基地,这些机构或单位对学生而言都具有独有的生活性、趣味性和教育性,意义非凡,在一定程度上能够拓展学生的视野,同时也弥补了学校教育的不足。班主任教师要多与这些机构或单位沟通,为学生开展丰富多彩的学习活动,为培养学生的业余兴趣与爱好提供多样性服务。

案例 4-2

沟通不畅酿祸端
——小学生被逼喝尿事件调查：副班长是"王"

七个人的班级，就像一个王国。13 岁的副班长小赐，拥有检查作业、监督背书这样的权力。然而，就是通过这点权力，他向包括正班长在内的 6 个孩子要钱。钱没给够，就逼迫喝尿吃粪。小赐上网、上学，有专门的孩子骑车接送。他要来的钱，有专门的孩子替他保管……实际上，他个头矮小，打不过其他的孩子。

但这个 13 岁的孩子，却把这点权力运用到了极致。

孩子们在怕什么？

受害学生告诉《华西都市报》记者："小赐把情况汇报给老师，老师就会体罚没有完成任务的孩子。蹲着马步，让同学用扫帚打背、打屁股，狠狠地打。"

钱惠彻底死心了。她找出一把刀，放在桌子上。找来长长的绳子，从屋梁上穿过去，两头垂到地上。然后坐着，等待儿子回来。

晚上 7 点，小岩溜冰回来了。

小岩不敢直视妈妈的眼睛，低着头，双手手指头相互搓捏着。

"你包里六块三毛钱又是哪里来的？……你不是讲过你再拿钱就自己断一只手吗？刀在这里。或者，你干脆上吊自杀吧，就当我们没有养你。"

小岩恐惧到了极点，因为偷家里钱被吊在屋梁上暴打的情景再次浮现，蜷缩在角落里，眼睛不敢直视，嚅动着嘴唇，却没能发出声来。

蹊跷

发现隐秘"王国"

"我星期一要背书，如果不准备两百块钱，我书就背不过，我就要喝尿、吃屎，还要挨打……"

这些年，小岩在家偷了无数次钱，最多一次偷一千。上周，竟然偷到隔壁的赵老师家了！钱惠给儿子一周的时间，让他交代偷的钱干了什么。眼看一周过去了，他还没交代，而这次，又从他书包发现了钱！钱惠说，"这孩子没救了！"

小岩缩成一团，佝着背搓着手指。目光锁定在手上，不敢移动，偶尔瞟瞟父母，又迅速低下眼皮。

僵持了十多分钟。父亲何俊发话了："小岩,我们不打你,只要你勇敢讲出来,只要你不继续犯错,你还是我们的好儿子。"

突然,小岩浑身颤抖,哽咽着却哭不出声来,哽咽了好久,终于放声大哭,一边哭一边说：

"爸爸,我不能讲啊！我讲了就不能活了啊。"何俊心头一凛！突然有些难过。

"你跟爸爸讲讲,你讲了与不能活有什么关系呢？"

"这钱是给副班长(怀远教育局称是'语文科代表')小赐保管的,我如果说了,他就不要我活了。"孩子泣不成声。

"你上周偷赵老师的钱到哪里去了？""我星期一要背书,如果不准备两百块钱,我书就背不过,我就要喝尿、吃屎,还要挨打……"

"这么多年你偷的钱,都干什么去了？""都给了小赐。"

震惊之余,何俊将信将疑：屎尿怎么能吃得下？太荒唐了,不可能吧？

"谁让你吃屎喝尿啊？""小赐。""你们这么大的人了,他让你们喝就喝？""不喝就要挨打,背书写作业就不能通过检查。""你说你吃屎了,喝尿了,可有人看见？""全班六个人(除了小赐)都喝了。"

"你尽胡扯！你们怕他,难道你们班长小东也吃屎喝尿？""他有权力不敢用。"

问了大半晚,已经到了当晚10点多。钱惠一边听,一边伤心,他们决定次日去其他同学家问问。

令人沉重的真相

走访完所有的孩子,孩子的父母忍不住,冲过去抱住儿子,放声大哭起来。

小岩所在的安徽怀远县火星小学位于城郊,此前属于火星村,多年前因为发展工业区拆迁,火星小学搬到了现在的地方,保留了一个教学点。这些年,很多学生陆续转学,这里的学生越来越少。小岩所在的班级,从最开始的二十多人,读到六年级时,已经只有七个人了。

这七个孩子是：班长小东2003年12月生；副班长小赐13岁；小运2002年2月出生；小然2002年生；小江2000年8月生；小岩2003年6月生；小邢17岁。

这晚没怎么睡好。早上七点,何俊和钱惠叫起儿子,去了班长小东家。

敲开门,小东见到他们,开始往后躲。

听了钱惠的诉说,小东的爸爸铁青着脸,朝向小东:"你可喝过屎尿?"小东嗫嚅着说没有没有。父亲扬起手要打他,被何俊阻拦。两个女人把小东叫到一边,给他打气做工作,小东承认了。

钱惠又带着两个小孩去了小江家、小运家、小邢家。走一处,就把孩子带在一起去下一家。

29日下午,贾波正要去上班,经过2楼父亲的屋子时,听到有人说话。一进屋,一女士就介绍自己:"我是你儿子同学小岩的妈妈。"贾波以为儿子跟人打架了,质问的眼神投向站在床下的儿子小然。

"你可知道,我们的孩子在学校,吃屎喝尿了。"钱惠一边说着,眼泪一边扑簌扑簌往下掉。贾波头脑一片空白,呆了呆,问儿子可有此事。小然嗯嗯着不敢讲。

小岩见状,哭着朝小然喊:"你讲吧,我们都承认了。"

小然于是和盘托出。走访完所有的孩子,钱惠忍不住了,冲过去抱住儿子,放声大哭起来,何俊也哭了。这些年,孩子挨过自己多少毒打啊!小岩告诉爸爸妈妈,自己每天醒来第一件事,就是焦虑到哪里去找钱。所有的心思,都放在给小赐筹钱上!即使父母这样打,他们也不敢讲出在学校所遭受的屈辱。

规矩

副班长的"王法"

"每次背书时,孩子们必须拿钱给小赐。不给,则会喝尿吃屎。"

家长们找到学校,把情况汇报到了怀远县教育局。

5月3日,学校召集双方家长在学校见面,小赐承认六名学生拿钱给他,也承认对方吃屎喝尿的情况,小赐父母表示要归还孩子们的钱。但小赐及其家长同时称,一切都系同学们自愿。次日,小赐转到了其他学校。

5月6日上午,怀远县教育局纪工委找到涉事的六名学生进行调查。根据调查笔录,情况是这样的:

孩子们最近的一次吃屎喝尿,发生在五一放假前。因为小岩在家偷钱被家长发现,没能拿钱交给贾尚赐。这天,小运与小岩、小然三个人,一起到厕所,小然用撮灰的撮子弄来大粪,在小赐的监督下,用手指挑起,抹了一点点在嘴里,小然最先,接着是小岩,然后是小运。

此前一天,他们也吃过一次,是用零食袋去捏的,有指甲盖大小的分量,也是因为书没有背过,没有拿钱。

这只是小运的说法。班长小东称,自己没有吃过屎,但喝尿发生过,在更早的时候。那是五年级下学期,同样在教室里,小赐朝瓶子里撒了尿,然后逼迫小运跟小东也朝里边尿,要求大家喝。小东、小运、小然、小江、小岩都喝了。六年级的时候,他们又集体喝了一次。"小赐让喝的,因为作业没写,不喝不行。"

家长们告诉《华西都市报》记者,其实跟孩子聊天时,掌握的情况远远不止孩子们向官方说的那么几次,这是一个长期的过程,孩子们自己都不记得有多少次。

按照学生们的讲述,小赐制定的规则是这样的:每次背书时,孩子们必须拿钱。他会根据每个孩子向家里拿钱得手的难易程度,以及各家的经济状况,制定拿钱的数量。如果家里经济条件不错,钱好拿,那就会要求多拿,反之就少拿。

如果不拿钱,作业检查肯定过不了。这一点,小然的父亲贾波曾经有过疑问。因为老师布置了作业,儿子回家后,他们就督促儿子写字,写了整整两个本子,他也检查了。可次日,就接到了老师的电话:"你家小然作业又没有写!200个字,就有180个字写错!"贾波不服,说自己亲自督促儿子做了作业。"不信你来学校看!"老师撂下这句话,挂了电话。贾波蛮有自信地跑到学校,让儿子把作业本拿出来,但儿子拿不出来。"我看着你写好的,你是不是搞丢了,你再找找书包。"小然茫然地把书包翻来翻去,没有。贾波被狠狠批评了一顿,觉得一头雾水。

直到事发后,小然才敢告诉爸爸:因为自己没拿到足够的钱给小赐,小赐在检查他作业的时候,直接撕了扔了。

当然,如果拿不到足够的钱,背书也过不了。

所有的孩子都有类似遭遇:拿了钱,过不了关也能过;不拿钱,过得了也不能过。逼人吃屎喝尿、打人、"专车"接送、指定"会计"、专人买早餐……这个七个人的班级,就像是小赐的王国。

谁在背后撑腰?

小赐把情况汇报给老师,老师就会体罚没有完成任务的孩子。"蹲着马步,让同学用扫帚打背、打屁股,狠狠地打。"

怀远县教育局纪工委的调查人员有些不解：喝尿的事为什么不告诉老师和家长？

小东回答："没有告诉,怕小赐打。"小东的说法,代表了所有的孩子。

实际上,除了小邢外,其余孩子都比小赐高大,有的甚至要高出一个头！论打架,小赐当然不是对手。

然而小赐有办法。孩子们在回答家长的疑问时说,要惩罚人时,他会让大多数孩子通过作业检查,让通过作业检查的孩子,打他要惩罚的孩子,于是孩子们人人自危,言听计从。

根据孩子们的讲述,《华西都市报》记者了解了小赐成为"孩子王"的过程。

在二年级的时候,小东和小赐成绩优秀,被老师指定为班长和副班长。

因为小赐表现强硬,拥有了检查作业和监督背书的权力。开始的时候,孩子们为了能通过背书和检查作业,比较亲近小赐,会将自己的零食分享给小赐。慢慢地,如果没有零食,小赐就会索要,没有得到满足,就不好过关。

小赐把情况汇报给老师,老师就会体罚没有完成任务的孩子。"蹲着马步,让同学用扫帚打背、打屁股,狠狠地打。"

学生们怕被老师打,千方百计要通过作业检查。三年级的时候,小赐开始上网,不再满足跟同学们要零食,他开始索要钱,并让同学给他买早饭。

先是几块、十块、十几块,同学们把自己的零花钱,都给了小赐。

到了四年级,小赐迷上游戏,要买装备,常常去网吧。小江有自行车,他就指定小江送他上网吧,并规定时间,到了时间要去网吧接他回学校。同学们的沉默,让小赐胆子更大了,他规定每周必须例行给钱,如果要检查作业了,就额外收更多的钱。

有些孩子也想过反抗,但他们担心,如果搞不倒小赐,那以后的日子更加暗无天日。小赐被投诉过三次向同学要钱,班主任顾利珍都知道了,但小赐的副班长地位,却牢不可撼。

一步一步地,最终发展到喝尿吃屎他们也逆来顺受。而小赐,通过这种人格矮化行为,彻底征服了所有的同学——成为了这个群体的"王"。

从最初的几块钱,到后来的几十块上百块,再到五年级时几百几百地要。一位已经转学的女孩子称,在五年级时,曾一次从家里偷了800块给小赐。

> 这些年，家长们发现一个怪现象，孩子都不在家吃早饭。事发后他们才明白，孩子们是想借着上街吃早饭的名义向家长要钱。"你不知道，我每天都没有吃早饭，都是把钱给小赐。"贾波听了孩子的哭诉，自己也哭了。
>
> 有一次，小邢的家长发现孩子偷钱，后来找到学校，在小赐的课桌里找到了钱。此后，同学每次拿来钱，小赐就不再收下，而是先点数，点了之后指定一个学生保管，等放学的时候，或者他用的时候，再拿来。所有的孩子和家长均称，小赐的头脑不一般。他们举例说，小赐曾经卖游戏装备就卖了一万多。
>
> 小岩说："最开始怕他，后来就彻底臣服于他了，他做什么都觉得理所当然。"

我们从沟通角度对这一事件简单做一梳理。老师委托副班长检查学生背书情况，副班长利用老师的授权设卡要钱，不交钱者吃屎喝尿，被处罚的学生本可以有两方面求助的，一是教师，二是家长。然而，实际上学生都没有成功与之沟通。因为别的学生反映有这种情况时，老师过于听信副班长的话便主动把学生求助的沟通渠道关闭；而学生和家长也没能顺畅沟通，原因是孩子要钱理由不充分，只好偷拿，家长在不问明白的情况下采用粗暴手段加以解决，从而把与孩子交流沟通的渠道关闭。结果就形成了一连串的恶性循环，学生没有倾诉的对象与渠道，这样的结果反而助长了副班长的行为，使之越演越烈。

本章小结

班级管理中的沟通是非常重要的，因为班主任教师在开展具体工作时需要和各种部门、群体和个人打交道。学校内部各部门，各科教师与后勤服务人员，更要与由学生产生的各种关系进行沟通，包括家长、社会群体、社会组织等。在班级内部，还要与班级各个小组织和每个学生个体保持联络畅通。

沟通是"人际沟通"的简称，是指人与人之间的信息交流过程。往往是直接的、面对面的信息交流。在社会心理学中一般把人际沟通区分为两类：言语沟通和非言语沟通。从共享意义上说，沟通可分为单向沟通和双向沟通两种模式。沟通相关的概念还有：沟通能力、沟通的媒介与渠道、沟通的校正模式——反馈等。

思考与练习

1. 什么是沟通、单项沟通、双向沟通？

2. 怎么理解沟通能力？

3. 中学班级管理中需要沟通的对象有哪些？如何与之进行有效沟通？

参考文献

1. [美]韦恩·K.霍伊,塞西尔·G.米斯克尔.教育管理学：理论·研究·实践[M].范国睿,译.北京：教育科学出版社,2007.

2. 谢文全.教育行政学[M].台北：高等教育,2007.

3. 方富熹,方格.儿童发展心理学[M].北京：人民教育出版社,2005.

4. 罗德红,李志厚.课堂教学与管理艺术[M].北京：中国言实出版社,2014.

5. 李学农.班级管理[M].北京：高等教育出版社,2010.

6. [美]马扎诺.有效的课堂管理手册[M].贺红,曾白云,译.北京：教育科学出版社,2008.

第五章　中学班级管理目标

学习目标

1. 了解目标、管理目标和班级管理目标的定义。
2. 理解中学班级管理目标的特点和类型。
3. 掌握班级管理目标的结构和功能。
4. 结合具体事例说明如何制定中学班级管理目标。
5. 能按照相关理论实施中学班级管理目标。

人类的任何社会实践活动,都是为实现特定的目标而展开的,都具有目的性。目标是人类社会实践活动的基础和归宿。管理活动作为人类社会实践活动的形态之一,也具有目的性。任何社会共同劳动的管理,都必须有明确的目标,目标是构成管理活动的根本要素。班级管理也是如此。班级管理作为学校管理活动的一部分,其目标除了具备管理目标的一般特征外,还有其自身的特殊表现形式和内容。

第一节　中学班级管理目标概述

一、目标、管理目标与班级管理目标

(一) 目标的含义

人类社会活动与动物活动的最大区别在于,人是有意识、有目的进行活动的。追求特定目标是人类活动的基本特征。正如恩格斯所说:"在社会历史领域内进行活动的,全是具有意识的、经过思虑的或凭激情行动的、追求某种目的的人,任何事情的发生都不是没有自觉的意图,没有预期的目的的。"[①]

然而,人们对于"什么是目标?"有着不同的理解。《现代汉语词典》对"目标"的解释是"人们想要达到的境地和标准"。[②] 人们从不同的学科视角,对"目标"这一概念进行了阐释。从心理学的角度来看,"目标是一种期望,是人的各项活动所追求的预期结

---

① 中共中央马克思恩格斯列宁斯大林著作编译局.马克思恩格斯选集(第四卷)[M].北京:人民出版社,1972:243.
② 中国社会科学院语言研究所词典编辑室.现代汉语词典(第五版)[M].北京:商务印书馆,2005:971.

果在主观上的超前反映";也有学者从行为激励的角度认为,"目标是外在的,它们有时被解释为由动机所引导的对欲求的报酬"。组织学认为,目标是组织提供动力和成功的标准;管理学则认为,目标是管理规划的起点和管理活动的终点。①

尽管上述对"目标"含义的表述方式存在一定差异,但实质是一致的,其共同点是把目标看成一种预想的成就或结果。因此,目标是人们对最终期望达到的结果或成就的具体描述。②

(二) 管理目标的含义

管理,既可以指向人,也可以指向物。马克思主义认为,管理作为人类社会任何发展阶段普遍存在的现象,根源于生产的社会性本质。由于人类的生产活动在任何条件下都是"以人群为单位,以社会为单位"③共同进行的,为了有效地进行社会生产,这个"人群"和"社会"就必须建立一定的程序,必须有分工和协作,必须有协调个人活动的机构和人员,也就是说必须有管理。④

人类活动的显著特征是目的性,管理活动更是如此。管理活动的目的性具体表现为管理目标,它既是管理活动的起点,也是管理活动的归宿。任何管理活动都应有其明确的目标。所谓管理目标,是指管理系统在一定时期内预期达到的目的和取得的成果。⑤

(三) 班级管理目标的含义

根据以上对"目标"和"管理目标"的定义,可以给班级管理目标下个定义。所谓班级管理目标,是指班级主体为实现学校的教育目标和任务,从班级实际情况出发确定的班级管理活动要达到的理想状态和预期取得的成果。班级管理目标是服务于教育教学,并与教育教学工作密不可分的。

班级管理目标是班级管理活动的起点,也是班级管理活动的归宿。所谓"起点",是指班级管理目标是依据学校教育目标而制定,是对班级发展的期望和理想,是制定班级行动方案的依据。所谓"归宿",是指班级最终要取得的成果或达到的要求。因此,班级管理目标贯穿班级管理的全过程,是班级管理工作的宗旨和方向。

班级管理目标与学校教育目标两者之间,既有联系又有区别。⑥

班级是学校的基层组织,是学校组织的组成部分。学校教育目标的实现,有赖于班级目标的实现,因而学校教育目标规定了班级组织目标的方向,班级管理目标同学

---

① 葛金国.学校管理学[M].合肥:中国科学技术大学出版社,1996:54-55.
② 葛金国.学校管理学[M].合肥:中国科学技术大学出版社,1996:55.
③ 中共中央马克思恩格斯列宁斯大林著作编译局.斯大林选集(下卷)[M].北京:人民出版社,1979:442.
④ 孙灿成.学校管理学概论[M].北京:人民教育出版社,1993:2.
⑤ 教育大辞典编纂委员会.教育大辞典(第七卷)[M].上海:上海教育出版社,1990:209.
⑥ 李学农.班级管理[M].北京:高等教育出版社,2004:76-77.

校教育目标在方向上是统一的。学校教育目标决定了班级管理目标的方向,班级管理目标体现了学校教育目标的要求。

但是,班级管理目标与学校教育目标两者又是有区别的。学校教育目标是针对特定学校的整体提出的人才培养的质量规格;班级管理目标则是一个特定的班级组织的活动目标,是班级管理者为有效实现学校教育目标,完成学校规定的教育任务,从本班级实际出发所确定的一定时期管理活动的结果及所要达到的标准。

因为班级管理目标与学校教育目标有从属关系,所以学校教育目标是制定班级管理目标的依据。

案例 5-1

穿越玉米地[①]

有一年,一群意气风发的天之骄子从美国哈佛大学毕业了。他们即将开始穿越各自的玉米地。他们的智力、学历、环境条件都相差无几。在临出校门时,哈佛依次对他们进行了关于人生目标的调查。结果是这样的:

27%的人,没有目标;

60%的人,目标模糊;

10%的人,有清晰但比较短期的目标;

3%的人,有清晰而长远的目标。

以后的25年,他们穿越玉米地。25年后,哈佛再次对这群学生进行了跟踪调查。结果是这样的:

3%的人,25年间他们朝着一个方向不懈努力,几乎都成为社会各界的成功人士,其中不乏行业领袖、社会精英。

10%的人,他们短期目标不断地实现,成为各个领域中的专业人士,大都生活在社会的中上层。

60%的人,他们安稳地生活与工作,但都没有什么特别成绩,几乎都生活在社会的中下层。

剩下的27%的人,他们的生活没有目标,过得很不如意,并且常常在抱怨他人、抱怨社会、抱怨这个"不肯给他们机会"的世界。

其实,他们之间的差别仅仅在于:25年前,他们中的一些人知道为什么要穿越玉米地,而另一些人则不甚清楚或不清楚。

[①] 傅建明,胡志奎.班级管理案例[M].广州:广东教育出版社,2009:101-102.行文有删改——编者注。

问题与思考:

1. 你如何理解案例中的"穿越玉米地"?为什么?
2. 在你心中,班级管理目标的作用如何?
3. 如何更好地发挥班级管理目标的作用?说说你的看法。

案例分析:

上述案例中两组调查的对比结果说明了什么问题?为什么同样是天之骄子的哈佛大学生在25年之后差别如此之大?他们的智力、学历、环境条件都相差无几,造成差距的原因是什么呢?是因为25年前,他们中的一些人知道为什么要穿越玉米地,而另一些人则不清楚。

而所谓的玉米地又是指什么?成为社会各界成功人士的社会精英们有清晰而长远的目标,知道为了目标如何去奋斗;生活在社会中上层各领域中的专业人士们有清晰而比较短期的目标,不断实现他们的短期目标;相比之下,安稳地生活与工作在社会中下层且都没有什么特别成绩的人,他们的目标模糊;过得很不如意且常常在抱怨他人、抱怨社会、抱怨这个"不肯给他们机会"的世界的人,在于他们的生活没有目标。

难道仅仅穿过玉米地就可以了吗?目标在人一生中的作用是很大的,没有目标的人生活就没有方向,不知道何去何从,如同在大海上航行没有了方向,漂泊不前。

如此看来,在班级管理中班主任也应该认识到班级目标的作用所在。在确定班级管理目标时,要根据班级学生的实际情况,依靠学生的主体作用调动全体学生的积极性、主动性、创造性和开拓性,充分发挥学生个体对班级管理的影响,制定好小目标和大目标,以小目标的实现来带动大目标的完成,充分发挥班级管理目标的作用。

知识卡片 5-1

班级目标管理[①]

在班级管理活动中,较为科学的方法是使用目标管理法。所谓的目标管理法是指以目标为中心进行管理活动的一种现代管理方法。其核心是把组

---

① 孙玉洁.中学班级管理理论与实务[M].哈尔滨:黑龙江人民出版社,2002:49-50.

织的目的、任务转化为目标,并使组织的总方向一致,明确具体、切实可行的目标体系。它强调目标实现的整体意识。具有向量性、整体性、时效性和激励性等特点。

目标管理法具有如下优点。

第一,把任务转化为目标体系,使组织内每个部门、每个人都明确自己的工作目标,以目标来指导各自的行动,从而实现由被动管理转向主动管理,有利于实现"自我控制"。

第二,改变管理,动员全体人员参加工作目标的制定,通过上下级之间充分协商,下级保证上级目标的实现,上级又为下级实现目标创造良好条件的气氛,从而实现所有人员都参与管理。

第三,明确具体目标,有利于对工作的检查、控制和考评,从而有利于保证学校工作的有效运转。

目标管理的过程可概括为"一个中心,三个阶段,四个环节,九项工作"。"一个中心"即目标;"三个阶段"即计划、执行、检查;"四个环节"即目标确定、目标展开、目标实施、目标考评;"九项工作"即在计划阶段有论证决策、协商分解、定责授权三项工作;在执行阶段有咨询指导、反馈控制、调节平衡三项工作;在检查阶段有考评成果、实施奖惩、总结经验三项工作。以上一个中心、三个阶段、四个环节和九项工作,是一个不可分割的有机整体,它们相互影响,相互依赖,构成完整的目标管理过程(系统)。如图5-1所示。

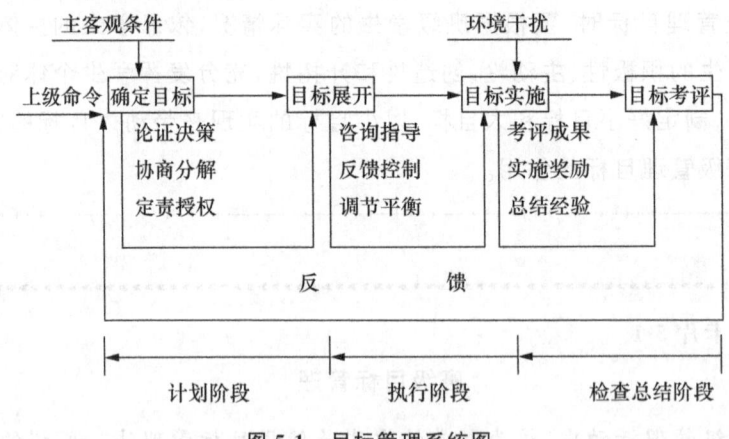

图 5-1 目标管理系统图

班级目标管理是指班级必须把学校的教育管理目标转化为班级管理目标,要求班级全体学生依据班级管理目标的质量标准,为各自确立活动发展目标,通过自我的有效调控实现各自的活动发展目标,来保证班级管理目标的彻底实现的教育管理。

基于上述目标管理理论,可以把中学班级目标管理的过程划分为三个阶段。

第一阶段是班级目标的确立(计划阶段)。这是目标管理的前提和先导,包括班级目标、活动计划、管理项目等。

第二阶段是目标的实施(执行阶段)。这是目标管理的关键,包括把计划变为具体行动的各项活动。

第三阶段是目标的检查与评估(评估阶段)。班级管理成果是以目标的实现程度来衡量的,这是目标管理的必要环节。

二、中学班级管理目标的特点和类型

(一)中学班级管理目标的特点

班级管理目标具有社会性、方向性、层次性、多样性和相关性等特点。[1]

1. 社会性

学校发展受社会政治、经济、文化等因素的影响和制约。我国义务教育法规定,学校的管理目标必须体现国家的社会主义性质,贯彻党和国家的教育方针、政策、法律、法规,班级管理目标同样如此。班级作为一个社会组织,是整个社会系统的组成部分,其管理目标要与社会性质、社会发展目标相统一。

2. 方向性

目标作为人们所追求的一种未来结果,总是指向特定方向。不体现特定方向的目标是不存在的。目标为群体或个体展现预设的前景,指明了奋斗的方向。班级管理目标是班级主体通过管理活动期望达到的结果和状态,为班级组织成员的行动指明了方向,体现了班级建设的基本理念。

3. 层次性

在班级管理实践活动中,必须将高层次的宏观目标分解为具体、明确、切实可行的低层次的微观目标,通过微观目标的逐个实现,确保宏观目标的最终实现。例如,世界观目标可分为自然观目标、社会观目标、人生观目标等;道德感目标可分成爱国感目标、集体感目标、荣誉感目标、尊严感目标、义务感目标、互助感目标等。不同层次的班级管

---

[1] 傅建明,胡志奎.班级管理案例[M].广州:广东教育出版社,2009:92-93.

理目标之间是从属和递进的关系,目标层次越高其概括性和战略性就越强,反之,其具体性和战术性则越强。例如,从心理素质目标、认知素质目标、思维素质目标,到思维的敏捷性目标,它们的概括性依次减少,具体性依次增强,越来越具有操作性。

4. 多样性

不同的班级管理目标有相对的独立性,并且呈现出多种多样的特性。班级管理目标的多样性,从纵向来看表现为层次的多样性,如世界观目标、人生观目标、价值观目标、苦乐观目标等;从横向来看表现为类别的多样性,如既有科学决策、组织实施、检查评估、总结提高等工作质量目标,也有社会素质、心理素质、生理素质等学生素质目标。

5. 相关性

班级管理目标的相关性特点主要表现为不同种类的目标具有互为条件、互相制约的特性。这就需要班级管理主体既要看到班级管理目标的相对独立性,又要看到它们之间的相互关联性,把相互关联的目标通盘考虑,有机统一,相互协调。例如,学生个体目标、学生群体目标、班级集体目标之间就有高度的相关性。

> **案例 5-2**
>
> ### 我们的班规[①]
>
> 我除了让学生遵守教育部规定的中学生守则之外,还对全班学生提出了如下要求。
>
> 1. 辩证地分析自己。看到自己是一个广阔的世界,尊重并忠实于自己的真善美的观念,对自己负责任,做自己的主人,有战胜自己假丑恶的能力。牢记:自胜者强,埋怨环境,天昏地暗;改变自我,天高地阔。
>
> 2. 尊重别人,对别人负责任。从对别人的尊重、理解、帮助、关怀、爱护、谅解中,得到别人对自己的尊重、理解、帮助、关怀、爱护、谅解;从对别人的尊重、帮助中获得人生的快乐,从和别人融洽和谐的相处中感受人生的自豪与幸福。牢记:人心与人心之间等量交换的定律,己所不欲,勿施于人;己所意欲,尽施于人。
>
> 3. 尊重集体、国家,对集体、国家负责任。时刻想到自己既是集体、国家的一员,也是集体与国家的主人,决不能对集体、国家抱冷漠无所谓的态度。越是以集体、国家主人的身份思考、处理问题,个人的潜能越能得到发挥,个人能力增长越广。

---

① 傅建明,胡志奎. 班级管理案例[M]. 广州:广东教育出版社,2009:91.

4. 充满信心。即使失败一千次,也坚信下一次的努力是走向成功的。

5. 意志坚强。有经受失败、打击、挫折、逆境的心理准备,真的遇到失败、打击、挫折、逆境能不退缩、不屈服,并将此看做是磨炼自己的机会。

6. 胸怀开阔。不陷入鸡毛蒜皮的斤斤计较之中,更不陷入窝里斗的怪圈,大事清楚,小事糊涂,有吃亏思想,有容人之量。

7. 除关注学校生活、教科书学习外,对社会、世界的问题有较广泛的兴趣。善于从政治、经济、教育、文化、科技的广阔信息的海洋中,搜集有助于自己学习的教材,有助于自己勇往直前的信息。

8. 能做实事,有潜心实干的精神。在没有更理想的实事可做时,先潜心做好眼前的、手中的事。手中的事虽不是最理想的,但一定能做成同类事情中最好的。

案例分析:

这份班规体现了班级管理目标的社会性、方向性、层次性、多样性和相关性等特点。例如,班规内容涉及学生发展的方方面面,包含了世界观、人生观、价值观等方面的目标,并且各项规定之间有很强的相关性,把学生个体目标、群体目标、集体目标结合在了一起;这份班规有较强的层次性,包含了学生心理素质目标、认知素质目标、思维素质目标、社会素质目标等,并且其中的规定都达到了可操作性,如"不陷入鸡毛蒜皮的斤斤计较之中,更不陷入窝里斗的怪圈,大事清楚,小事糊涂,有吃亏思想,有容人之量"。

(二)中学班级管理目标的类型

依据不同的标准,班级管理目标可划分为不同的类型。

1. 按照班级管理目标对象的不同分

按照班级管理目标对象的不同,可分为学生个体目标、学生群体目标和班级集体目标三类。

(1)学生个体目标。

学生个体目标是指按照每个学生各自的需要、兴趣、性格、意志、情感、品德和学习等特点,以实现学生的全面发展或者培养学生创新精神等为目的而制定的目标。学生个体目标要以班级集体目标、学校教育目标为导向,这样彼此之间就不会方向各异,互相抵消,甚至内耗。

(2)学生群体目标。

学生群体目标是指学生群体按规定发展成有效成熟学生群体的目标。一般可分为外在目标和内在目标,自愿目标和非自愿目标,现实目标和非现实目标等。例如,外在目标是培养学生群体良好的班风班貌,内在目标是培养学生群体的心灵美,包括思想美、品德美和智力美等。

(3) 班级集体目标。

班级集体目标是指在一定时期内班集体共同学习、生活要达到的效果或标准状态。它是全体师生有意识、有计划逐一实现每个小目标而获得的结果。班级集体目标规定了班集体建设的任务,指明了班集体的奋斗方向,是班集体建设的出发点和归宿。班级集体目标包括学生身心发展目标、行为表现目标、学习目标和德育目标等。

2. 按照班级管理目标内容的不同分

按照班级管理目标内容的不同,可分为常规目标和非常规目标两类。[①]

(1) 常规目标。

常规目标是指目标规定的内容是学生日常学习生活的行为准则。它是对中小学生日常学习生活进行管理的目标,旨在使他们从小养成良好的学习习惯和生活习惯。如起床目标、梳洗目标、早操目标、早读目标、课前准备目标、课堂听讲目标、课间活动目标、课后复习目标、自习秩序目标、完成作业目标、值日目标、课外活动目标、值周目标、测试目标、家务劳动目标、饮食目标、就寝目标等。

(2) 非常规目标。

非常规目标是指针对班级发展状况,结合学校班级管理目标,为班级的变化发展确定的管理目标。它能弥补常规目标的不足。探讨常规目标和非常规目标,不仅是为了促进班级全体学生身心素质的全面和谐发展,而且是为了教育管理学生从小养成好的学习生活习惯。因为"习惯自然成",好的习惯一旦养成,对学生的身心发展都非常有利。

3. 按照时间长短划分

按照时间长短划分,班级管理目标可分为长期目标、中期目标和短期目标三类。[②]

(1) 长期目标。

长期目标应该从整体出发,从长远着眼班级管理活动要达到的预期效果或状态,促使全班学生在德、智、体、美等各方面全面发展,创造性地建设班级。

(2) 中期目标。

中期目标可以理解为一个学年或者半个学年的奋斗目标,它指明了在这段时间内班级活动应达到的效果,它是实现长期目标的过渡阶段,起到了对短期目标实现情况的总结与对长期目标实现的引导。

---

① 傅建明,胡志奎.班级管理案例[M].广州:广东教育出版社,2009:83.
② 齐学红.班级管理[M].武汉:武汉大学出版社,2011:85-86.

（3）短期目标。

短期目标是时间最短的目标，是实施长期与中期目标的基础。

长期目标、中期目标和短期目标应相互结合，目标的实施是一个周期过程，要分成若干阶段，努力使各阶段的目标都得到实现，才能在周期过程结束时，实现总体目标。所以，长期目标、中期目标和短期目标必须形成一个统一的整体。

案例 5-3

30 年之约[①]

有这么一位班主任，为了引导学生确定自己的人生目标，先把自己的人生愿望说给学生，其人生六个愿望中有这样两条：写一本书；培养出上北大、清华等名牌高校的学生。然后让学生静静地回顾自己以往的生活，思考自己的未来，写下自己一生的志愿，这些志愿不管它暂时有无实现的可能性，先写下来，然后要求学生郑重地写上自己的姓名、班级、学号及日期，并让学生把它放进事先预备好的信封内密封，约定 30 年后再启封。这一封封的人生目标书作为送给老师的珍贵礼物，由老师暂时保存，如有可能老师将把它放在学校的档案或者再上一级的档案馆，并向学生承诺一定会通知每位学生来集体开封，并在此基础上让每位同学给 30 年后的自己写一封信。同学们都认真的写了，写完后装订存阅。我不敢保证 30 年后每位学生都能取得辉煌的成就，但我觉得这个美好的约定一定会绽放美丽的花朵，结出累累硕果。

问题与思考：

1. 从这份 30 年之约中你读出了什么？
2. 如何理解学生质量目标？
3. 班级管理目标有哪些类别？
4. 如何将班级管理目标和学生发展目标结合起来？

案例分析：

上述案例中的这位班主任为了引导学生确定自己的人生目标，先说出自己的两个愿望，之后让同学们写出自己的愿望，并装在密封的信封内，约定 30 年后再启封同学们定下的 30 年之约。30 年是一个漫长而短暂的旅行，30 年之后，大家又会是什么样子，无人知晓。这位班主任采取了如此特殊的方式

[①] 傅建明，胡志奎. 班级管理案例[M]. 广州：广东教育出版社，2009：83-84.

引导学生们确立自己的目标,其实是在鼓励和激励学生为了心中的目标而奋斗。人的潜力是无穷尽的,30年之后的大家,应该在不同的工作岗位上都取得了各自的成绩。这位班主任在引导同学们制定远大目标的同时,其实也制定了班级集体目标,使班级集体生活达到一种标准状态;也制定了学生群体目标和学生个体目标,使每位学生为了远大的目标而为之奋斗;还制定了学生质量目标,以使学生达到"自我实现"的学习与生活目标,并不断引导他们走向成熟,使所有学生获得发展并全面培养他们的素质。可见,这位班主任用心良苦,在班级管理和培养学生上见解独到,他把学生的发展潜力和奋斗目标结合起来,鼓励和激励班内每一位学生,不落下一位学生,使学生沿着班级管理目标不停地奔向更高的目标,再奔向自己心中的目标,最终实现自己的理想。作为班主任,他是优秀的;论班级管理,他是独特的。

知识卡片 5-2

何谓学生质量目标?[①]

学生质量目标,即学生素质目标,是指达到学生身心素质全面和谐发展质量标准的目标。如文化知识素质、技能技巧素质、认知素质、情感素质、意志素质、自我意识、体质素质、机能素质等。学生素质的优劣,既决定着民族人格水平的高低,又决定着祖国的前途和命运。因此,学生素质目标是班级管理的核心目标。具体有以下两个要求。

1. 使每个学生都得到发展

班级管理过程是以育人为目标的。学生是班级组织教育过程的主体,也是班级组织教育的对象。学校的班级管理不同于工厂企业的管理,它是"人—人"的关系[②],管理的成果体现在是否使每一个学生的身心获得了和谐、全面的发展。班级组织是一个动态生长着的有机体,这个有机体的功能大小、价值取向等都与它的每一个分子的发展具有密切关系。因此,班级管理的各个环节都必须服从培养人、塑造人这一目标,班级管理的过程要与教育过程有机配合,创设一个优化的微观社会环境,使班级组织成员的智力、能力、

---

① 傅建明,胡志奎.班级管理案例[M].广州:广东教育出版社,2009:83-84.
② 全国十二所重点师范大学联合编写.教育学基础[M].北京:教育科学出版社,2002:245.

个性都得到充分的发展。

2. 全面培养学生的素质

素质是指以先天禀赋为基础在环境和教育影响下形成和发展起来的相对稳定的身心组织的要素、结构及其质量水平,它包括思想素质、文化素质、专业素质、身心素质等。教育是提高人的素质水准达到人才培养目标的手段与过程,在众多教育手段中最为细致、最为入微、最为有效的手段莫过于班级管理,它是学生达到"自我实现"的学习与生活的基点。所以,班级管理要以全面培养学生的素质为目标,根据学生身心发展特点和教育规律加强对学生的教育与引导,使学生得到全方位发展。

三、中学班级管理目标的结构和功能

(一)中学班级管理目标的结构[①]

根据现代管理学原理,目标是目标方针、目标项目和目标值的有机结合。因此,中学班级管理目标结构一般由目标方针、目标项目和目标值三部分构成。

1. 目标方针

目标方针是贯穿班级管理始终的中心和主题,是对班级管理目标的高度概括,其科学性关系到班级管理的得失与成败。班级管理目标方针的科学性是指其是否符合教育方针、学校管理目标。班级管理目标方针必须具有科学性,否则会导致班级管理的偏差,出现教育引导的失误,甚至会造成难以弥补的损失。

班级管理目标方针的提出要符合学生的利益和需要,从而调动学生的积极性,并赋予生命力;还要富于鼓动性,让学生动情又动心,这样才能起到激励作用。班级管理目标方针的表述要明确,富于激励性,要体现出可操作性和可评价性,虽然方针概括了目标,但仍要使其实实在在,这样的目标方针最后才容易落实。如果表述不清、模棱两可,就会出现多种理解和解释,导致无法准确操作和评价。

目标方针的确立要经过认真思考,既要把握社会大背景,又要切实把握学生实际。其中要特别注意避免形式主义,避免假、大、空,华而不实,脱离实际。同时,也要避免借用某种口号,避免随波逐流的短视做法。

2. 目标项目

目标项目体现了班级管理目标方针的具体要求,也是班级管理工作的具体要求。

---

① 吴旋州.班级管理学[M].西安:陕西人民出版社,1997:149-150.

确立目标项目既要根据目标方针考虑到学生的健康和谐发展,也要体现班级针对性,即班主任要从班级的实际出发,切不可盲目地凭主观愿望提出过高要求。班级管理目标项目主要包括以推行素质教育为核心的品德要求、学习要求、劳动锻炼、体育保健、日常管理的常规要求等。

班主任在制定班级管理目标项目时,要注意以下几点。

(1) 目标项目不能面面俱到,要突出主要矛盾,抓好主要工作。这样班级管理工作就能够主次分明。

(2) 目标项目的确立,要以现在的班级状况为起点,要考虑取得项目成果的成功条件。项目内容很好,但班级无条件做到,等于该项目不存在。因此,确立目标项目要同时考虑到经过努力能取得成果的条件或可能,这样才能使学生增强信心,并在此基础上取得更大的成果。

(3) 目标项目的实现要能使学生在整体上得到发展,达到班级管理目标的要求。

3. 目标值

班级管理目标项目均有预期性,预期成果必须通过目标值来表示。目标值能表示目标项目的具体成就和实现状态。目标值可用定性和定量两种方式表示。定性方式表示目标值,主要是用描述的方法,越具体越好,力求具备可行性和评价性。定量方式用数字表示目标值。定性和定量方式都是必需的,也就构成了目标值的分类。

目标值与目标项目有密切关系,确定合适的目标项目,还要有切实可行的目标值。确定目标值是一项很细致的工作,班主任在确定目标值时要注意以下几点。

(1) 目标值要恰当地反应目标项目的要求,有一定难度,但能达到;有一定高度,但可操作;有一定的概括性,但有可见性。

(2) 目标值的确定是一个时期的要求,不能成为无时限的值。什么时候达到或是达到多少,都要有明确的时间规定。

(3) 目标值的达到要有一个过程,在确定目标值的同时要确定明确的检查办法和评价方法,这才能保证目标值的实现。

(4) 既然目标值可以用定性和定量两种方式来表示,那么量化部分的设定要科学、准确。定性部分不能空洞、不着边际,要有具体的评价考察标准;定量部分要顾及相关条件,定值与权重都要合理。

(二) 中学班级管理目标的功能

班级管理目标是班级组织所有成员及相关人员共同努力的方向。也就是说,班级的所有活动都应该在班级管理目标的统领下进行。班级管理工作的设计与运转,班级管理者对班级内各种矛盾的解决,班级管理工作的评价与得失等都离不开班级管理目标。概括起来,班级管理目标有以下功能。①

1. 导向功能

班级管理目标的导向行为是选择、寻找和达到目标的过程。行为科学中的"目标导向理论"认为,只要进入目标行动,必须通过目标导向,两者循环交替,逐步深入。班级管理目标不仅体现了社会、学校对学生的基本要求,而且也是这些要求在班级管理工作中的具体化。因此,班级管理目标要符合社会发展的方向,并且体现国家的教育方针,培养符合社会要求的合格学生。同时,班级管理目标要以学校目标为导向,在学校目标的基础上制定和实施班级管理目标,体现学校的方针思想和工作要求。

班级管理目标的导向功能要求目标必须是正确、明确的,也只有正确明晰的目标才能起到鼓舞人心、催人奋进的作用。班级管理目标的导向功能对学校和班主任的工作,以及学生的学习都有重要意义。正确的班级管理目标的确立和落实,既是学生健康成长的过程,也反映了学校工作对社会的贡献。

2. 驱动功能

当班级管理目标成为班级所有成员的共同认识并内化为他们的共同需要时,目标就成了他们努力的方向,班级管理目标就会成为一种驱动力量。这种力量既是一种外在的驱动力量,又是一种内在的驱动力量。作为外在的驱动力量使落伍者奋力赶上,使先进者更为努力,鞭策激发所有班级成员努力;作为内在的驱动力量把班级管理目标内化为自身的一种需要,让每一位学生从目标中看到自己的不足。班级管理目标是班级工作的进步方向和学生成长的标尺,学生从"目标"明确班级、学校和社会的各种要求,从而推动他们积极进取,参与各种集体活动。

班级管理目标一旦失去了驱动力,"目标"就形同虚设,班级管理工作就会出问题,管理者与被管理者就容易失去重心,甚至不知道该干什么。一个班集体管理目标的确定只是第一步,还必须有实现目标的驱动力,这样才能实现目标。

3. 激励功能

班级管理目标不仅对班级工作起导向作用,而且还发挥着激励功能。主要体现在以下三个方面。

其一,对学生来说,一个切实可行、行之有效的奋斗目标,可以吸引、鼓舞和推动他们为实现目标而努力,从而使班级工作顺利开展,学生自身得到发展。

其二,对班级管理者来说,班级管理可以使教师或者班主任提高他们管理的自觉性,激励他们追求班级管理工作的最大化效益。

---

① 齐学红.班级管理[M].武汉:武汉大学出版社,2011:86-87.

其三,对整个班级来说,通过班级管理目标的实现可以提高班级之间的竞争力,班级之间的竞争就是"目标"之间的竞争。

4. 凝聚功能

凝聚功能是指班级管理目标对班级全体师生进行班级管理活动的认知状态和动机行为具有凝集聚合的作用。班级管理目标是班级组织行为的体现,其实现需要组织的所有成员凝心聚力。班级管理目标的凝聚功能具体表现为全体师生在班级管理活动中相互配合、相互协调、团结一致、齐心协力、统一行动。否则,将会表现得各自为政、我行我素,甚至内耗丛生、冲突四起。因此,班级管理的组织者和领导者必然要通过宣传班级管理目标,鼓动班级内部所有成员为了实现班级管理目标而努力。班级管理目标的实施过程,就是师生增强相互了解的过程,也是增强班级凝聚力的过程。①

5. 评价功能

班级管理目标的实现过程是不断"评价"的过程。主要表现在:在实现班级管理目标过程中做了多少,做得好坏,并以"目标"的基准进行评价;在师生共同实现目标的各项活动中,又要在"评价"中予以鼓励与调整;全班师生在实现"目标"的过程中与"目标"的距离是以不断地"评价"来判断的。因为"评价"的基本标准就是班级管理目标,所以班级管理目标又能够体现出评价功能。

班级管理目标的评价功能体现在对班级工作各个方面的评价,如优秀班集体、教师教学质量、班风等的评价。班级管理目标的评价功能贯穿于班级管理的全过程,学校考察班级工作,评价班主任工作,学生评价班主任工作等都要以班级管理目标为基准。

  知识卡片 5-3
何谓学生质量目标?班级管理五层境界②

内行人都知道,中小学班级管理工作头绪很多,班主任也因此给人留下忙碌的印象。一般来说,在开始管理一个班级之时,每一位班主任都会有许多常规工作需要处理:选拔班干部,建立班委会,编排值日表,维持班级秩序,组织和实施多种班级活动,根据上级要求布置安全教育等德育活动……

---

① 吴秋芬.班级管理[M].合肥:安徽大学出版社,2005:22.
② 吴秋芬.班级管理[M].合肥:安徽大学出版社,2005:13-20.

就在许多班主任平行罗列这些工作项目,而忙于应对之时,有些班主任却能很快地从中整理出工作体系,区分出不同的工作领域、工作重点,有条有理、按部就班地开展班级管理工作。此时,班级进入有序状态,班主任也形成了清晰而稳定的工作思路。

进一步提高班级管理质量的基础是建立班级的日常规范,形成基本秩序,班主任形成清晰而稳定的常规工作思路。以这一基础为参照点,我们可以大致区分出"班级管理"逐层提升的五层境界。

第一层境界:维持班级秩序。这显然是最基本的境界。班级不陷入混乱,才有可能继续存在下去,并在此基础上发挥更多样、更高级的作用。就这一境界的班级而言,学生的发展特征是"规规矩矩"。

第二层境界:营造学习氛围。这是在维持秩序的基础上,力争形成集体学习氛围,形成良好的学风。在这样的班级中,每门学科的学习成为班级生活的核心。毕竟,学习知识是学生在校生活的主要内容。不过,这里所说的学习活动不是由学生个体孤独进行的,而是在与其他学生的相互联系之中进行的。同学之间,有相互比较,更有相互促进。相应地,学生的发展特征被描述为"相互激励"。

第三层境界:形成班级合力。与上一境界相比,这样的班级中的学生在知识学习之外还有更多文化生活。通过更丰富的班级生活,同学之间形成了团结的氛围,学生非常认同并珍惜积极向上的班级整体形象,班级凝聚力得以产生。在这样的班级中,学生发展的更鲜明特征是"乐于奉献",即乐于为同学、为班级作出更多贡献。

第四层境界:学会自主活动。达到这一境界的班级,不仅有良好的秩序、学习氛围和班级凝聚力,班主任更在此基础上致力于培养学生自主活动的能力。这包括多方面的自主活动:自主管理班级事务、自主组织实施班会、自主开展小组活动,等等。学生在这一境界的发展特征是"做事能干",许多事务性的工作都不必班主任亲自操劳,而是由学生们(主要是班干部)自己处理。

第五层境界:提升生命质量。这可能是最高的境界,即关注并着力提高学生个体和班级整体的精神生命质量。这样的班级,以达到前四种境界的要求为基础,为学生提供了更为开阔的精神生活空间。不仅如此,在拓展精神生活空间、丰富精神生活内容的基础上,更强调提升精神质量。这种提升,在于让学生不仅具备各种基础知识、基本能力,拥有更清晰的自我意识、高尚的追求、远大的志向;并且,这种更高质量的精神生活又以成熟的发展能力为基础,并与后者相互支撑。达到这种境界的班级学生的发展特征可被描述为"做人高尚"。

与五层境界对应出五种班级。为了更清晰地理解上述五层境界的班级管理,我们可以尝试着用一组概念来描述每一层境界的班级形态。根据多年的研究,我们认为,采用表5-1中的五种概念来描述不同的班级形态是比较合适的。为了便于说明这些班级各自的特征,我们就每一种班级的发展目标作一个简要的对比。

表5-1　五种班级形态的发展目标

班级形态	发展目标
管制型班级	在班级建立严格的规范,以便有效地控制学生,保证传授知识和落实德育的秩序
学习型班级	以知识学习为中心,通过教师的指导,学生的主动投入及师生、生生相互作用而形成集体学习氛围,完成学习任务
团结型班级	以"社会—个体"关系作为最高参照维度。强调在班级中形成共同价值,共同的活动目标与任务以及具有高度凝聚力、高度组织化的群体。其中,有的班级关注通过形成集体的过程发展学生的个性品质,有的班级强调学生集体应在班级发展中发挥主体作用,而不仅仅是接受教师的管理和教育
自主型班级	班干部能自主制定班级活动规划并有效实施,学生能够相互协作共同完成各项任务,从而自主处理班级事务。此外,这种班级还特别关注发展学生的个性、特长,因为要真正自主管理好班级,不可能仅仅依靠统一的思想、单调的组织能力和一致的生活内容
民主型班级	让每一个学生都能充分展现自己并形成主动发展的动力和能力,使班级成为提升个体生命质量的精神家园

这五种形态的班级,与上述五层境界的班级管理相对应。我们对这一组描述班级形态的概念可作如下界定。

1. 管制型班级

管制型班级指的是以严格管理学生、维持学习秩序为最高目标的班级形态。在这样的班级中,班主任往往不大会考虑"班级教育",而只会考虑处理班级事务工作的"班级管理",而且,班级管理本身被当做维持教学秩序和学校工作秩序的手段。即使班级管理被纳入学校德育系统,班主任被当做德育工作者,相关的德育活动也主要限于完成上级布置的"德育"事务,或以"行为规范教育"为名,纠正学生在班级秩序方面的问题行为。

2. 学习型班级

学习型班级指关注和利用集体学习氛围或集体思维,以达到知识学习这一最高目标的班级形态。在我国一些教学水平较高的,但对班级教育不很关注的班主任那里,实际形成的班级往往就属于"学习型班级"。据我们所了解,虽然有不少学者或班主任强调要让学生在这种班级中获得比知识学习更广泛、更全面的发展,但这些方面的发展仍附属于各门课程的学习,也就是说,班级管理围绕着学习活动进行。

美国的"课堂管理"(classroom management,也被译成班级管理、班级经营),其理论基础在近年来已从行为主义心理学逐步过渡到人本主义心理学,其重点也从对付学生常有的问题行为过渡到用各种方法创建有利于促进学生积极行为和提高学习成绩的学习环境。其基本功能虽然仍为两项——"建立课堂秩序"和"促进知识学习",但新的信念已经逐步确立,即:"课堂管理不单单是管理学生的行为,更要创建互相扶持的集体,学生在这样的集体中可以满足发展需要和个人需要,从而勤奋学习,舒缓沮丧情绪,减轻心中苦痛","重要的是要创建这样的学校集体:人人从中感到有人关心,觉得自己有能力,有前途"。[①] 按我们的理解,这样建立起来的班集体相当于"学习型班级",其核心任务仍然是各门课程中的知识学习,而班集体本身的建设属于完成知识学习任务的手段或途径之一。

我国台湾地区所说的"班级经营"(classroom management)的性质与美国的概念类似,但其班级建制与我国大陆地区的情形更相近,同时可能受中国文化和教育传统影响,班级经营除了维持秩序外,还承担着促使学生人格发展等功能。不过,后面这类功能的重要性,同样没有被特别提出。因此,它更像一个"学习型班级"。

3. 团结型班级

团结型班级强调以集体主义或班级整体形象为核心,统一思想和行为,

---

① [美]Vernon F. Jones, Louise S. Jones. 全面课堂管理——创建一个共同的班集体[M]. 方彤,译. 北京:中国轻工业出版社,2002:前言 8-10.

因而呈现出班级成员团结一致的特点,故以"团结型班级"命名之。相比之下,现在已经很少有人绝对化地坚持这种主张,而是同时关注学生个性等方面的发展。但是,在学校教育现实中这种班级形态仍有明显的体现。

4. 自主型班级

自主型班级是指我国自20世纪80年代以来许多地方开展教育改革时逐步形成的一种班级形态,即让学生逐步自主管理班级事务,同时培养学生自主能力的班级形态。目前,这种班级形态受到极大关注,在许多地方属于班级教育改革中正努力追求达到的理想状态。

在日本,也有人提出建设"班级共同体"(classroom community),培养学生对班级的归属感和自主管理班级事务的能力。据此建立的班级,大致相当于这里所说的"自主型班级",即学生自主管理并自主完成各项班级事务和活动的班级形态。

5. 民主型班级

民主型班级是我们主张建立的新型班级,也是我们在多年的班级教育改革中已经建立起来的班级形态。这种班级强调让每一位学生都充分展现自己的精神世界,以平等的身份民主地参与班级事务,共同创造一个精神家园,并在此过程中提升个体生命意义。

注意:由五层境界形成的参照系,并不是绝对的标尺[①]。

我们不能机械地理解班级管理五层境界之间的关系。一方面,它们之间并不一定是截然相异的;另一方面,我们也不能在一个具体的班级与某层境界之间画等号。也就是说,由这五层境界组成的参照系,并非绝对的标尺,而只能成为一个相对有效的参照系统。至于如何运用这个参照系,就取决于运用者自己的用心观察、辨析和感悟了。

因此,我们不赞成用图5-2中间列所示的方式来让现实中的班级"一一对应""对号入座",而主张采用右列所示的方式来对具体班级进行具体分析。

---

① 吴秋芬.班级管理[M].合肥:安徽大学出版社,2005:17-20.

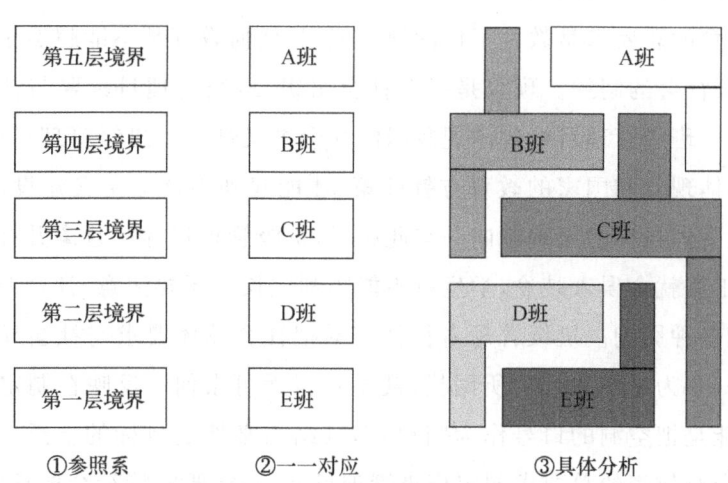

图 5-2 班级管理五层境界示意图

注：在"一一对应"对应的处理方式中，我们可能会以为某班各方面都属于某层境界，而不存在其他境界的情形；而在"具体分析"的处理方式中，我们则会发现一个具体的班级很可能主要方面处于某一境界，但在其他方面处于另一境界。

第二节 中学班级管理目标的制定

制定目标是班级管理的起点，对班级管理有重要意义。正如，目标管理的创始人彼得·德鲁克所说："每一位管理人员亲自提出和确定他的部门的目标。当然高一级的管理部门必须保留批准或不批准这些目标的权力。但是，提出目标则是管理人员的责任，实际上这是他的主要责任。"[1]因此，班级管理目标的制定极为重要。

一、中学班级管理目标制定的依据

班级管理目标是管理者主观意志的反映。以什么为目标，达到什么程度，都是班级管理者的主观行为。但是，这种主观意志要达到科学、恰当的程度，就必须考虑和研究客观条件。科学的班级管理目标的制定，正是这种主客观相统一的过程。基于这种认识，制定班级管理目标要依据以下几个方面。[2][3]

---

[1] [美]小詹姆斯.管理学基础：职能、行为、模型[M].李注流,译.北京：中国人民大学出版社,1982：77.
[2] 张作岭.班级管理[M].北京：清华大学出版社,2010：46-47.
[3] 吴秋芬.班级管理[M].合肥：安徽大学出版社,2005：23-25.

（一）社会对教育的总要求

社会对教育的总要求是教育工作的根本依据，任何教育都不能超然于社会的总体要求，不能离开社会的制约。班级是一个社会组织，班级管理目标要与社会发展的总体目标相统一。班级管理目标要体现我国的社会主义性质。班级管理目标的制定，必须具体贯彻和体现党和国家的教育方针政策，才能起到为社会主义建设服务的作用，才能保证班级管理目标的正确方向。与此相反，班级管理目标一旦离开社会的总体要求，班级管理工作就会误入歧途，学生就不能顺利成长。还要注意，社会要求不完全等于社会环境的各种影响。班级管理者往往容易把社会总体要求与社会环境对学生的影响等同起来，并为这样的矛盾所困扰，甚至觉得无可奈何。反映在制定班级管理目标上，就有可能是把空洞的口号作为"目标"，其结果必然是目标的空泛、工作的无序。因此，依据社会对教育的总要求制定班级管理目标，一定要坚持社会要求的大方向，坚持培养学生的正确教育方针。

（二）学校的教育目标

学校的教育目标是学校根据培养目标的要求，将教育目的转化为具体的育人标准。然而，培养目标是根据教育方针的要求，将教育目的转化为各级学校的受教育者质量和规格的要求，而教育方针又是教育目的具体、阶段性的反映。所以，在我国任何一所学校，任何一个班级的教育目标首先是社会主义教育的高度体现，班级管理目标的制定必须以此为基础。此外，学校的工作意图和管理目标是要通过班级来贯彻和保证的，学校工作最终如何是以班级的状态和学生的状态来评价的。学校的教育目标对班级管理工作不仅是一种要求，还是一种指导和评价尺度。班级管理工作必须全面贯彻学校的教育目标，必须按照学校的总体工作部署来行动，又必须按学校"标准"来评价。

（三）班级管理活动的规律

学校是特殊的社会子系统，班级是这个特殊子系统的组成部分。因此，在某种程度上也可以将班级看做一个社会子系统。一方面，班级内部的组织系统的规律性同社会整体组织系统的规律性具有高度的协同性，从而保证两种组织的同构特征；另一方面，社会之所以能够不断地演变和进步，正是由于各个子系统同社会大系统之间存在一定的不协同性。作为社会的一个异常重要、活泼的子系统——学校也具有以上特征。对于班级来说，无论其与社会的协同部分还是不协同部分，它们首先是一个有机的整体，班级之所以能够避免分裂或解体，正是因为这些部分能够相安处之。

基于以上认识，班级的管理活动也具有不依赖人的意志为转移的客观规律，这种客观规律制约着管理活动的开展。所以，一切管理活动都应该遵循管理规律的要求，管理目标的制定也是如此。无视班级管理规律的管理目标职能是无本之木,其实施和运行由于缺乏强有力的保障,最终难免成为一纸空文。

(四) 学校、班级的现实状况

每所学校所处的地域及其他条件等都不一样,所以对学生的要求也有区别,这导致班级管理目标的不同。依据学校的客观条件制定班级管理目标并不是降低对学生的要求,而是从实际出发,逐步提高水平,使其经过努力达到社会总要求的高度。这就需要班主任把握和了解本校的现实状况、发展潜力、教育的切入点和起跑线。也就是说,班级管理目标的制定要确实找到起点,一开始就采取务实的态度,切忌虚空和盲目。

班级管理目标的制定还要依据班级的现实状况,即每个班级的特点。班级特点是指学生的组成状况、现有基础、学生特点、班级兴趣倾向、学生的家庭情况、家庭与学校的关系等。在班级管理工作中,不同班级都有各自的特点。班级特点一方面是班级固有的,另一方面是在班级管理过程中形成的。因此,在制定班级管理目标时,既要把握班级固有的特点,又要在目标中体现创造性特点。

依据班级特点是确定班级管理目标的基础,找准了班级特点,就能使整个班级管理工作切实有效地进行。有的班主任在制定班级管理目标时,不能从实际出发,而是把思考的重点放在目标要求上,并希望越高越好,这样的班级管理目标往往容易落空。在制定班级管理目标时,如果班主任抓不住班级管理特点,或者只看到表层的东西,就会使班级管理目标只是抄袭学校目标。这种没有考虑班级实际情况的做法,对班级管理是非常不利的。

二、中学班级管理目标制定的原则

所谓原则,是指行动必须遵循的准则。因为这些准则反映了一定的规律,所以遵循这些原则是行动成功的保证。[1] 为确保班级管理目标设定的正确性,必须遵循以下原则。[2]

(一) 整体性原则

整体性原则,是指制定班级管理目标时要有整体观念,注意发挥目标的整体作用。这一原则,要求制定班级管理目标时,必须以上一级(学校、年级)目标为依据,服从和服务于各学校、年级的总体目标,班级所属学生群体、学生个体制定目标又要以班级集体目标为依据,服从和服务于班级集体目标;而班级制定的目标是学校、年级总体目标实施的具体措施,学生群体、学生个体制定的目标又是班级实施目标的具体措施。它

---

[1] 李学农.班级管理[M].北京:高等教育出版社,2004:84.
[2] 柳清秀.大学班级管理[M].武汉:武汉出版社,2003:31-33.

们之间的关系如图 5-3 所示。

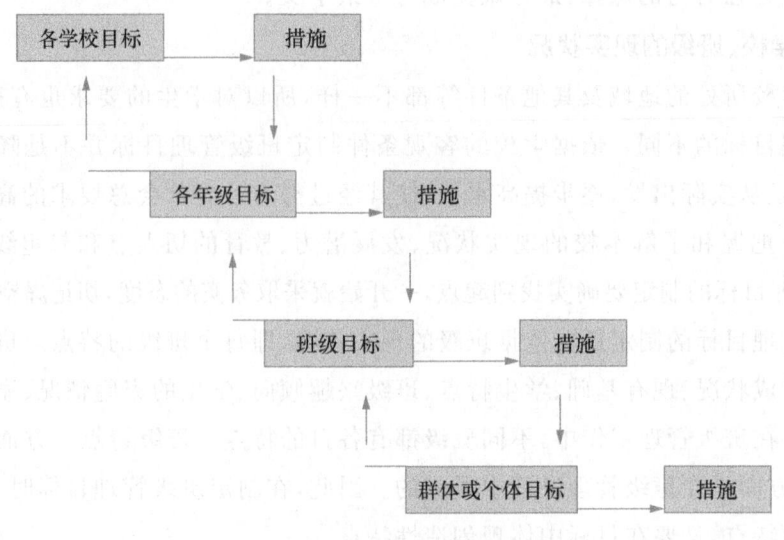

图 5-3　目标管理的整体效应

从图 5-3 可以看出,上一层目标是下一层制定目标的依据,下一层目标又是上一层目标实施的具体措施,这样就构成一个整体的目标体系,使班级的目标与上下各层次目标保持一致,以达到目标管理的整体效应。

(二) 可行性原则

可行性原则,是指班级在设置目标时,首先要全面了解班级成员的过去、现在以及未来发展的状况,使制定出的目标切实可行。如果设置的目标过高,不切实际,班级中的多数成员经过努力,也不能实现,他们就会在屡屡失败中产生沮丧和冷漠的心绪,以致望而生畏,索性置之不理。这样的目标就形同虚设;如果设置的目标太低,缺乏挑战性,就不能调动班级成员的积极性,从而降低班级目标管理的效能。因此,班级设置的集体目标,必须是班级全体成员经过认真努力可以实现的目标;班级为其成员设置目标,必须因人而异。

(三) 参与性与民主性相结合的原则

民主性,是指让班级全体成员参与讨论、制定、修改班级集体目标的全过程。而这个集体目标又必须反映班级全体成员的共同意见、利益和要求,使大家了解自己在实现班级目标中的作用与责任,从而提高班级全体成员自觉实现目标的积极性和主动性。

参与性不仅是班级管理目标制定过程中的一个必要环节,也是应遵循的基本原则之一。集体的目标要由班主任与学生共同决定。在社会快速发展的今天,在倡导学生个性发展的新课程理念的指导下,学生也有表现自我、参与管理的渴望,渴望自己的才能得到施展、能力得到锻炼、个人价值得以实现。学生如果没有广泛参与,他们就会失去班级管理的热情,对班级的管理极为不利。因此,在制定班级管理目标时,班主任要与学生广泛磋商,积极吸纳各方意见,民主决策,达成共识。①

> **案例 5-4**
>
> "23 条"②
>
> 开学不久,同学之间还没有磨合得很融洽,班集体的形成还需要一个过程。这期间要做很多工作,但我不想做吃力不讨好的事。我出了一个题目,让每一个同学写写自己的想法,"为了迅速地把我们班建成优秀的班集体,我们现在迫切要做的有哪些事?"我把题目收上来一看,我想到学生们都写下来了;很多我没想到的学生也想到了,对我很有启发。我把其中重要的,能立即着手做的整理出 23 条贴在教室内。我说:"这是同学们给我布置的作业,我保证在 24 小时内完成。"24 小时内完成 23 件事,确实辛苦。到了第二天早读时,我虽然筋疲力尽,但 23 件事却全部完成了。这些事一做,班级精神面貌立刻就不一样了。学生写想法的过程,其实就是学生自我教育的过程。我从学生写的建议中提炼出班级口号:外塑形象,内练硬功。这两方面不是相互独立的,形象要靠内功来支撑。把学生按我们的要求做,换成我们按学生的要求做,做学生需要的。
>
> **案例分析:**
>
> 新学期开始了,应该有一个新的打算,因而需要制定班级管理目标。问题是这个目标如何确定。这位班主任采用了先让学生自己规划的方法。于是出了一个题目:"为了迅速地把我们班建成优秀的班集体,我们现在迫切要做的有哪些事?"并要求学生写出来,然后再进行处理。这样做可以让学生民主地参与到制定班级管理目标中来,既发挥了学生的积极主动性,也使目标确定得更加合理而可行。然后综合"同学们想到的而'我'没有想到的和'我'想到的而同学们没有想到的",制定了班级管理措施的 23 条。这样互动和互补的班级目标制定方法,充分调动了学生的积极性和热情。目标制定出来后,更

---

① 齐学红.班级管理[M].武汉:武汉大学出版社,2011:90.
② 傅建明,胡志奎.班级管理案例[M].广州:广东教育出版社,2009:95.

> 重要的是实施。既然是同学们自己制定的目标,考评起来也就简单得多。自从"我"筋疲力尽做完 23 件事之后,班级精神面貌立刻就不一样了。这说明 23 条规定能够增强班级集体的信心,对班级成员有很大的鼓舞和激励作用。

(四)阶段性与连贯性相结合的原则

所谓阶段性,是指班级制定的目标要有时间限制。目标若无时限,就不成其为目标。就中学班级而言,一般以一学年为一个阶段,也就是说,在每个阶段都要有明确、具体的目标。

所谓班级目标的连贯性,是指下一次目标的制定必须是在上一次目标实现的基础上进行的,而且制定出的目标要一次比一次高。这样上下连贯起来,由低到高,才能使班级集体或个体稳步向前发展。因此,中学班级在制定目标时,既要考虑到中学生整个在校时间的目标要求,又要考虑到每学年或每学期的目标要求,并将整个在校时间的目标由低到高地划分为几个层次,分段进行,以求其稳步发展。

三、中学班级管理目标制定的过程

制定出明确、正确、具体的班级管理目标,是班级有效管理的前提条件,也是班级管理的起点。班级管理目标一经制定,班级管理计划、措施、行动就有了依据。因此,制定目标是班级管理的一个重要环节。具体说来,制定班级管理目标的过程,包括以下几个环节。[①]

(一)分析现状

班级管理目标是指向未来的,但是要立足于现实。因此,在制定班级管理目标时,必须认真分析现状。

一方面,要客观地分析以前的管理工作,寻求可以作为制定班级管理目标的依据。有哪些成功的经验?有哪些失败的教训?为什么?其中哪些因素能够继续发扬?哪些可以借鉴?特别应当考虑的是,在当前进行教育改革,全面推进素质教育的新形势下,哪些是适应成分,哪些是不适应成分?这些都应做到心中有数。

另一方面,要科学地分析班级的现有条件,寻求制定班级管理目标的物质基础。在人力上,要考虑现有在班学生、班干部的实际数目,还要考虑班内任课教师的政治素质和业务素质现状,估计通过教育和管理可达到的最高和最低的教学要求水平等。在物力上,要考虑现有的管理设施、管理资料、管理手段等实际情况。还要考虑按现代管

---

① 芮秀军.班主任班级管理经典细节及对策[M].哈尔滨:东北师范大学出版社,2010:100-102.

理要求,它们的适应程度如何,薄弱环节能否在近期内得到改善,近期内能够改进或更新的管理设备等。在财力上,要考虑现有的班费中,能够保证用于管理的最大限额,如何发挥微薄班费的最大经济效益。还要考虑能够挖掘的潜力和可能创造的有利条件等。

(二) 研究信息

信息是决策的依据、控制的基础。只有掌握了来自各方面的信息,才能使预定的目标具有预见性,才能使班级管理适应形势的发展。因此,在酝酿班级管理目标时,参与人员必须注意获取信息、研究信息。正如美国肯塔尼大学教授约瑟夫·梅西所说,制定目标要大量依靠来自特定组织外部的信息。管理部门把这些外部信息与内部资料结合起来,便能够作出关于预期结果的估计。班级是为社会培养人才的基层组织,所以要把眼光放在社会的广度上去研究信息。

作为班级主要管理者的班主任,尤其应当注意三方面的信息:一是社会对人才的需求信息;二是现代学生的生理需要和心理特征的发展变化,尤其是对教学活动的需求信息;三是教育改革的信息。这些都是作出目标决策过程中必不可少的依据。否则,从以往的经验或者管理者的想象出发,不是在了解信息并作出正确预测的基础上制定的目标,便不可能在预期内有效地达成。因为"情报是合理地进行决策的生命线"。

(三) 寻求理论支撑

经过现状分析、信息研究形成初步的目标构想之后,寻求理论支撑这项工作就显得更为重要,因为理论往往是正确观点的科学依据。无论是哪类班级,制定班级管理目标,都必须深入理解国家有关教育的方针政策以及各级主管部门关于教育教学的文件和指示精神;还应当掌握有关教育教学的科学理论,诸如现代管理和现代教学方面的理论,以及教育学、心理学、教育心理学、组织行为学等,以明确班级管理的方向,进而将目标构想变成切实可行的管理目标。

(四) 征求意见

这里所谓的征求意见,是指征求合作群体中每个成员对班级管理目标的看法和希望。集体的目标指导群体的各种活动,并且起着媒介的作用,它把多方面的利害关系纳入共同努力的渠道。只有集体的目标同人们自己设想的目标相一致,反映出人们的共同愿望,人们才会合作。因此,在目标方案制定出来之后,管理者必须利用各种有效形式,向班内任课教师和学生宣传班级管理目标,广泛征求不同意见,以使目标得到修正和提高,保证其合情性。目标在合理的基础上达到了合情的程度,就可以激发起各个成员的积极性和自觉性。

> **案例 5-5**
>
> **流动红旗又回来了**①
>
> 　　这个礼拜轮到四班值日，班主任葛老师又要像往常一样布置任务，把偌大的校园分成若干个小区域，然后在每一个小区域指派一定的同学，大家全体出动共同完成校园值周工作。由于值周工作大家几轮下来都有了经验，每位同学对于自己负责哪一块卫生区域都非常熟悉了，无须老师多说就能保质保量完成任务并受到校长的表扬。葛老师每次只需强调纪律，如按时到场，不许趁此机会到操场上打闹玩耍，按时回班上课之类。对于四班孩子们的表现，葛老师是非常满意的。每每看到流动红旗又挂在自己班的墙壁上，葛老师总是会心地一笑，然后表扬大家，并鼓励大家再接再厉。
>
> 　　时间过得真快，又轮到四班值周了。与往常不同的是，这次值周四班不仅没有拿到流动红旗，还被校长批评了。原因是有些学生没有保质保量完成任务，出现了懈怠现象。葛老师很是纳闷，很想好好质问这帮学生，但还是忍住了。她径直走到教室，看见同学们像犯了错的孩子一样都低垂着头，她的气立马就消了一半。没有批评，葛老师以温和的语气询问大家原因。大家相互对视却没有人吭声，最后还是班长站起来说，每次都是按照一样的分配规则分配任务，没有任何变化，导致有些清扫任务较重的同学有不满情绪，才出现这种情况。葛老师这才恍然大悟。她想起了学校教学楼后面的狭小巷道，那里是一个卫生死角，平常大家不经常去，楼上有些不自觉的同学总是爱从窗户向外扔纸屑，导致那里经常脏乱不堪，因而大家都不情愿担任那里的清扫工作。自从第一次分配任务，就有几名比较积极的女生主动承担那里的任务，并受到了表扬。但是一转眼快两个学期了，一直是这几名女生承担。葛老师感到很过意不去，自己工作的疏忽严重挫伤了这几名同学的积极性。
>
> 　　从这以后，葛老师改变了策略，在每次值周之前她都会在黑板上画出整个校园的平面图，然后让大家自由选择劳动地点。对于那块"脏乱之地"则是大家轮流进行，以保证公平。这样一来，不仅提高了学生们的劳动积极性，而且每次形成的学生搭配方式的不同还让大家有了更多的交流和沟通的机会，真是一举两得啊！这不流动红旗又在四班的墙壁上熠熠生辉了。

---

① 齐学红.班级管理[M].武汉：武汉大学出版社，2011：95.

案例分析：

在班级管理目标的制定过程中，案例中的葛老师汲取经验教训，避免自己以前不民主的做法——未能让学生参与到目标的制定，只是教师单方面制定规定。这是一种积极肯定的调整，体现了以学生为本的治班理念。其实，一个健全的班级管理目标的制定是离不开师生共同参与的，并需要反映学生更多的意见和感受，吸收合理的意见，给予学生更多表达自我的权利和机会。

（五）确定目标

确定班级管理目标，要经过了解内（现状）外（信息）、察上（方针政策、科学理论）观下（征求意见）四个环节。应当明确，班级的管理目标与教师"教"、学生"学"的能力水平和相关人员的教学服务水平都有密切关系。因此，确定班级管理目标，不仅应注意到学生的学习质量目标，还应考虑到教师的教学质量目标和其他有关人员的教学服务质量目标等基本内容。三个方面相辅相成，互为影响，缺一不可。

案例 5-6
灵活制定班级管理目标[①]

新学期的脚步将我快速地拉进学校的大门，开始了新的教学生活。不久，几位"战友"说我变懒了，学生在文章里也同时发出类似的心声。

的确，本学期我的工作作风与上学期大不相同。上学期，我就像一个全职的保姆，把学生从早到晚都管得严严实实的，在我无微不至的"关怀"之下，我们班取得了优异的成绩：学校各项评比第一；连续六次夺得学校流动红旗；学习成绩也始终处于全校同年级上游。但也导致了一个后果：由于我的全盘包揽，以学生为中心轴旋转，把自己搞得疲惫不堪；学生对我的依赖性很大；班干部在我的这种管理下无事可做，形同虚设……

历经整个假期的反思，我明白一个道理：管理者必须要用有效的方法促使受管理者顺着有利方向前进，而不是一味包揽，学校至关重要的班级管理尤为如此。

所以，我对本学期的管理方式、目标等方面都作了"跨时代"的调整，其工作要点主要从如下几方面进行转变。

---

① 张作岭.班级管理[M].北京：清华大学出版社，2010：44-45.

(1)制定"法律"变为在广泛征求学生意见的基础上,由班长执笔,其他班干部结合班级实际配合制定了班级规章制度,使学生从内心知道什么是该做的,什么是不该做的。

　　(2)每天安排值日变为在教室醒目处张贴卫生值日表,并确立首位同学为组长,明确其职责。目的在于真正培养学生的自主管理能力。

　　(3)不再"走村串户",而是定期召开班干部会议,明确每个班干部的职责,并及时了解班级情况,促使班级形成老师、学生齐抓共管的和谐格局。

　　(4)推倒老师专权,建立班级德育管理体系。每周依次实行自我反省、自我批评、对照整改的管理模式,对表现不好的班干部、同学要严肃地批评、教育,并把他们的表现及时记入班级德育管理手册里限期改正。通过这些活动触动学生,并调动他们的主动性和积极性。

　　现在,我再也不用那么辛苦地整天围着学生转了,我的班级在短时期内快速转轨,随着文明和谐的前奏再次驶入高速发展的道路。所以,我说:"我变懒了,但我的学生变勤快了。"

案例分析:

　　制定班级管理目标是班级管理的第一步,它直接决定了班级管理的方向。只有根据班级的具体情况制定正确的目标,才能使班级管理效率得到提高。案例中提到的"我变懒了,但我的学生变勤快了"指的是,班主任在学期之初对管理的定位是班级,他忽略了对学生个人能力的培养,带有应试教育的特点。当代社会对人才的需要要求我们着重培养学生的独立自主与创新能力。

第三节　中学班级管理目标的实施

　　制定目标仅仅是班级管理的开始,实施目标才是班级管理的关键。不重视目标的落实,目标制定得再好,也只是纸上谈兵。要做到目标落实,就应该采取各种有效的措施,使班级目标具体化并变为行动的过程。

　　实施班级管理目标,是指组织班级全体成员实现设置目标的过程,是班级管理的核心。班级目标的实施过程,关键是班级管理目标的具体化,以及班级管理目标实施过程中的组织和指导,可以从以下两个方面展开具体论述。

一、班级管理目标的具体化

班级管理目标的具体化,是指为了使班级管理目标具有可操作性和可行性,把目标分解落实到班级管理的各个环节之中,从而更有效地实现班级管理的一种方法和手段,是真正达到班级管理目标的保证。下面分别论述班级管理目标具体化的必要性、原则、类型[①]和步骤。

(一) 班级管理目标具体化的必要性

1. 班级管理目标的具体化是实现班级管理目标的根本保证

我们要达到使学生努力学习的目标,决不能光靠整天反复强调"你们要好好学习"或训斥学生"你们怎么不努力学习"之类的话,而应该让学生明白班主任心目中努力学习是什么样子的,每天各个环节应当做到什么,各个阶段的学习应达到什么程度,等等。学生只有做好了这些具体要求,才能最终达到努力学习的目标要求。

2. 班级管理目标的具体化是学生日常行为规范和班级奖惩的主要依据

班级的日常管理以及学生的日常行为,什么是对,什么是错,什么是正确的做法等,判断起来虽然有《中学生守则》和《中学生日常行为规范》作参考,但"守则"和"规范"是面向全体学生的,不是针对一个班级、一个阶段,不能生搬硬套。在班级管理工作中,班主任必须根据现实情况制定出适合本班级、本阶段的目标,这就要求及时地将这些管理目标具体化,以利于学生明确执行。

3. 班级管理目标的具体化是培养学生干部的首要前提

班主任一个非常重要的工作就是培养学生干部,引导并最终放手让班干部去工作,实现学生的自我管理。但是,即便学生干部的素质再高,他毕竟只是学生,只能按照老师的意图去工作。这时过于笼统的班级管理目标要求会使学生干部茫然无措,只有在目标具体化之后,学生干部才能较为顺利地开展工作。实践证明,具体化程度越高,可操作性越强,学生干部的自我管理程度就越高。

(二) 班级管理目标具体化的原则

1. 有益

有益,是指必须让学生明白制定一切制度和措施都是为了班级、为了学生好。这是一个出发点的问题。同时,还必须做到制度和措施对所有学生一视同仁,这样才能避免学生产生抵触情绪。

2. 有据

有据,是指具体化后的措施必须符合一定的教育教学原则和有关规定,特别要避

---

① 齐学红.班级管理[M].武汉:武汉大学出版社,2011:91.

免与有关法规相抵触,以避免执行中出现不必要的麻烦。

3. 有效

有效,是指具体化后的措施必须行之有效。要避免大而空的措施,有些措施的制定还可以采用让学生自己讨论的办法来产生,这往往可以收到很好的效果。例如,对学生学习的管理,包括按时完成作业、及时复习、提前预习等方面,教师可以对每一环节都提出具体要求,如家长以签字或发短信的方式向班主任报告学生的学习情况,教师上课前通过提问检查学生复习和预习情况等手段,来督促学生完成学习任务,通过教师和家长的有效合作,共同完成对学生学习的管理。

4. 有度

有度,是指具体化后的措施要体现层次性特点,这样才能达到渐进性育人的效果。措施要视学生违纪程度而定,不能以请家长来校甚至停课相威胁,而应有几个不同维度的处理措施,让学生受到教育,让家长心平气和地接受相关处理意见。

(三) 班级管理目标具体化的步骤[①]

1. 分解目标

分解目标,就是把班级总体目标分解为不同级别的子目标,以保证班级总体目标的落实。就班级目标规定的对象来说,班级集体目标就是班级总体目标,也是班级的一级目标,它可以分解为若干个班级所属学生群体目标。学生群体目标就是班级二级目标,而每个学生群体目标还可以分解为若干个学生个体目标。学生个体目标就是三级目标。分解目标既是制定目标的延续,又是实施班级集体目标的手段,如图 5-4 所示。

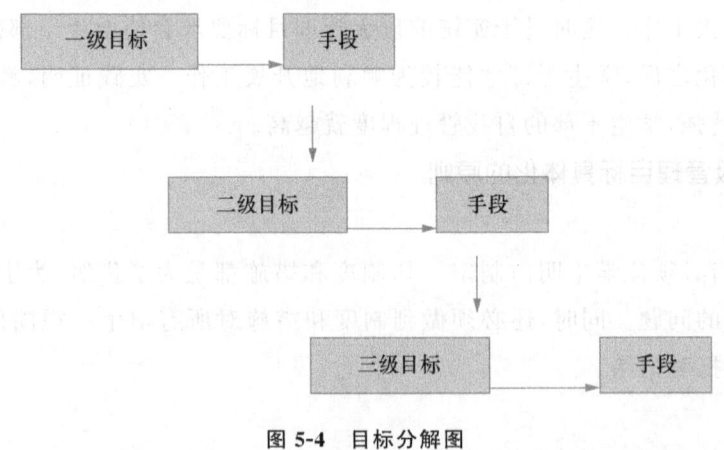

图 5-4 目标分解图

---

① 柳清秀.大学班级管理[M].武汉:武汉出版社,2003:33-34.

这样一级一级地分解下去,形成一个"目标链",使目标更具体、更明确、更切实。这样就可以自上而下逐级保证目标的实施。

2. 分解管理的权力

分解管理的权力,是把实现目标管理的权力分给不同层次相应的角色成员的过程,使不同角色的班级成员在承担目标责任的同时,具有相应的管理权力。目标既定,班级管理者就应该放手把权力交给班级学生干部,而自己只作宏观控制。这样既能锻炼和提高班级学生干部的管理能力,又能提高班级目标管理的效能。另外,班级学生干部还可以根据班级成员的特点,把各自分担的角色权分给一般学生,让班级全体成员学会自我控制、自我管理。

这样分层授权后,大家在实现各自目标时,就可以自定方式、自选方法、随机应变、不受他人的控制和影响。但分层授权并不等于放权,班级管理者要定期检查实施目标的成效,及时纠正偏差。做得好的要给予表扬,做得不好的要给予适当的批评,真正做到"责、权、利"相统一。

> **案例 5-7**
>
> **班级文化**[①]
>
> 第一类,时间信息类。如,课表、晚自习表、周六补课表、寒假补课表、作息时间表。
>
> 第二类,班级管理类。如,班干部执勤表、清洁卫生安排表、自行车管理安排表等。
>
> 第三类,学习信息类。如,各科考试的答案、班主任选择的时事学习材料、学生作品展等。
>
> 第四类,活动信息类。学校活动的组织信息,如体育比赛安排表、歌咏比赛安排表等。
>
> 第五类,班级荣誉类。如,各类活动奖状、锦旗、奖牌等。
>
> 第六类,班级建设理念类。如,班级管理条例、班级文明公约、班训、班歌等。
>
> **问题与思考:**
>
> 1. 班级管理目标为什么要具体化?

[①] 傅建明,胡志奎.班级管理案例[M].广州:广东教育出版社,2009:97.

2. 结合实例说明如何将目标具体化？

案例分析：

从案例中可以看出这位班主任对班级管理目标做了很具体的细化，将目标分解成可以操作的层面。如，时间信息类具体细化为"课表、晚自习表、周六补课表、寒假补课表、作息时间表"，等等。在班级管理中，将目标细化是必不可少的，它是保证目标实现的前提条件之一。如果目标太大，那么就不可操作，目标就失去了意义。但目标细化也并不是把目标分解得越细越好，而是分解到可以操作就可以。更为重要的是具体化的目标还需要一个具体化的操作标准，这样才可以将目标真正落实。

 知识卡片 5-4

班主任工作计划[①]

一、指导思想

全面贯彻党的教育方针，以"三个面向"精神为指导，贯彻"德育为首、育人为本、教学为主"的方针，转变教学观念，深化教学改革，提高教学质量；求真务实，创建班级文化，提高管理的效果，努力形成一个具有良好班风和学风的班集体。

二、目标要求

1. 学习学校的各项规章制度，把"将好习惯进行到底，将坏习惯立刻停止"的班训落到实处。
2. 抓好学生的纪律、文明礼貌、卫生、安全教育，争做彬彬有礼的小学生。
3. 落实"我努力，我收获"的奋斗口号，创建"学生作品墙"。
4. 教育学生认准目标，珍惜时间，树立信心，出色地完成学习任务。

三、基本情况

本班现有学生41人，其中男同学21人，女同学20人。学生思想表现

---

① 曹长德.当代班级管理引论[M].北京：中国科学技术出版社，2005：154-156.

良好,同学之间能团结友爱、互相帮助,整个班集体有很强的凝聚力。纪律方面表现较好,大部分同学很认真,只有个别自制力稍差;班中学生成绩较好,只有少数的中层生。在班干部和学生骨干的带领下,学生的学习气氛较浓,课堂上表现积极,各个方面均在逐步提高。

四、具体措施

1. 制定本班的班规,并让学生严格遵守和执行《小学生守则》《小学生日常行为规范》及学校各项规章制度,做到不违法,不违纪。

2. 在班上营造良好的学习气氛,以"每周一星"活动为主线,使整体的成绩有所提高,又能在各项竞赛中取得好成绩。

3. 结合学校开放周活动对学生进行思想渗透教育,对学校的警语、标语、校风进行深入学习,并付诸行动。

4. 坚持每周评选"优秀班组长"。

5. 创设良好的班级文化。如建立"苹果栏",让学生经常摘到苹果,学习有成就感;建立"学生作品墙",张贴优秀作业、作品等。

6. 让每个学生严格要求自己,培养"独立、自主、自觉"的能力,团结奋进、为班级争荣誉。

五、本学期主要任务执行表

表5-2 学期任务执行表

月份	主要任务	备注
三月	1. 安定学生的情绪,使学生的精神状态回到学习上来 2. 认真学习各项规章制度,严格要求自己,修订班规 3. 抓学生文明礼貌教育,评"文明小组" 4. 讨论本学期班级目标与具体活动 5. 对学生进行思想教育、安全教育、卫生教育、纪律教育,争创"文明班"	重点讨论本学期班级目标
四月	1. 抓好校风建设,包括教风、学风、作风和班风 2. 以文明礼貌教育和思想品德教育为切入口,抓好学生仪表仪容和行为习惯 3. 做好"培优扶差"工作 4. 让学生抓紧时间完成学习任务,准备期中考试	

续表

月份	主要任务	备注
五月	1. 进一步抓好"每周一星"的评选活动 2. 期中检测、评析、小结工作 3. 利用母亲节加强中华民族优良传统和社会公德教育 4. 准备学校开放周活动	重点是学校开放周活动
六月	1. 抓好"摘苹果"工作 2. 庆祝"六·一"活动 3. 形象教育,注意着装整洁、得体,爱惜红领巾、校牌 4. 订好复习计划,进行活动总结 5. 树立信心,集中复习,争取期末考试取得好成绩	重点是学生进行活动总结
七月	1. 做好期末复习检测及分析工作 2. 做好本学期的工作总结 3. ……	

二、班级管理目标实施的组织与指导[①]

班级管理目标的实施,既有赖于良好班级组织的建设,也有赖于班主任等班级管理主体的指导。

(一)班级组织建设

班级是学校教育的基层组织,建立好该组织是班级管理目标实施的首要任务。班级组织的建设不仅包括班级组织结构的设置,更要体现班级组织结构的发展性即形成班集体,为班级管理目标的实施提供有力的保障。

1. 班级组织结构建设

班级管理目标的有效运行不仅需要教师的正确引导,更重要的是要形成学生自主管理的体系和氛围。班级是学生成长的摇篮,组建一个团结向上的班干部队伍是实现班级管理目标的关键。班干部队伍是班级管理的核心,是同学们的榜样,是班主任开展工作的得力助手。合理、民主、具有凝聚力的班级组织结构对班级管理目标的实施起着关键性的作用。

在班级管理目标实施中,班级组织结构可以有各种创新形式,现行的班级组织结构有多种类型。有轮流"执政"的班委制度,设立值日班长、值周班长等,班里每个成员

---

① 齐学红.班级管理[M].武汉:武汉大学出版社,2011:92-94.

几乎都有自己的"职权"。合理的班级组织结构为班级每个成员提供了大量的创造机会,每个学生的精力都倾注在完成班级各项具体任务中,班级人人有事干,事事有人管,事得其人,人得其所。一个富有个性、充满创意、共同协作的集体便在这种组织结构中呈现出来。

> **案例 5-8**
>
> 表 5-3 班级组织机构一览表①
>
> | 班委成员及分工 | |
> |---|---|
> | 班长:郜城 | 副班长:田娜 |
> | 纪律委员:曹振军、崔永康 | 体育委员:张宗森 |
> | 卫生委员:张春晓、吴鹏 | 文艺委员:孟凌云 |
> | 学习委员:尚恒、王涛 | 生活委员:陈杰 |
>
> | 团支部成员及分工 |
> |---|
> | 团支书:王冰清;宣传委员:周颖;组织委员:白如冰 |
>
> | 值日班长及分工 | | | | | |
> |---|---|---|---|---|---|
> | 周一 | 周二 | 周三 | 周四 | 周五 | 周六 |
> | 田娜 | 郜城 | 孟凌云 | 王慧敏 | 陈杰 | 曹振军 |
>
> | 学习组长 | | | | | |
> |---|---|---|---|---|---|
> | A1 组 | 江浩宇 | A2 组 | 唐文静 | A3 组 | 侯政达 |
> | B1 组 | 周颖 | B2 组 | 王洁 | B3 组 | 吴鹏 |
> | C1 组 | 白如冰 | C2 组 | 张敏 | C3 组 | 周晓旭 |
> | D1 组 | 张金 | D2 组 | 李昊泽 | D3 组 | 祝琳 |
>
> | 各学科科代表 | | | | | |
> |---|---|---|---|---|---|
> | 语文 | 孟凌云、任健明 | 数学 | 田娜、王涛 | 英语 | 王冰清、崔宝兵 |
> | 政治 | 赵洁 | 生物 | 刘晓静 | 历史 | 白如冰 |
> | 地理 | 李光珠 | 微机 | 周睿 | 美术 | 王梦雪 |
>
> **案例分析**:班级在建立之初只是一群儿童的随机组合,同时被赋予了一个名字:某年级某班(如,2006 级 4 班)。这时,班级并不是真正意义上的组织,

---

① 傅建明,胡志奎.班级管理案例[M].广州:广东教育出版社,2009:185-187.

还需要在组织架构、制度规范和组织精神等方面进行全面的建设,才能成为真正的组织。一个组织的高效运转,需要一个合理的组织结构。班主任借助这个结构对全班进行管理。一个优秀的组织结构必须层次清楚、责任落实、制度规范,这样才能使组织运行达到最佳状态。

  由表 5-3 可知,班主任根据班级的人数规模及班级组织的需要,分设了班委、团支书、学习小组,并建立了值日班长制和课代表制度,每项工作落实到具体人员,每位学生分管不同的工作。在班级中设立合理的组织架构,不仅可以减轻班主任的负担,而且大大激发了学生参与班级管理的积极性,并锻炼了学生的组织管理能力。班级组织内部各层之间合理运作,能使整个组织取得最优化的效果。

案例 5-9

值日班长梦[①]

今天,我的梦想成真了,当上了值日班长。

(一) 压力

  早上,我在讲台前一站,蹦跳的心顿时悬了起来。我感到自己有点"高高在上",人也一下子长高了,同学们的眼睛似乎都在盯着我。我不由自主地挺直了腰板,清清嗓子,大声说:"请同学们读课文!"说完,我一点也不敢怠慢,连忙带头读了起来。我两眼紧盯课文,生怕读错一个字,被同学们笑话。你信吗?这是我读课文最认真的一次。

(二) 招数

  早自修,我乐滋滋地站在讲台前,但发现下面有几只"小麻雀"用书当盾牌,在悄悄地讲话。我心一急,大声嚷起来:"谁不认真,站到上面来!"真气人,他们还是外甥打灯笼——照旧。这招不行,再来一招:"谁不认真读,我把他的语文书扔到垃圾桶里去!"说完,我环顾四周发现不但"小麻雀"不停嘴,反而还多了几个偷笑的同学。"你扔呀,就怕你说了不扔。"不知谁冒出了一句,几个同学"哄"地笑起来,气得我胸口发闷,脸儿发烫,站在那儿不知该怎

[①] 傅建明,胡志奎.班级管理案例[M].广州:广东教育出版社,2009:197-198.

么办才好。噢,对了,有办法了!我大声说:"谁不认真,抄课文100遍!"这一招还真灵,"药到病除"。可细细一想,这一招依老师的话说不太科学吧。哎,今晚我又多了一个作业——寻找对付"小麻雀"的绝招。

今天,几个"捣蛋鬼"的老毛病又犯了,特别是张世宇,更是得寸进尺,气得我火冒三丈。就让他榜上有名,让老师狠狠地处理他。"错了,错了,原谅我吧!"当我刚记下张世宇的名字,他就苦苦地哀求起来。我心乱如麻,记吧,他在求我;不记吧,要是别的同学也学他的样,怎么收拾?我真不敢再往下想,可最终还是心太软,原谅他了。心软的我又不安地问自己:"这样做对吗?"

案例分析:

这是一位值日班长的日记,从中可以看到值日班长制度对班级管理与学生成长都有积极意义。首先,调动了学生的积极性,增强了学生的责任感。这位值日班长在日记中写道:"你信吗?这是我读课文最认真的一次",而且认真地去"寻找对付'小麻雀'的绝招"。其次,值日班长体会到了班干部的不易,有利于班级团结。由于值日班长制度给每个人提供了一次当班长的机会,使同学之间、干群之间加深了了解,同学之间的关系密切起来。再次,同学们理解了老师的难处和心情。由于管理者和被管理者经常有转换的机会,有利于加深同学们对教师工作的理解与支持。

总之,值日班长制改变了原来只有少数班干部管理,大多数学生自觉或不自觉接受管理的局面。把平时对少数学生工作能力的培养转变到对全体学生进行培养的轨道上,做到班级管理全员参与,让所有学生成为班级工作的设计者、组织者、管理者。实践证明,学生很愿意积极参与,在自我教育、自我管理、自我发展的实践中,培养责任感、集体观念和协作精神,使学生的积极性、创造性和丰富的个性沿着健康有序的轨道发展。

在班级管理目标的实施过程中,不仅要组建形成一个团结向上的班干部群体,而且要尽量让班级中其他成员参与到班级管理中来,形成一个和谐的、协调的班级组织机构,营造学生自主管理的氛围,使每个学生认识到班级管理目标的实现需要自己的参与和支持。

2. 班集体的组建

一定班级组织结构的形成,为班级管理目标的实施提供了运行形式的保障。要使班级管理目标得到有效的实施需要调动全班学生的积极性,使每位学生参与到班级管理目标的实施中来,班级管理目标"内化"为学生的具体行为目标,"目标的明确,机构的设置,规范的建立,这是班级组织的初建阶段;目标逐步为组织成员普遍接受,组织机构能有效运作,组织任务能基本完成,组织向自己的目标迈进,这是组织的发展阶段;组织的目标成为组织成员自觉追求的目标,组织的规范被成员内化,组织形成了独特的氛围,成员间有着强烈的凝聚力,组织目标的达成有充分的保障,这是组织发展的高级阶段,即集体的阶段"[①]。

> **案例 5-10**
>
> **快乐的初二(3) 班**[②]
>
> 我是胥口中学初二(3)班这个"大家庭"中的一个成员,今天就让我带着大家去看看我们这个班级吧!
>
> 一走进教室,你就可以看到雪白墙壁上的"百草园"和"学习园地",它们像两道美丽的风景线为我们班增添了许多绚丽的光彩。你看,上面贴着同学们的作品:有字迹端正的诗篇,有美丽的画,还有精致漂亮的剪纸,每一样作品都透露着温馨。不仅这些作品令人陶醉,连教室后面五彩缤纷的黑板报也引人注目。
>
> 我们教室不但漂亮,而且还有许多荣誉。在黑板报上方的墙上,一连贴着好几张奖状,有知识竞赛得的二等奖,有运动会上得的二等奖,还有优秀班集体奖……这些都是每个同学通过努力得来的硕果,我们大家都为此感到无比自豪。
>
> 团结、互助是每一个优秀班集体所共有的特质,我们班当然也不例外。课间总能看到有那么几个同学凑在一起,可不是在玩,他们是在讨论,是在解难题;运动会上有同学体力不支了,大家就会关切地询问,还有同学买来了水,递上毛巾……班上有同学没来上课,班干部就会组织几个同学去看望。种种表现都让我觉得我们初二(3)班是最温馨、最可爱的班级。
>
> 窗明几净,书声琅琅,带着老师对我们班的期望,我相信我们初二(3)班的每一位同学都会更加努力,我们初二(3)班会让我们更值得自豪的!
>
> **案例分析:**
>
> 初二(3)班是一个快乐的"大家庭",不仅有整洁素雅的教室环境、良好的学习氛围,还有团结互助的良好品质、强烈的集体荣誉感……师生之间、学生

---

① 李学农.班级管理[M].北京:高等教育出版社,2004:87.
② 傅建明,胡志奎.班级管理案例[M].广州:广东教育出版社,2009:245-246.

之间浓浓的情义让人感觉到"家"的温馨。这样的一个班级是令人羡慕和称道的,它会激发同学们为之不断努力,向更高的目标前进。

作为一个优秀的班集体,首先要让同学们感到快乐,为自己生活在这样的班级而感到自豪,这需要老师从生活、学习、人际关系、教室环境等各个方面多角度地开展工作,将物理环境与心理环境都建设得尽善尽美。其次,要有共同的目标和集体荣誉感。可以运用班会、墙报等方式将班级奋斗目标明确地告诉学生。此外,班主任可以将学生的作品、学生为班级争得的荣誉等作为培养学生集体荣誉感的基点,促使每一个学生努力学习为班级争光。再次,同学间的良好关系是一个优良班集体的最重要的部分。作为教师应从学生间的小事入手培养他们合作互助的风气。在学习中相互合作、生活上互相关心、活动中互相支持等。总之,一个优良班集体的建设需要从日常生活中的小事入手,抓住每一个教育机会,讲究一定的方法。

(二) 班主任等班级管理主体的指导

班主任既是班集体的组织者、管理者,又是指导者、联系者和参与者。实现班级管理目标的过程中,要充分发挥其指导、协调的作用。

首先依据全班学生的心理、生理年龄特点和学习情况,制定出切合全班实际的管理目标。然后,围绕班级目标指导学生制定出与自身情况相符合,又与班级目标相配套的个人目标。之后,班主任可根据目标的内容和同学们的实际情况,制定出有效的措施引导学生们实现班级和个人的双重目标。

在班级管理目标的实施过程中应充分发挥班主任的桥梁协调作用,并且注意由直接指挥、控制转化为间接指挥、控制,从而做好为学生提供各种信息咨询指导以及协调平衡的工作。班主任要协调学生集体和任课教师之间的关系,协调好学生与学生之间的关系等。同时,班主任还要发挥桥梁作用,使学校、家庭、社会密切配合形成一股合力组成统一的教育力量向班级管理目标的方向前进。

在目标的实施阶段,班主任要关注目标的检查控制。班级管理中的控制是指为保证实际工作与目标要求相一致,师生共同采取的管理活动。对于目标完成良好的学生,应该实施适当奖励。譬如,设立三好学生、优秀学生干部、文明学生、科技创新先进个人、文化艺术活动先进个人、体育活动先进个人等精神荣誉奖励,并结合各类奖学金、助学金等物质奖励,使学生获得各层次尤其是尊重需要、自我实现需要等高层次的心理满足,从而激励、强化学生的正向行为。而对于目标完成差的学生,要帮助他们查找、分析原因,如果是主观不努力的原因,也必须批评和适当惩戒,引导其在下一个目标管理周期走向良性发展。在目标实施的整个过程,班主任切忌包办代替,而应更多地起咨询指导的作用,让学生逐步学会自我控制,实施自主管理。

案例 5-11

每天为学生朗读[①]

孩子刚转到这所学校不久。一天孩子刚放学回家就很郑重地提出:"妈妈,能为我订一份《读者》吗?"我有些疑惑,三年级的孩子怎么想要看成年人喜欢的读物?

"为什么?"我诧异地问。

"今天,刘老师为我们朗读了《读者》上的一篇文章。刘老师朗读的时候流泪了,许多同学也哭了。"一贯嘻嘻哈哈的儿子一脸庄重。

看得出,孩子还沉浸在老师所读故事的情境中。我又问了孩子这篇故事的情节。后来又找来那本《读者》看了原文。我不禁想:当一位老师,读到一篇好文章时,能够当着全班孩子的面流泪,这一刻的教育胜过任何语言。我为孩子有这样一位老师感到庆幸。

一次家长会,我向这位让我感动,让我敬佩的刘老师请教:"刘老师,现在许多老师都很重视考试成绩,你坚持每天抽时间为学生朗读,是出于什么考虑?"刘老师沉思了一会说:"考试成绩只能为孩子一时,朗读是为了孩子的一生。"这时,我不由想到这样一句话:一位好的老师,就会有一个好的班级;一个好的班级,就会有一群好的孩子!

案例分析:

"考试成绩只能为孩子一时,朗读是为了孩子的一生"道出了案例中这位老师的教育原则:为了学生一生的发展。难怪这位家长感到庆幸了,因为她的孩子遇到了一位优秀的班主任。

"一个好的老师,就会有一个好的班级;一个好的班级,就会有一群好的孩子"。班主任老师在班集体建设中的作用是毋庸置疑的。首先,作为每个教学班的直接管理者,学生的直接教育者班主任,对于学生德、智、体的全面发展起着重要的作用,其地位和作用是任何人都无法代替的。其次,在日常的教学生活中,班主任是和学生接触最多的人,是学生效仿、学习的直接对象,其一言一行,都会给学生留下深刻的印象,对学生的思想、行为产生潜移默化

[①] 傅建明,胡志奎.班级管理案例[M].广州:广东教育出版社,2009:265-266.

的作用。"群雁高飞头雁领",班集体的建设不仅仅是学生的事情,与班主任也有着重要且直接的关系。建设一个优秀的班集体对班主任的能力和素质提出了更加多方面的要求,不仅包括良好的道德素质、广博专业的科学文化知识,还包括良好的能力素质,如组织管理、人际交往能力等,以及健康、积极的心理素质。总之,班集体的建设需要班主任、教师和学生的共同努力,而身为班级"领头羊"的班主任在这一过程中更是任重而道远。

本章小结

人类任何社会实践活动,都是为了实现特定的目标而展开,都具有目的性。管理活动作为人类社会实践活动的形态之一,也具有目的性,目标构成管理活动的根本要素。班级管理也是如此。班级管理作为学校管理活动的一部分,其目标除了具备管理目标的一般特征外,还有其自身特殊的表现形式和内容。

本章从中学班级管理目标概述、制定和实施三个方面展开了论述。中学班级管理目标概述阐述了目标、管理目标与班级管理目标的定义,中学班级管理目标的特点、类型、结构和功能。中学班级管理目标的制定论述了制定的依据、原则和过程。中学班级管理目标的实施从中学班级管理目标的具体化以及目标实施的组织与指导两个方面进行了论述。

思考与练习

1. 简述目标、管理目标和班级管理目标的定义。
2. 简述中学班级管理目标的特点和类型。
3. 简述中学班级管理目标的结构和功能。
4. 查阅资料,搜集具体事例说明如何制定中学班级管理目标?
5. 结合相关理论谈谈如何实施中学班级管理目标?

参考文献

1. 葛金国.学校管理学[M].合肥:中国科学技术大学出版社,1996.
2. 孙灿成.学校管理学概论[M].北京:人民教育出版社,1993.
3. 孙玉洁.中学班级管理理论与实务[M].哈尔滨:黑龙江人民出版社,2002.
4. 全国十二所重点师范大学联合编写.教育学基础[M].北京:教育科学出版

社,2002.

5. 吴秋芬. 班级管理[M]. 合肥：安徽大学出版社,2005.

6. 吴旋州. 班级管理学[M]. 西安：陕西人民出版社,1997.

7. [美]Vernon F. Jones,Louise S. Jones. 全面课堂管理——创建一个共同的班集体[M]. 方彤,译. 北京：中国轻工业出版社,2002.

8. [美]小詹姆斯. 管理学基础：职能、行为、模型[M]. 李注流,译. 北京：中国人民大学出版社,1982.

9. 柳清秀. 大学班级管理[M]. 武汉：武汉出版社,2003.

10. 芮秀军. 班主任班级管理经典细节及对策[M]. 哈尔滨：东北师范大学出版社,2010.

11. 曹长德. 当代班级管理引论[M]. 北京：中国科学技术出版社,2005.

第六章　中学班级组织建设

学习目标

1. 掌握班级组织的基本概念、特征及相应的教育作用，在理解的基础上学会辨析，明确班集体形成与培养的基本过程，区别班集体所处的不同阶段。

2. 熟知班主任在班集体组织建设中的作用和地位，在实践中不断充实对这一角色的认识和感悟。

3. 理解班级组织建设的重要意义及其具体的内容和原则，尝试在班级组织建设实际中发现并运用它们，利用科学的原理促进班级又快又好的发展。

中学班级组织建设是班级管理的中心任务。组织（organization）从广义上来说是指由诸多要素按照一定方式相互联系起来的系统；从狭义上来说是指人们为实现一定的目标，互相协作结合而成的集体或团体，单独的个体是不涉及组织的。从管理学层面看，组织是以目的为导向的社会实体，其具有特定结构化的活动系统，是在一定的环境中为实现某种共同的目标，按照一定的结构形式、活动规律结合起来的具有特定功能的开放系统。

在现代社会生活中，组织是人们按照一定的目的、任务和形式编制起来的社会集团，组织不仅是社会的细胞、社会的基本单元，还是社会的基础。组织的特征包含三大方面。首先，组织是人组成的集合。其次，组织是适应目标需要而产生的。最后，组织是通过专业分工和协调来实现目标的。

班级组织是特殊的社会群体，它是由班主任、全体学生和任课教师共同组成，在班级物质环境和精神环境的共同作用之下，由教育目标、教育内容、教育方法、教育管理形式、教育评价以及教育管理气氛等要素共同构成的动态系统。各要素之间的矛盾运动共同构成了班级系统的运作过程。

班级组织既是开展教学活动的基本组织单位，又是学生生活及开展活动的集体单位。班级的中心任务是开展学习活动，而成功的学习则需要理想的班级环境作为平台。[①]

---

① 谭英海.班级组织建设的建构主义诠释[J].当代教育科学，2005(12)：20-22.

第一节 班集体建设

在学校教育中,良好的班集体对学生的健康成长是非常重要的。一方面,良好的班集体不仅能让学生学习和掌握各种文化知识和社会生活所必需的基本技能,初步理解和掌握社会道德规范,培养良好的品德,学会与他人进行交往,建立良好的人际关系,而且还有利于形成和发展学生的智慧、爱好和特长,进而促进其人格的全面发展。另一方面,良好的班集体还能净化儿童的心灵,让他们受到积极的影响和熏陶,并对他们的言行产生同化力和约束力。

一、班级与班集体

(一)概念辨别

从学校的建制来看,班级是学校教育管理中最基层的单位,有了班级并非必然拥有班集体,这说明两者之间是存在差异的。首先,我们应该辨别班级与班集体的不同意义。简单来说,班集体是不会自发形成的,它并非学生的简单集合。班集体是班级群体的高级形式,班集体的形成需要全班学生和班主任以及全体任课教师的共同努力。

具体来说,班级是校内行政部门依据一定的编班原则把几十个年龄和学龄相当、程度相近的学生编成的正式群体。而班集体则首先是一个以学生亚文化为特征的社会群体,它传导和积淀着班级制度的社会文化基因(教育目标、规范和组织模式)。同时,班集体又是一个以教学为中介的共同活动体系,它以课堂教学为中介,整合学校、社会、家庭的教育影响,社会化的共同学习活动是班集体形成和发展的主要整合因素。再次,班集体还是一个以直接交往为特征的人际关系系统,交往和人际关系动态地反映了集体与个体、个体与个体、集体与环境的相互作用,这标志着集体过程的形成。最后,班集体是一个以集体主义价值为导向的社会心理共同体,集体心理的统一性和社会成熟度综合反映了集体主体性的水平。综上所述,只有经过磨合交融之后的班级方可称为班集体。

(二)班级组织建设的发展过程

组织不是一种静止的状态,而是发展的状态。根据组织发展水平的不同,可以将组织分成不同的发展阶段。

1. 第一阶段:从班级到组织

当几十位素不相识的学生汇聚到一起时,一个新的班级产生了,但这时还不能说一个班级组织产生了。因为这个班级的几十位学生还处在松散的状态,他们彼此之间还不熟悉,相互之间有生疏感。班级成员的行动缺乏组织的协调,成员在组织活动中应当怎样联系,都还没有确定。

把这样一种成员处于松散状态的班级,建设成为相互认同、角色清晰、行动协调的班级,就是使这个班级成为一个组织。当这个班级有了一定的领导机构,有了认同规范,彼此确立了角色意识,为着共同的任务有序地开展活动时,一个组织就建立起来了。

2. 第二阶段:从初建的组织到稳定的组织

班级组织初步建立时,各方面都还不稳定。虽然班主任的领导地位明确了,但是班级全体成员还在熟悉自己的班主任,对班主任提出的各种要求也还处在领会的阶段,对班主任要求的执行也会有不到位之处;虽然班级自治组织建立起来了,但是班级干部还在学习自己的角色,他们对自己角色的扮演还不够准确,这会影响其角色任务的完成;虽然班级规范也确认了,但是班级成员对规范还处在内化阶段,他们对规范的执行还会有偏差;虽然班级成员间彼此的角色明确了,他们之间的互动方式也明确了,但是他们还要熟悉自己的角色,熟悉自己的行动方式,以逐步达到在班级组织生活行为方式的协调一致。当班主任使班级成员都对班级组织的运行机制习惯了,这个班级组织就进入了稳定阶段。

3. 第三阶段:从一般的组织到集体

对于班级组织管理者来说,进行组织管理并不能促进一个集体的产生。班级组织的发展还有它的高级状态,这就使班级组织作用得到最大程度的发挥,班级组织目标得到最大程度的实现。要做到这一点,班级组织的内部状态需发生质的变化,班级组织成员不止是接受组织规定角色、角色人物和角色规范等,班级组织的要求就是他们自己的要求,班级组织的目标就是他们追求的目标,他们对于自己的组织到了完全不能分离的状态。这样一种组织就是一种集体状态的组织。

一直以来,班级管理研究者都把班级组织建设的最高状态定位在班集体,人们从不同的角度、以不同的方法描述这个集体的图景,但人们还没有获得一个完全一致的看法。不过这并不影响人们在实践中对它的把握。作为集体性质的班级组织和一般的班级组织的最主要的区别在于:集体性质的班级组织,其成员是这个组织的主体,班级组织对成员的一切要求都不会视为外在的要求;而一般的班级组织,其成员还没有真正成为这个组织的主体,组织对他们的要求,是一种外在的要求。当一个班级组织的一切活动都成为全体成员的自觉要求时,这个班级组织的作用,就会得到最大程度的发挥,班级组织的所有成员也会得到最好的发展。

二、班集体的概念、特征及教育作用

（一）班集体的概念

班集体是按照班级（Class）授课制的培养目标和教育规范组织起来的，以共同学习活动和直接性人际交往为特征的社会心理共同体。每个人都希望生活在一个有着良好班风、强凝聚力的集体之中。好的集体不是自然形成的，每一个集体成员都应该为塑造良好的班风、形成强凝聚力的集体作出自己的努力，如图6-1所示。

图6-1 班集体凝聚力图

（二）班集体的特征

班级是学校中开展各类活动最基本的组织形式，是学校行政体系中最基层的行政组织，是按照一定的教育目的、教学计划和教育要求组织起来的学生群体。但一个班的学生群体还不能称之为班集体，学生群体和班集体之间存在着本质的差别，所以，一般而言，班集体必须具备以下五个基本特征。

1. 具有明确的共同目标

当班级成员具有共同的目标定向时，便会在认识上、行动上保持一致，相互之间形成一定程度的依存性，这是班集体形成的基础。

2. 具备一定的组织结构，有利的领导集体

班级中的每个成员都是通过一定的班级机构组织起来，并在一定的领导集体的引导下学习生活的。班级成员在集体的有效领导下，按照组织结构建立相应的机构，维持和控制班级成员之间的关系，从而完成共同的任务，实现共同的目标。一定的组织

结构和有利的领导集体是组成一个班集体必不可少的重要组成部分。

3. 共同的生活准则，健全的规章制度

健全的班集体不仅要有一定的组织结构，而且还要受到相应的规章制度的约束，并把取得集体成员认同、为大家自觉遵守的行为准则作为完成共同任务和实现共同目标的保障。

4. 集体成员之间互相平等、心理相容的氛围

在班集体中，成员在人格上是平等的，在思想情感和观点信念上是一致的，成员对集体有自豪感、依恋感、荣誉感等肯定的情感体验。

5. 宽松的个性发展环境

宽松的个性发展空间能够使班级中每个成员都能在集体活动中积极表现自己的才能和个性，不同性别、不同水平、不同层次以及不同个性的学生，包括班主任和其他任课老师都能在集体环境中快乐、心情舒畅地得到成长。

在上述五种特征中，共同目标是导向，集体舆论和人际关系是基础，组织结构是核心，规章制度是保证。当这些内部结构要素成为一个协调的系统时，班集体也就应运而生了。

（三）班集体的教育作用

在学校教育中，良好的班集体对学生的健康成长是至关重要的，具体表现为以下三个方面。

1. 有利于形成学生的群体意识

每个学生都是集体中的一员，学生的发展与集体的发展密切相关。在良好班集体的形成过程中，学生会感受到集体对他们的关心与尊重，体会到能从集体生活中获得知识、友谊和实现他们的某种心愿，这时，学生往往也会努力使自己成为对它有所奉献的一员，因此，在班集体的形成过程中，学生的群体仪式、集体荣誉感都会得到大大的强化。

2. 有利于培养学生的社会交往能力与适应能力

班集体是学生活动与交往的基本场所，通过班级的集体活动和学生群体之间的交往，可使学生积累集体生活的经验，学会交往与合作，学会对环境的适应。

3. 有利于训练学生的自我教育能力

班集体是学生自己的集体，每个学生在所属的班集体中都拥有一定的权利和义务，都能找到适合自己的角色和活动。因此，班集体是训练班级成员自己管理自己，自己教育自己，自主开展活动的最佳载体。

三、班集体的形成与培养

班集体不是自然形成的,任何一个班集体的形成都会经历组建、形成、发展的过程,这实际上也是教育培养与社会化的过程。

(一)确定班集体的发展目标

目标是集体发展的方向和动力,一个班集体只有具备共同的目标才能使班级成员在认识上和行动上保持一致,才能顺利推动班集体的发展。目标的提出应遵循事物发展的一般规律,由易到难、由浅入深、逐步推进。在实现班集体目标的过程中,教师要充分调动班级成员的积极性,使实现目标的过程成为教育与自我教育相结合的过程。

(二)建立得力的班集体核心

在一个班集体中建立一个得力的核心队伍是非常重要的,它是维护和推动班级工作的有力助手,是带动全班同学实现集体发展目标的核心。因此,建立一只核心队伍是培养班集体的一项重要工作。

建立班集体的核心队伍。首先,要求教师要善于发现和培养积极分子。教师要在了解学生的基础上及时发现并选拔出热心为集体服务、团结同学且具有一定管理能力的学生干部。其次,教师应该把积极分子的使用和培养结合起来。

(三)建立班集体的正常秩序

班集体的正常秩序是维护和控制学生在校生活的基本条件,是教师开展工作的重要保证。班集体的正常秩序只需包括必要的规章制度、共同的生活准则以及一定的生活规律。

(四)组织形式多样的教育活动

班集体是在全班同学参加各种教育活动的过程中逐步成长起来的,而各种教育活动又可以使每个人都有机会为集体出力并展示自己的才能。班级教育活动主要由日常性的教育活动与阶段性的教育活动两大部分组成,所涉及的内容有主题教育活动、文艺体育活动、社会公益活动等。

(五)培养正确的舆论和良好的班风

班集体舆论,是班集体生活与成员意愿的反映。一个良好的班集体要形成正确的舆论和良好的班风去影响、制约每个学生的心理,规范每个学生的行为。正确的班集体舆论是一种巨大的教育力量,对班级中的每个成员都有约束、感染、熏陶、激励的作用,在扶正压邪,奖善除恶的过程中,舆论具有行政命令和规章制度所不可代替的特殊作用,是教育集体成员的重要手段。良好的班风是班集体大多数成员精神状态的共同倾向与表现。

第二节 班级建设的指导

班级是学校进行教育的重要载体,而整个班级建设也是每个班主任日常工作的中心内容。所以,作为一班之"主"的班主任能否以科学有效的方法创建一个健康快乐的班集体,从而促进各种类型学生的发展则显得尤为重要。在本节中,我们将对班级中的领头羊——"班主任"这一职务做一个深度的剖析,以使大家对其作用、地位和职责有更明晰的认识。

一、班主任是班级组织建设的主要力量

班级是学生成长和发展的重要平台,对学生的成长乃至他们的一生都能产生重要的影响。班主任作为班级的组织者和领导者,不仅承担着教书的职责,还要育人;不仅要教育学生成才,还要培养学生成人。从某种程度上来说,我国文化传统重其人更过于重其学,这亦成为教育精神。[①]一个讲究工作艺术的班主任,会使班级展现出蓬勃的生机和活力,学生就会在良好的群体氛围中健康成长,反之,班级工作就会懈怠与涣散,不利于学生的成长,最终影响到合格和优秀人才的培养。由此可见,班主任作为班级组织建设的主要力量责任是十分重大的。

管理好一个班级并不是一件轻而易举的事情,班主任只有全面了解该班学生,及时发现问题,找出对策,团结协作并持之以恒地进行教育和培养,才会使班级沿着健康的方向不断成长。

二、班主任的工作艺术

班主任的工作艺术源自于班主任的工作实践,是班主任在日常管理工作中自然积累而形成的。著名教育改革家、教育艺术家魏书生是众多班主任竞相学习的榜样,然而,我们也听到不少班主任在"认真"学习之余,不免冒出这样的抱怨,"有什么好学的,这不是我们天天都能遇到的事么!"不可否认,他们的确说了实话,但就是这样一些平淡无奇的小事,很多人却没有这种经验的总结与推广。正如古人所言"不积跬步,无以至千里;不积小流,无以成江海"。正是这种集腋成裘、积少成多的"拾零"精神,使魏书生成为当前教育界的知名教育艺术家。[②]另一方面,班主任的工作艺术是师生之间的一种心理共鸣。换言之,工作艺术形成的首要任务就是班主任要让学生在心理上对

---

① 钱穆.现代中国学术论衡[M].北京:生活·读书·新知三联书店,2005:151-154.
② 张善海.浅谈中学班主任管理艺术[J].西北成人教育学报,2012,11(6):86-89.

其管理行为给予认同和接受。艺术化的工作方式是班主任在长期工作中形成的习惯，而不是在某个特定的时间或地点的"有益表现"，班主任的工作对象是全体学生，这种对人的管理说到底是对"人心"的管理，特别是对中学生而言，他们有自己身心发展的特点，这是班主任必须要去遵循的。否则，便根本不是培养和教育管理，而是对学生的一种摧残。之所以要注重艺术性，是因为艺术是通过塑造形象来具体反应社会生活所表现出的意识形态，具有认识作用、教育作用和审美作用，可以使人在心理上更加容易也乐意去接受。

能做好班主任工作，既是一门技术又是一种艺术。技术是方法论层面的，而艺术则是心灵感悟层面的，是建立在对学生的充分了解和理解基础之上的。以下，我们就班主任的日常管理艺术、语言艺术和"柔性管理"艺术[①]三方面来阐述中学班主任需要如何在和谐视野下运用管理艺术来全面提高学生的素质。

1. 班主任日常管理艺术

班主任日常管理艺术是中学班主任最基本的工作，也是中学班主任在实际工作中体现教育公平，实现教师与学生的和谐相处，建立和谐中学的最基本保证。班级是学校开展教育活动，传授科学文化知识的基本单位。因此，班主任必须抓好几个环节。

首先，确立面向全体学生和实施主体教育的核心教育观念。在现实的教育条件下，能解决好这一问题是一件十分困难的事情，但是班主任只有抓好这一环节，体现出以学生为本的基本路线，才能抓住教育的核心理念。

其次，必须培养良好的班风学风。叶圣陶先生曾说过："教育是什么，简单方面说，只有一句话，就是养成良好的习惯。"班级环境对学生的影响作用特别大，良好的班风学风，可以促使师生关系、同学关系、班级之间的关系都处在和谐状态下。

再次，要增强师生之间、学生之间的互动。中学班主任是学校和学生的联系人，也是学生之间各种关系的影响者和处理者。中学班主任通过和谐理念来增强各个方面的互动是有利于学校和学生、教师和学生、学生和学生之间的问题解决的。

最后，中学班主任要学会基本的沟通技巧。学生在中学阶段的求学过程中会或多或少地对学校、某个教师、某个同学产生不满情绪，为了解决这一问题，中学班主任可以利用沟通技巧使学生们认识到问题的存在，及时把矛盾消除在萌芽状态之中。

2. 班主任语言艺术

语言是情感的载体，情感是语言的灵魂，没有情感的语言是干瘪的。在中学阶段，多数学生的学习动力来自班主任或者任课老师对自己的重视程度，因此，中学班主任

---

① 徐维治.中学班主任管理艺术浅谈[J].管理与创新前沿，2008(9)：221.

必须学会运用语言艺术。经调查,学生最需要的是教师特别是班主任的真诚相待,因此真情应成为班主任语言最基本的特色。在与青少年学生的交往过程中,无论是对其的赞美还是批评都要使学生体会到班主任的良苦用心,只有学生明白老师的用心时,才会自然而然地主动改进,从而才有利于建立和谐班集体以及和谐校园。

另外,中学班主任让学生明白为人做事的道理也是至关重要的。中学生正处于世界观、价值观、人生观形成的关键时期,所以班主任有时可以换位思考学生的想法是否存在合理之处,然后再利用各个假设引导出每种行动的后果,让学生明白行为与结果之间的因果关系,这样的语言更具有说服力,而且也比那些把请家长作为威胁学生的手段,或者习惯于把处理不了的矛盾上交校长的做法更好。这样以理服人的语言艺术使得学生更心悦诚服,也使得班级更加容易管理。当然,也会有特殊情况的存在,尤其是对后进生,班主任老师常常怀有"恨铁不成钢"的感情,表现在语言上往往是把最有刺激性的言辞抛给学生,而不管学生能不能接受得了。这样的教育是失败的教育,这样的语言也是失败的语言。所以班主任在对待这样的学生时要特别注意,可以先观察一段时间,找到合适的契机将学生长期积累的各种坏习惯一一列举出来,使学生没有反驳的余地,也使其更容易认识到自己的错误,最终使班集体处于和谐的班风和学风之中。

3. 班主任"柔性管理"艺术

所谓"柔性管理"是相对于"刚性管理"提出来的。"刚性管理"在日常学校管理工作中十分常见,也是现代教学管理的基本手段之一。它建立在"制度管理"的基础之上,利用制度来约束学生,避免违规违纪行为的发生,使得学校领导对教师的管理、教师对学生的管理处于安定状态。然而,这种管理方式却是最容易压抑学生感情的,使得学生对学校和班主任的管理处于困难的境地。"柔性管理"则是通过班集体内部创造性地开展学生的管理工作,将"以学生为本"设为思想指导,依据共同的价值理念,尊重学生的感情需求和人格尊严,使学生从内心深处产生对班集体的向心力、凝聚力和归属感。学生对班集体的认同情感,势必会大大提高解决班集体各种问题的处理效率,增强学生自觉维护班级秩序的意识,减少学生在学习气氛中去考虑自身利益的机会。"柔性管理"充分体现了学生平等的思想,这也是党的十七大报告中所提出的对教育的基本要求。实施"柔性管理"可以拉近班主任和学生的距离,使得双方处于互为依存的关系之中,这既离不开班主任的班级管理,又离不开学生的主动参与,最终实现班集体自我管理。如此一来,我们不得不说这样的教育才是成功的教育,同时,对于中学生树立他们正确的世界观、价值观和人生观也是至关重要的。

三、德育是班级组织建设的第一阵地

什么样的教师就会培养出什么样的学生,教师对学生的影响既是潜移默化的,又是意义深远的。并不是上思想品德课就是德育,而更多的是从习惯上培养学生,具体到平时的文明礼仪、言行举止等各个方面。其实人人都是德育工作者,梳理正确的教育观、质量观、人才观,在完成教学任务的同时,有力、有效地渗透思想品德教育,让德育融于教师的一言一行当中。在班级内通过细致的思想教育和有益的主题活动,形成团结向上的良好班风,通过学生的主动参与、自我管理、自我服务等多种活动形式,使学生养成受益终生的习惯。加强心理健康教育,使学生在良好的人文环境中愉快地形成健康的人格品质,扎扎实实地提高学生的思想政治素质。

第三节 班级组织建设

搞好班级组织建设不仅有利于保证班级的"长治久安",也有益于实现学生的"高度自治"。因而班级组织建设工作就成为班级管理中的重中之重,把握好这一点,很多棘手的问题都会迎刃而解。

一、班级组织建设的意义

班级既是学校教学工作的基本单位,也是学生学习、生活的基本载体。加强班级组织建设,对促进班级规范化,明确干部工作职责,充分发挥班级学生干部在学生教育管理工作中的作用,具有十分重要意义。对于班级组织建设的意义主要可以概括为以下四个方面。

首先,班级组织建设促进学生的全面发展。班级组织建设是以育人为目标的,学生既是班级组织教育过程的主体又是班级组织教育的对象。学校的班级管理是人与人之间的关系,管理的成果体现在是否使每一个学生的身心获得全面、协调的发展。班级组织是一个动态生长着的有机体,这个有机体的功能大小、价值取向等与它的每一分子发展都具有密切关系。班级组织也会在个人的发展中不断获得提升和超越。因此,班级组织管理的各个环节都必须服从培养人、塑造人这一目标,紧紧围绕"发展"来做文章。并且,在班级组织管理的过程中还要与教育教学过程紧密结合,创设一个优化的微观社会环境,使得班级组织成员的智力、能力、个性都得到充分发展。

其次,班级组织建设促进师生关系、生生关系的和谐。学生的学习是通过人际间的协作活动而实现的意义建构过程,班级作为一种基本的教育教学形式,这本身就要

求班级中的教师与学生、学生与学生之间的互动必须是直接的、面对面的。在现实的班级交往中,教师与学生之间、学生与学生之间的交往也有情感方面的交流与分享。良好的班级组织应能满足学生社交和归属的需要,能满足学生自尊和自我实现的需要。教师要重视通过教学、课外活动、社会实践活动、个别交流等多种途径与学生进行广泛的交流,从而满足学生在发展过程中的各种需要,最终实现人际关系的和谐发展。

再次,班级组织建设促进学生的道德发展和树立规范性意识。组织建设可以促进学生从他律到自律的过渡,制度的建立开始是外化于学生的,学生是通过避免惩罚来遵守规定。但随着时间的推移,学生会自然而然地改掉原来不好的习惯,将制度的规定内化为自身的组成部分。同时,规范意识的增强其实是一种从规范向素质的转变,对于个人来说,这意味着规范不再是一种外在强制,从某种意义上说规范使人获得了真正的自由,即孔夫子所说的"从心所欲,不逾矩"。

最后,班级组织建设可以为学生知识的获得和技能的发展提供优越的环境。良好的班级组织可以促进班级工作有条不紊的推进。学生是学习者和受教育者,这一自然属性使我们明确学生的核心任务是学习知识与技能,班级组织建设中严格的规范标准、积极的班风舆论、共同的奋斗目标和得力的领导团体为达到未来的目标提供良好的外部环境和技术支持。

二、班级组织建设的内容

从静态方面来看,班级组织建设的内容主要包括目标建设、机构建设和制度建设;从动态方面来看,班级组织建设是将一个松散的群体凝聚为一个组织,进而将这一组织建设为一个集体的过程。

(一)目标建设

组织目标是指组织活动所要达到的预期结果。班级的组织目标是一定的教育思想和培养目标的具体体现,是班级组织成员共同的期望和要求。从时间维度划分,可将目标分为近期目标、中期目标、长期目标,目标的提出应由易到难、由近到远、逐步提高。

目标是方向性的指引,在班级组织建设中,明确又坚定的目标具有导向功能、激励功能和凝聚功能。在确立组织目标时应注意以下三点,首先,目标的制定应充分考虑到中学生身心发展的特点;其次,目标的制定要征求班级任课老师的意见,集思广益,调动教师群体的聪明才智,共同完成班级组织建设工作;最后,要使成员充分内化组织目标,不能仅仅流于形式或浮于表面。

> **案例 6-1**
>
> 　　某校班主任围绕理想教育、全面发展、促进成长的总体目标,提出了将中学阶段班级活动划分为三个阶段,第一阶段为初级阶段,第二阶段为发展阶段,第三阶段为成熟阶段。涉及方案如下:
> 　　初级阶段:燃起理想的火炬。具体内容是探讨中学生活应怎样度过才有意义?组织"百行百业状元郎——人才成长百例"的思考活动,让学生们共同扬起理想的风帆,乘风破浪追求梦想。
> 　　发展阶段:全面发展,砥砺成才。具体内容是组织专题调查"家乡的昨天、今天和明天",组织公益活动"我愿做一颗铺路石",组织书画作品比赛"展现我心中的梦想蓝图",组织科学智力竞赛"学海漫游,书山劲攀"等。
> 　　成熟阶段:遇见最美的自己。具体内容是组织题名为"遇见最美的自己"的专题写作活动,畅想自己未来的职业及工作状态,无论从事哪种职业都要从中发现自己的闪光点和存在的意义,打开思维的大门,在想象的原野中尽情驰骋。

(二)机构建设

班级中正式的组织机构形式包括班委会制度、值日班长制度、各种类型的小组、班级学生会议制度。在中学中比较常见的是班委会制度。

1. 班级组织结构

班级组织机构微观建制的形式主要有三种,分别是直线式、职能式和直线职能式。

(1)直线式。

直线式结构借鉴了军事管理组织结构,结构形式相对简单,它的构成要素主要是班主任、班长、组长,具体的示意图是:班主任——班长——组长——学生。直线式是将班级中的组成成员自上而下的进行排序,使下达通知或组织活动都能有一个层层递进的过程,确保组织中的全体成员都能在这个连锁范围之内的形式。

直线式结构采用自上而下的直线管理方法。它的特点是:① 权力集中,指挥统一,由班主任控制整个班级组织,有利于规范管理,提高工作效率;② 班级组织目标以及活动计划的制订、组织、实施控制、考核评比等都由班主任具体负责,目标明确,意见统一;③ 班长、组长在班主任的安排和指导下开展工作,一般学生接受班主任领导的同时,还要服从班长和组长的领导,有利于统一管理和安排工作。

（2）职能式。

职能式结构是在直线式结构的基础上发展起来的，它是根据班级管理目标和管理内容及分工的需要，在班长和组长之间设立了中层职能管理人员，进行直线职能分工管理。职能式是指按照班级管理的需要，将班委人员划分为学习委员、体育委员、生活委员、文艺委员、宣传委员和组织委员等。在选拔班委时，一方面要注重公平、公正、公开的选举制度；另一方面，要考虑到不同学生干部需要具备不同的能力结构和性格特点。如组织委员应具备"稳"与"全"两方面的特质；生活、劳动委员应具备"实"与"细"两方面的特质；文艺、体育和宣传委员应具备"热情"与"才干"两方面的特质。

职能式结构的特点是：① 按组织目标和内容设立专业管理人员，使班级管理更加专业化；② 设立中层职能人员，缩小管理跨度，有利于班主任从事务工作中解脱出来，加强教育教学和管理研究，提高管理效率；③ 担任中层职能工作的同学都具有一定的专业特长，同学之间的特长互补，可以提高班级的整体水平；④ 学生参与管理不仅可以培养他们管理能力，还可以调动他们的积极性，发挥主观能动作用。

（3）直线职能式。

直线职能式结构是把班级管理人员分成两类，一类是班委，一类是团支部。班委会负责常规管理，配合、协助班主任贯彻、落实学校的教育教学工作计划，开展学习、体育、劳动、卫生等方面的活动，维护和保持班级正常的教育教学秩序；团支部的主要任务是开展课外活动，通过课外活动培养学生良好的思想品德和行为习惯，利用班级宣传阵地——黑板报、班报、团课等进行正确的舆论引导。我国中学班级组织的结构多数属于直线职能式的建制形式。

直线职能式结构的特点是：① 实行班委会和团支部负责制，使中层分工更趋专业化和科学化，有利于实现班级管理目标；② 加强了班委的职能，有利于班委在常规管理中发挥主体作用；③ 突出了班级团支部的地位，使团支部在班级管理中充分发挥模范带头作用。

从以上分析可以看出，每个模式都有自身的特点，模式结构不同，它的功能和作用也不同。班级采用哪种模式要根据自己的实际情况而定。另外，模式不是一成不变的，为了实现班级组织目标，应不断改变结构形式，设计出适合自己班级的最优组织结构。

2. 班干部的选拔与培养

班主任从接手新班的第一天起就要开始着手进行班干部的选拔，因为一个班级的组成首先需要一个或几个临时召集人来保证班级的正常运转，这个（些）召集人其实是相当关键的，在同学们心目中，他（们）就是以后班长的重要候选人。但作为班主任，最好称他（们）为召集人，而不能称之为"代理班长"，因为名称的不同对他（们）及其他同学的心理暗示作用是截然不同的。

  班干部的选拔标准无外乎人品、能力、学习等几大方面，但由于召集人的任命时间比较紧，所以班主任可能还没有充足的时间去全面了解他们，这样一来任命的依据除了看档案和个别谈话外，最主要的就是观察学生在开学初有限时间内的表现，这就需要班主任有一双善于发现的眼睛。

> **案例 6-2**
>
>   曾经有一位多年从教的班主任为我们提供过选拔班干部、成立班委会的一些经验，现在看来仍值得借鉴。中学生已经具备了一些自我认知能力，所以在开学之初可以让班里的每一位学生填写一张《自我情况登记表》，其中有一个条目就是关于"中学阶段你是否想做学生干部？如果想做，你想担任何种职务？"很多老师都是习惯性的任命班级中学习好的学生为班委会组成成员，但学习好的学生并不都适合做班干部，老师需在组织能力、奉献精神等方面进行通盘考虑。有些同学尽管学习好也有能力，但怕担任班干部会耽误到自己的学习，所以不想做班干部，这样的同学往往缺乏班干部理应具备的服务意识，因而也是不能被任用的。班主任所做的这个意愿调查是为了辨别学生对自我的认识到底是怎样的。有的同学在中学阶段不想做班干部，即使他将来的选票很高也不能被任用，因为一个人只有发自内心地想干好一项工作，才有可能把这项工作干好。如果他的心思不在此，那么即使最后勉强接受了这"一官半职"，也不可能做好。
>
>   还有一种方法是在班委会成立之前（约开学一个月左右）组织一次"民意测验"，让学生选出自己理想中的班委会阵容。经过一段时间的接触，同学们之间往往能了解得更加透彻，对于谁更适合做班干部，大家心里都有一杆公平秤，班主任再根据民意检验的结果进行统筹协调，最终确立班委会的组成成员。
>
>   需要指出的是，可能会出现开学初任命的召集人的选票不是很高的情况，这时班主任应遵循的原则就是不安排他们做主要干部，而是让他们做一些"虚职"，但绝对不要"弃用"，因为那样容易给他们留下心理阴影，对孩子的成长很不利，甚至一些自尊心过强的孩子会感觉"没面子"而仇视班主任和新

> 的班委会,在各项活动中起反作用。经过事实的验证,最初的召集人基本上都是会被选为班长或团支书等主要干部的。
>
> 选自刘治军《班级的组织建设》2008年第八期

班干部起桥梁和带头作用,他们是老师们的得力助手,但他们的能力不是自然提高的,而是在现实的不断磨炼和班主任的悉心培养之下逐渐积累起来的。班干部的培养问题是多个方面相辅相成、相互联系的,只有通过多方面的共同努力才能培养出德才兼备的优秀班干部。

首先,树立威信,着重培养班干部的组织领导能力。一个人德高望重、威信高,人们自然信任他,听从他的意见。同样的,一个班干部如果威信高,那么同学们便会听从他的指挥,他的工作就能顺利进行。在组织活动时,班主任可以首先提出大体意见,然后由班委会成员去讨论活动的每一项环节,再由班干部组织开展活动,发挥其主观能动性,使班干部对班中的现象问题敢管、敢提,并以自身的良好形象去影响和带动周围同学。

其次,放权力,着重培养班干部的独立能力、协调能力以及创造性思维能力。我国著名教育家陶行知曾说过:"教是为了不教",在此后,我国著名的教育改革家魏书生将其扩展为:"管是为了不管"。很多班主任总是不放心,所以仍保持"保姆式"的组织管理模式,其实这对学生和老师来说都不是明智之举。要让学生真正学会解放手脚、勇于创新、大胆管理,就需要班主任将管理权下放到班干部手中,由班干部自己来组织开展各项班级工作和集体活动,充分发挥学生干部的能动作用,发动他们创办墙报、表扬先进,宣传班干部的好人好事,批评不良现象和不良倾向,树立正确的言论导向,做到"放管结合",这才是智慧。另外,在班级管理中,班主任还应主张班干部既要各司其职、各负其责,又要通力协作。

最后,鼓励和引导,着重培养班干部的意志力和积极性,树立他们良好的工作作风和生活作风。班干部在日常组织工作中,难免会遇到一些挫折和困难,甚至受到其他同学的一些误解、讽刺和挖苦。这时,班主任在了解情况后要及时找他们谈心,肯定他们的工作成绩和能力,解开他们心中的烦恼,多鼓励并给予他们勇气,激发他们战胜困难的勇气,使他们的意志力在工作中得到锻炼。班主任要引导班干部学会如何和同学相处,如何去关心、了解同学们的思想状态,解决班干部的后顾之忧。指导班干部做好日常管理工作,活动前应制订好活动计划,活动中要严密组织,活动后要及时总结,使他们学会如何组织活动,并且在同学与同学之间形成一种平等、互助、团结的良性关系,保证良好班风的形成,增强班干部的荣誉感和责任感。

3. 规范建设

规范建设,更具体地说就是常规建设,而常规实际就是一种"习惯"。建立合理的常规,使学生的言行规范化,其根本目的就是为了让学生养成良好的习惯。[①] 班级组织的规范建设从不同的层面划分,主要包括组织制度建设、行为规范建设和集体舆论与班风建设三大方面。

(1) 组织制度。

一个国家,其立国之本首先是要有确定的社会制度和管理模式。班级虽然不能与国家同日而语,但麻雀虽小,五脏俱全,再小的集体也应该有自己的管理方式,而且集体的成员不同,管理的形式和特点也一定不同。小学阶段,由于学生的自理、自制能力弱,感知能力低,班主任对班级的管理往往是事事操心、事事做主的"保姆式管理"。教师在学生中有崇高的威信和绝对的权威,学生对教师的评价也往往是以教师是否亲近自己、喜欢自己为标准。但随着学生年龄的增长,到了中学,由于学生的生理、心理的发育日趋成熟,学生的思维批判性、独立性得到更高的发展,自我意识也日趋完善,其思维能力和判断能力已接近于成人,这使得他们对外部世界具备了更为强烈的自主要求。因此,班级组织管理必须运用适合中学生特点的模式。如果仍然沿用小学阶段的"保姆式管理",则必然引起学生的反感,也不利于学生世界观的形成和能力的发展。这就要求我们在对中学生进行班级组织管理时一定要充分发扬民主,要尊重学生的独立性和自主性,不能单纯以教师的权威主宰学生的意志。

要实施民主管理,首先就必须建立健全完善的管理制度和管理体系,使制度成为每个人的共识和自觉行动,使管理不仅到位更要到心。实践证明,合理的管理制度和科学的管理体系,可以让每一个学生成为管理者和教育者,成为制度的监督者和实施者。这样不仅可以避免班级工作过分依赖班主任的组织和管理,减轻班主任老师的工作负担,减少工作失误,而且还可以调动全体同学的积极性,增强班级凝聚力,更有利于班级工作的开展。

好的制度可以让原本不好的学生变好,不好的制度也可以让原本不错的学生变坏,制度对人的塑造能力还是不容小觑的。在我们的日常生活中,由于制度上的不合理而造成班级管理混乱的现象也是经常存在的。譬如,有的班级卫生大扫除分工不合理,而管理制度中也没有相应的检查、评比和奖惩措施,如此一来,便形成了干与不干一个样,干多干少一个样的不良局势,久而久之大家都向不干的看齐,一到大扫除便一哄而散;再如,有的班级缺少自习课的纪律管理制度,对如何上好自习课,既没有学法上的指导又缺乏行为上的规范要求,对自习课的违纪现象不能及时发现、及时制止,长

[①] 李鹏举.关于新课改背景下班级管理的几点思考[J].山西师大学报(社会科学版),2012(S1):188-189.

此以往便形成了班主任一人抓纪律的局面，教师在场时班级秩序良好，教师一旦离开则纪律混乱。综上所述，一个秩序混乱的班级，必然是一个组织管理混乱，制度不完善或不合理的集体。

而一个好的制度是不会从天上掉下来的，它需要在此制度生活下的每一个成员都全身心地参与，需要大家在实践中不断地寻找和磨合。一般说来，班级规章制度的制定要符合以下几个基本要求。

第一，符合国家的教育法规和学校的规章制度。班级的组织管理制度可以说是学校的组织管理制度的延伸，因此，它首先不能违背国家的教育法规和学校的管理制度和管理要求。特别在对违反班级纪律的学生的处罚问题上，一定要尊重学生的人格，切不可出现体罚或变相体罚学生的现象。

第二，有科学性、严谨性和可操作性。班级的规章制度可以包括考勤、纪律、卫生、听讲、作业、学习规范、文明礼貌、仪容仪表、体育活动、宿舍管理、日常生活等各方面的内容。在具体制定时，可结合班级的工作目标，将以上制度转化成具有针对性的、具体的规定，从而形成一套具有班级特点、特色的日常管理制度，力求用制度约束学生的一言一行。制度中不仅要明确学生在日常生活中具体的行为规范，告诉大家哪些应该做，具体怎样做，哪些不应该做，做了之后的后果是什么，还应该让大家明白制度的具体操作和实施过程，即量化标准、检查办法和奖惩措施。这样形成的管理制度，实际上就是班级的量化管理制度。同时，在管理制度的具体实施过程中，还要建立与之相适应的管理体系，即成立以班级的分管委员为负责人的各个量化管理工作小组，从而对全班同学的各个方面，从不同的角度进行量化考核。

第三，有全员参与性、公正性和透明度。制定班级管理制度并不是班主任的需要，而是班级工作和全体同学的需要，同样，制度的实施也绝不是班主任和班干部的事情，而是涉及每一个同学的切身利益。所以，班级规章制度的制定，一定要走群众路线，初稿可以由班主任和班委会、团支部一起研究审定，但最后的确定一定要经过全体同学的讨论，充分发扬民主精神。因为只有通过民主讨论制定的制度，才能成为大家的公约，才具有合法性，也更具有科学性和公正性。同时，也只有这样的制度才能将强制和自觉很好地结合起来，增强群众执行制度的自觉性。

第四，有相对的稳定性。制度的建立使同学们获得了行为准则，而一味的朝令夕改，就会使大家无所适从，难以保证制度的贯彻执行。因为习惯的养成不是一蹴而就的，而是一个逐步推进的过程。同时，量化管理的标准随意改动，也会使制度失去公正性。当然，制度只是具有相对稳定性，并非绝对不变的。可以根据班级工作的实际情况对制度做适当的调整，而这种调整一定要有利于班级工作的进一步开展，能更好地确保制度的公正性。

孟子云：不以规矩，不能成方圆。所以班级制度是保证班集体有序运行、有效活动的前提条件，是班级建设和管理的重要内容。在制定班级组织规范时应充分体现培养现代人的管理思想，正如联合国教科文组织编写的《教育——财富蕴藏其中》一书中所写，学会认知、学会做事、学会共同生活和学会生存，这四种学习将成为每个人一生中的知识支柱。① 在整个班级组织发展过程中，随着组织发展水平的不断提高，规范要求也应该相应提高，这是一个动态的过程，需要与时俱进、时时更新。

（2）行为规范。

面临千头万绪的工作，班主任要从常规管理入手，把班级最基本的秩序建立起来，为全班学生的学习生活创造一个基本而又良好的环境，也为学校的各种教育活动打造一个载体。所以，有经验的班主任在接手一个新班级后，首先要抓的就是日常管理。

建立常规管理后的另一重要环节就是要求学生切实按照常规中的要求去做，中学生毕竟还是未成年人，在自控力方面还需要老师加以监督和管理，所以班主任要经常提醒学生注意自己的行为举止，尽早养成好习惯。如果有学生违反，那就要严肃批评，如此一来，常规就逐渐建立起来了。其实，当一个班级组织的一切活动都成为全体成员的自觉要求时，班级组织的作用才能得到最大程度的发挥，班级组织的所有成员也会得到最好的发展。

（3）集体舆论与班风。

正确的集体舆论不是凭一时一事就能形成，而是要经过长期艰苦的努力，从量的积累逐渐发展成为质的变化。优秀的班风要靠正确的集体舆论来支持，优良的班风一旦建立起来，其本身就是非常强大的集体舆论。班风是指一个班集体的作风，它是一个班集体中大部分人的思想觉悟、道德品质、意志情感、精神状态的共同表现倾向。优良的班风是一种巨大的教育力量，它无形地支配着全班成员的思想和行为，对形成和发展班级集体起着重要的作用。以下就如何进行班风建设提出几点建议。

首先，班主任必须根据本班的具体情况确立优良的班风标准，而这个标准不能凭个人愿望与好恶，一定要依据教师职业道德规范、学校的规范制度以及教师的教学工作与学生的学习状况等实际情况，发动本班任课教师、学生干部和全体学生共同讨论，群策群力，民主决定，把确立班风建设的过程作为提高认识、统一思想的过程。

其次，班主任要重视自身素质的提高。班主任是与学生接触时间最长的教师，其思想品德、工作作风、言行举止甚至是性格习惯都会潜移默化地影响学生。因此，要形成良好的班风，班主任就要做出表率，做到言行一致、表里如一，在教学上要做到先为师后为教。只有这样，班主任在学生心目中才能变成最可信赖、最具权威、最值得尊敬

---

① 联合国教科文组织总部.教育——财富蕴藏其中[M].北京：教育科学出版社，1996：75.

的人,整个班级才有向心力、感召力和凝聚力。这是一个班级形成良好班风的前提和基础。

再次,要在自觉养成上下工夫。一个好的班风,只靠管、看、强制是形成不了的,重要的是疏导,使学生在自信、自觉、自强中逐渐养成。班主任既要当"严师",又要当"爱师",还要当"导师"。班主任一定要把握住中学是人生发展的重要阶段,把学生引导到健康成长的正确轨道上。同时,班主任也要针对一个时期班级出现的某些具体问题和倾向,动之以情、晓之以理,把问题消灭在萌芽状态中。此外,还要抓住典型,带动一般,树立楷模,大家效仿。一个好的班风需要一批好的班干部来带,所以培养一批过硬的班干部队伍,充分发挥他们的作用也是十分必要的。

最后,要重视抓后进生的转变。后进生虽然人数不多,但对班级的影响很大,在某种程度上有"牵一发而动全身"的作用。因此,抓好后进生的转变是培育良好班风的硬功夫。后进生之所以不够优秀,原因是相当复杂的,所以这就要求班主任要区别情况对症下药。处理后进生的基本原则是要从"爱"出发,从"拉"入手,在"教"上下工夫。对后进生一定不要推,要努力达到心里相近、感情相通。当然不能迁就其错误,要严格要求、严肃教育,但一定要"严"在"情"上,"严"在"理"上,"严"在"学"上。要善于发现并肯定后进生,哪怕是很微小的进步,教师要看在眼里,促其巩固,避免反复,后进生自身也会增强自我约束力。① 只要坚持不懈、始终如一,多数后进生都能有所转变,这不仅不会影响良好班风的建立,还会给班风建设增加特殊的光彩。

三、班级组织建设应遵循的原则

(一) 有利于教育的原则

班级组织的教育性原则既表现在促进学生社会化方面,而且也表现在促进学生个性化方面。在学生全面发展的过程中,个性化与社会化是相容的。社会化不是以牺牲自我发展、自我表现为代价的,学习社会的文化、掌握社会的价值观念和道德规范同个人的学习兴趣、需要从来不是完全对立的。班级组织建设不是虚无缥缈的空中楼阁,不论是目标、机构建设还是规范、环境建设都是为了更有利于教育过程的展开,使学生更好地适应社会也更好地认识自己。

(二) 有利于学生身心发展的原则

班级组织建设的原则是有利于学生的身心发展,这就要使人们充分认识到学校培养的不是社会机器,而应是全面发展的,具有个性的"充分、自由、和谐发展"的人,这是教育的根本目标。班级组织建设也是忠于这一目标,即要充分贯彻"以生为本"的指导

---

① 孙宏顺.从绩差生入手开展班风学风建设的探讨及实施方案[J].江苏社会科学,2012(S1):132-135.

思想,以学生为主体,以学生的需要为出发点,遵循学生身心发展的规律,最大限度地满足学生的发展需要,促进其身心全面协调发展,培养学生的"主人翁意识",使其真正成为班级建设的主人。

(三)目标一致性原则

班级组织建设目标一致性原则体现在学生的社会化和学生的个性化发展两大方面。班级组织建设是班级建设的核心问题,是通过有意识地创设一个教育化的学生社会,并借助知识的传授、各种活动的开展以及组织中的人际交往来实现学生个体的社会化。在这一过程中,班级的学习目标、规范舆论和班风对学生的成长也起着十分关键的作用。另一方面,班级组织的个性化功能是按照学生的身心发展特征、水平以及差异性,通过学习、活动、交往等途径,形成并发展学生的个性,满足学生的合理需求,体现诊断与矫正的整合作用。

案例 6-3

某校初二年级的一个班里,由于原班主任人事调离,刚刚毕业的李老师接任为该班的新班主任。在接任之前,李老师从原班主任那里了解到该班存在一些"阴暗面",于是在接任的第一天她就对这些"阴暗面"进行了"曝光",并点名警告了两位"老油条",结果却引来学生的当堂起哄,要她"拜拜"。不几天,就有学生在她的座椅上倒纸屑,在她茶杯里放粉笔头。那两位"老油条"在其他课上表现很好,唯独在她这个班主任的课堂上"充分表演"。李老师感到既生气又伤心,自己的初衷本想努力管理好整个班级,不料却使效果适得其反。

经过反思,李老师认识到自己在开学的第一天就揭露班级的"阴暗面"并点名批评两位学生是十分错误的行为。中学生正处于人生发展的青春期阶段,自尊心和自我意识较强,很容易受到"青春期"(也被称为"断乳期""危险期""反抗期")情绪的困扰,这一时期是个充满矛盾困惑的时期,学生对事物的是非判别能力虽有所发展但还未发展成熟,所以很容易在理想与现实之间产生困惑。基于此,要求老师在教育学生时应格外注重方法的使用。于是,李老师改变了过去的说教填鸭式教育,她开始注重与学生之间的沟通交流,并积极了解他们的内心想法,征求他们的意见建议,使师生关系在不知不觉间拉近了很多;在平日的学习和课余生活中,她主动关心两位"老油条"的动态,在他们遇到困难的第一时间帮助其解决,两位学生的态度渐渐地有了极大的改观,他们开始与李老师谈心,成为无话不说的朋友。在李老师和全班学生的共同努力之下,班级的舆论风气逐渐走向了正轨。

本章小结

学生班级既是学校教学工作的基本单位,也是学生学习、生活的基层集体。加强学生班级组织建设,对促进学生班级规范化、明确干部工作职责,充分发挥学生干部在学生教育管理工作中的作用,具有十分重要的意义。对中学阶段而言,一个良好的班级组织可以使学生获得全面协调可持续性的发展,也对他们树立终身学习的意识有着不可估量的作用。

基于此,在本章节中侧重对中学班级组织建设做了详细的概述,在第一节中介绍的是班集体建设,首先辨别班级与班集体的概念范畴,明确班集体是班级的基本组织;其次介绍班集体的概念、特征及相应的教育作用,最后是班集体的形成与培养过程。第二节是班级建设的指导,在该节中主要侧重班主任作为班级中的"领头羊"应该如何肩负起班级建设的重任,使读者更加清晰地认识到班主任在班级建设中的作用、地位和职责,其中班主任的工作艺术是重点,也是教师应格外重视和积累的。第三节中是对班级组织建设意义、内容、原则的梳理,特别是在内容方面,从目标、机构、规范的微观层面做了详细论述,使教师的组织管理工作更加有理可依。本章的学习重点是对班级组织内容和班主任工作艺术有一个整体的把握,难点是结合案例以及课后思考题,学会对日常中的实际组织问题进行分析,并提出相应的对策。

思考与练习

1. 辨析班级与班集体的区别。
2. 简答班集体的概念、特征及教育作用。
3. 谈谈你对班主任工作艺术的理解并简要论述班主任工作艺术应注意哪些问题?
4. 请简要论述班级组织建设的内容。
5. 辨析班级组织建设的意义和原则之间的异同。
6. 材料分析。

以下是几位任课老师对一个班级纪律问题的议论。

数学老师:"二班学生一点也不听话,我没有精力管那么多,不听课就算了,他讲他的,我讲我的。"

语文老师:"二班学生要管得严,我上课他们就不敢闹,挺安静的。"

音乐老师:"我可没精力去管他们,课实在上不下来,我就去找班主任来压阵。"

接着,几位老师七嘴八舌地议论:"他们就怕班主任。""是啊,见了班主任就像老鼠见了猫。""猫一走,耗子就翻身做主人。""学生都是一样,欺软怕硬,这是规律……"

请用本章所学班级组织建设的知识分析上述现象并提出解决对策。

参考文献

1. 谭英海.班级组织建设的建构主义诠释[J].当代教育科学,2005(12):20-22.
2. 钱穆.现代中国学术论衡[M].上海:生活·读书·新知三联书店,2005.
3. 张善海.浅谈中学班主任管理艺术[J].西北成人教育学报,2012,11(6):86-89.
4. 徐维治.中学班主任管理艺术浅谈[J].管理与创新前沿,2008(9):221.
5. 李鹏举.关于新课改背景下班级管理的几点思考[J].山西师大学报:社会科学版,2012(S1):188-189.
6. 联合国教科文组织总部.教育——财富蕴藏其中[M].北京:教育科学出版社,1996.
7. 孙宏顺.从绩差生入手开展班风学风建设的探讨及实施方案[J].江苏社会科学,2012(S1):132-135.

第七章 中学班级日常管理

学习目标

1. 掌握中学班级日常管理的主要内容。
2. 掌握中学班级日常管理的实施。

中学班级管理首先面对的是日常管理,班级日常管理不仅是落实班级工作的具体环节,也是班级集体正常运作的必要条件。

第一节 中学班级日常管理内容

班级是学生学校生活的主要场所,中学生的班级生活丰富多彩,中学班级日常管理工作的具体内容也是多种多样的。中学班级日常管理内容主要包括了解研究学生、班干部队伍建设、班级教学常规管理、班级行为的常规管理、教室文化建设、班级总结评比、偶发事件的处理等。

一、了解研究学生

在日常管理中,班主任一般通过建立学生档案、班级日记、学生周记等方式了解研究学生。

(一)建立学生档案

书写简历是迅速直接了解学生的好方法,建立学生档案可从让学生书写简历开始,因为大多数学生是愿意向班主任老师介绍自己的。比如有的学生直接将自己的"简介"拟题为"老师,请你听我说……""你想了解我吗"等,学生渴望被了解和关注的程度可见一斑。做好这项工作的关键在于书写简历时机的选择和简历项目的设定。书写简历可在入学初进行,简历项目不做具体要求,给学生表达的自由。

建立学生档案也可以让学生介绍自己。在班主任对学生有了初步了解后,为更深入地了解学生,可以适当使用学生介绍自己的方法。介绍的形式灵活多变,比如可以采取个人演讲的方式,也可以通过同学互猜的方式,让一位同学写介绍自己特征的短文,并在班级交流,然后让其他同学猜猜这位同学写的是谁。

班主任在平时要注意收集学生的信息和资料,不仅关注学生的在校生活,也要关注发生在学生家庭中对学生有较大影响的事件,全面了解学生。在进行教育时,可结合学生的成长轨迹开展教育。

(二) 班级日记

班主任可在班中设置班级日记,让每个学生轮流书写本班的班级日记,把班上发生的事情,记在班级日记簿里。班级日记是学生对班中发生的事情和对每位教师教学看法和感受的记事本。学生可以在日记中,通过书面语言直接告诉班主任班中发生的各种事情,让班主任及时了解问题、解决问题。学生还可以把自己不能直接与班主任说的话,通过日记及时地向班主任反映情况。班级日记还能记录整个学期班中的好人好事或坏事,班级的学习气氛,同学之间的关系,以及学生对班主任和各任课教师的上课感受等。班级日记既给每位同学提供了练笔的机会,又能及时反映班中的具体情况,班级日记有时候就是班主任工作的一面镜子。

(三) 学生周记

班主任可以让学生每周写一篇关于自己、同学或班级一周以来情况的随笔,可以写任意话题。教师应及时了解周记内容,并能就相关问题给学生以解答与疏导,对常规问题可书面解答,对有代表性的问题可以全班提醒。

二、班干部队伍建设

班干部包括班委会和团支部。

班委会成员一般包括:班长、副班长、学习委员、劳动委员、生活委员、文娱委员、体育委员、课代表、小组长。

团支部的组成包括:团支书、副支书、组织委员。

一般新组班时,班主任可先确定课代表及主要班干部,待同学间情况熟悉后组织选举。

三、班级教学常规管理

班级教学常规管理主要包括维持正常的教学秩序、学生座位的安排、自习课纪律、考试纪律等方面。

(一) 维持正常的教学秩序

班主任对建立稳定、正常的教学秩序负有责任,应加强班级日常管理,把抓好学生的学习作为工作的中心任务,通过各种生动活泼的形式对学生进行学习目的性教育,激发学生的学习热情。教给学生正确的学习方法,帮学生制订适合的学习计划,维持良好的课堂纪律,活跃课堂双边活动,开展学生的学习互助,提高班级所有成员的学习成绩。

1. 制订学习计划

要指导学生有效、合理地安排学习时间。每天的学习计划包括早读课的安排,自习课的安排,晚自习的安排;周末学习计划安排主要是对一周学习内容的系统复习;阶段性复习计划是为迎接阶段考试(期中、期末等)安排对相关学习内容进行系统复习。

学习计划的制订应注意有效性、可行性,要体现各科目学习的平衡,对较薄弱的科目可适当多安排时间,并安排在学习效率较高的时段。若制订的计划不能按时完成,可安排第二天补上,同时考虑适当地修正学习计划。

2. 做好课前预习

做好课前预习是指了解各科目下节课要学习的内容,尽量安排对一些学科的预习,教师如提出预习要求,学生一定要做到。对较差的学科,建议做好预习,最好能写预习笔记。在上课前要做好上课的物质准备和精神准备,准备好课本、讲义、笔记本等,提前2分钟坐在座位上,想一想老师上一节课讲的内容,以及这一节课的大概内容。

3. 做好课堂管理

课堂是进行教育教学活动的主要场所。为保障教育教学活动的正常进行,必须加强对课堂的管理。通用的教育规则有以下几点。

(1) 上课预备铃响后,应立即有秩序地进入教室,做好上课准备。

(2) 保持课堂严肃,不得光脚或穿拖鞋,不得只穿背心短裤,保持教室安静,不做妨碍教学秩序和学习秩序的活动。

(3) 上课时,任课教师进入教室后,全体起立,待教师还礼后坐下。学生回答教师提问时应起立,向老师提问时应举手。

(4) 上课不迟到、不早退,迟到时应在教室外报告,获得教师允许后方可进入教室。如有特殊情况需要早退,须经任课教师批准,方可退出教室。

(5) 上课认真听讲,按要求做好笔记。课后复习巩固,有效按时地完成各项作业。

(二) 学生座位的安排

每学期开始时或阶段性考试后,学生座位的安排调整是班主任要做好的一项班级日常管理工作。学生座位的安排在一定程度上会影响学生的学习情绪、班级课堂气氛和纪律面貌。

座位编排可适当考虑下列因素。

1. 身体的高矮和视力、听力强弱

在一般情况下身材矮、视力弱、听力差的学生座位往前排,身材高、视力强、听力正常的学生座位向后排。如有的学生身材很高,但视力或听力却很弱,要作为特殊情况,在不影响后排同学视线的情况下,安排在靠前一点的座位上。

2. 学习成绩的好坏

班主任可把学习成绩好、遵守纪律的学生与学习成绩差、纪律差的学生安排坐在同桌。但这样的安排可能会造成较差同学的依赖心理,要视具体情况而定。

3. 性格的差异

可让好动的学生与文静的学生坐在一起,这样可以以"静"制"动",有利于保持良好的课堂纪律;让性格孤僻的学生和性格开朗的学生坐在一起,也有利于他们相互学习。

4. 性别的不同

中学生宜男女分桌。

为了使座位编排达到较好的效果,班主任要注意以下几点。

第一,了解学生身材、性格、学习和纪律等实际情况,科学安排座位。

在调整座位前,可听取学生对座位编排的意见,并做好思想工作,引导学生树立集体主义观念和先人后己的精神,教育学生无论坐在哪个座位上,都要好好学习,团结友爱,自觉遵守纪律。

第二,排完座位后,还要根据新出现的情况随时调整。

比如:为了保护学生的视力,防止产生斜视,同时让学生左右视力、听力和脑神经得到均衡的刺激,促进思维能力的发展,建议一周或两周班级座位循环调动,下学期可反向循环。

第三,调动座位前,让学生充分发表意见,尽量满足学生的要求。

在班主任有把握控制的情况下,座位的调动可预先告知学生,让学生充分发表意见。如同学有个人要求,让他自己去协调。在新老同桌都没意见的情况下,可按学生要求调座位。老师要能把调座位作为对学生进行认真学习、团结互助、学会与同学沟通的有利时机。

(三) 自习课纪律

自习课是由学生自行进行预习、复习和完成作业的课,是学生提高自学能力的有效途径。一般由学生自己安排,必要时教师也可在教室辅导。自习课有早自习、晚自习和平时的自习课。晚自习,走读生在家里进行,住校生在教室里学习。自习时要保持安静,不得大声喧哗,不能随意走动,如果和同学讨论问题,声音要放低,不要影响其他同学。自习课也是课,每个学生必须遵守课堂纪律,并且要加强计划性,防止盲目性和随意性。

(四) 考试纪律

考试是教育教学工作的一个重要环节。加强考试管理,严明考试纪律,维护考试的严肃性,才能通过考试准确地了解、评定学生掌握知识、能力的程度和水平,并培养学生的诚信意识和行为。无论是学校举行的阶段、期中、期末考试,还是省市、国家举行的升学考试,都必须强调学生要严格遵守考试纪律,不准用任何方式、手段作弊。

中学生考试作弊大体上分无意作弊和有意作弊两种。无意作弊多为低年级学生所为,他们或出于好奇心,或出于好胜心,借机表现自己能"帮助"较差的同学。有意作弊多为高年级的学生,他们的行为是在错误意识的支配下进行的。如为了取得较高分数,获得父母的奖励或躲避父母的指责;或者为能出人头地,满足自尊心和虚荣心;或者为表现江湖义气,以增进"友谊"等。

班主任应对学生考试作弊心理动机进行认真分析,有针对性地采取相应教育措施。

1. 重视思想教育,铲除作弊根源

考试作弊干扰了学校正常的教学秩序,对学生的品德产生了恶劣影响。学校和家庭应加强对学生的考试教育,强调考试的意义和目的,形成良好的学习风气,批评学生不劳而获的懒惰思想,使学生以作弊为耻,从思想上铲除考试作弊的根源。

2. 淡化分数观念,消除精神重压

作弊的直接诱因是为了追求高分数。应该淡化分数观念,纠正以单纯的分数来衡量教学质量高低和决定奖罚的不正确做法;同时教育学生懂得"分数"不是唯一的和万能的,只有学会学习,善于创造,才能取得成功。

3. 培养正确的是非观,抑制作弊的恶风

有的学生作弊是因为认知失调、是非不分,这就要引导其认清"哥们义气""姐妹情谊"不是真正的友谊,相互作弊更是不光彩的弄虚作假行为,从而让他们自觉纠正作弊行为。

4. 严惩作弊,根治作弊陋习

健全考试制度,对考试作弊行为及时从严处理,是杜绝作弊的一项有力措施。

四、班级行为的常规管理

班级行为的常规管理内容主要包括考勤、请假制度、升旗、校服、课间的良好行为、广播操、自行车的排放、爱护公物、学生交通管理、学生值周等方面。

(一) 考勤

班级要对学生的出勤情况进行统计,这是加强班级管理,督促学生自觉遵守纪律,培养良好班风、学风的重要措施。考勤有全勤、病假、事假、旷课、迟到、早退等。上课考勤由科任教师或班干部负责点名；自习课由班长或其他班干部负责点名；广播（课间）操、课外体育活动由体育委员或体育锻炼小组长点名。每天一次由班长或值日班长将缺课、旷课学生名单汇报给班主任。在每个学期结束时，要对每个学生全学期的考勤情况进行统计，并将其填写在学生学籍卡和成绩报告单上。

（二）请假制度

《中小学生守则》规定，学生要"按时到校，不迟到，不早退，不无故旷课"，这是维护学校正常教学秩序，建立良好校风的需要。学生因病、因事必须请假者应事先办好请假手续。请假时应有家长或医疗单位证明，详细填写好学生请假卡，写明请假时间、请假事由，并按时间长短分别经班主任或学校规定的相关部门审批。事前不能请假者，事后必须补假，否则作无故旷课处理。对无故迟到、早退或旷课者，要给予批评教育或纪律处分。

（三）升旗

中学举行的由全校师生参加的升国旗仪式，属于学校的常规例行活动，是对学生进行爱国主义教育、集体主义教育的重要手段。学校应按照1990年8月24日国家教委颁布的《关于施行〈中华人民共和国国旗法〉严格中小学升降国旗制度的通知》的规定，组织学生参加升旗仪式与有关活动。班主任应把参加升旗作为班级日常管理的重要工作。需注意，班主任应强调升旗仪式的庄严性，加强升旗仪式的纪律性，组织开展热爱五星红旗的教育活动。

（四）校服

要求中学生统一穿校服，在重要场合可根据要求穿规定式样的校服。

（五）课间的良好行为

为下一节课做好学习与生理上的准备，学生可到走廊上走走，不得追逐打闹，更不得在教学区打球。

（六）广播操

广播操要求全体同学参加，跑步进退场，队伍要整齐，精神要饱满。在进退场及做操过程中，要求同学保持安静，按体育老师的口令统一动作，动作到位，要有良好的精神面貌。要教育同学把做操作为一次锻炼、放松的机会，展现班级风貌的机会，并要求同学们认真对待。

（七）自行车的排放

按指定区域存放自行车，要求排放整齐，建议安排专人值日。

（八）爱护公物

教室钥匙由专人保管，放学或晚自习后，要人走关灯、关电扇、关空调、关窗、关门，保证教室安全。损坏或丢失学校公物要及时汇报赔偿，毕业时要如数交还教室公物方可办理毕业离校手续。

（九）学生交通管理

学校、班级要对学生进行交通安全教育与交通行为、交通工具的管理。具体做法：① 经常宣传交通法规与交通安全，不断强化学生的交通安全意识，使学生学会如何正确地走路、乘车、骑自行车。② 教师应做遵守交通法规的表率。③ 定期检查学生的交通工具，主要是自行车，做到符合交通管理部门的各项要求。④ 对交通肇事的学生，要配合交通管理部门依法进行教育或惩治；对交通事故受害的学生，要与家长一起依法进行保护。

（十）学生值周

根据各校的具体情况确定值周任务，一般是对全校学生的部分常规情况进行检查。如出勤检查、校服检查、广播操检查、中午纪律检查等。值周学生要求：① 以身作则，严格律己，发挥榜样作用。② 准时到岗，认真负责，坚守岗位，公正合理。③ 爱护值周学生牌，工作时正确佩带。班主任应重视学生值周工作，辅导并监督，把值周作为班级日常管理与学生自我教育相结合的过程。

五、卫生保健

卫生保健工作包括卫生值日工作的安排与督察、眼保健操、良好的集体卫生与个人卫生习惯的培养与检查、常见病的预防、学生身体检查等。

教室卫生要求每天打扫两次，每周一次大扫除。地面清洁无纸屑、果皮、污迹、杂物，课桌椅干净整齐，抽屉及台板上没有杂物，讲台干净整洁。黑板每节课后要擦干净，每天放学后要用水洗干净。窗台、门每天擦干净，无粉笔灰、污迹。走廊上墙壁、扶手、地面干净无污迹。水房干净整洁，劳动工具摆放整齐。玻璃每星期擦一次。天花板墙壁每星期掸灰一次。

班级卫生包干区要求每天打扫两次，每周一次大扫除。要保持包干区内整洁、无杂物。

劳动委员要详细了解教室卫生及包干区卫生要求，可利用班会对学生提出具体要求。安排卫生值日表，安排时最好以周为单位，一个小组值日一周，这样学生不易忘记。要求小组长每天对值日情况进行检查，卫生委员及老师要组织抽查。

眼保健操要求按时认真，动作到位，教室安静。

良好的卫生习惯要求同学衣着整洁，讲究个人卫生，保持桌面课本及个人物品整洁有序。

常见病的预防、学生身体检查方面，要求配合医务室做好相关宣传发动工作。

六、教室文化建设

教室是学生日常生活和学习的主要场所,教室精心的文化设计能对学生产生潜移默化的影响,有助于优化育人环境,涵养学生艺术气质,形成积极向上的文化氛围。

(一) 教室环境布置

教室要窗明几净,各种物品(桌椅、工具、书本等)摆放整齐,可适当点缀绿色植物或小饰物。环境要美观大方,格调高雅,主题突出,积极向上,有明确的集体奋斗目标或文明公约,有鲜明的班级特色。注意:① 不得在墙上直接涂画或破坏教室设施;② 力求格调高雅,忌花里胡哨和庸俗化,不出现娱乐、体育明星或动漫人物形象;③ 力求节约,提倡废物利用,提倡学生自己动手,忌花钱过多或使用过多的现成装饰品。

(二) 黑板文化

教室里一般都有两块黑板。教室前的黑板主要是供教师上课用,班主任也可以引导学生创造性地利用,如在黑板的一侧开辟"一日格言"栏,每日由值日班长写上一则格言,学生用积累本按序记好,并利用早读时间来朗读,既促进了语文学习,也为学生精神加油。格言也可以由学生自己创作,成为学生展示才华的一隅。教室后面的黑板主要用来出黑板报。班级黑板报要求主题明确,内容新颖,且有一定的教育意义,书写美观工整,板报刊头及美工设计要有创意,形式可以多样。

(三) 课桌文化

课桌是学生个人的学习领地。每个学期初,可以让学生在自己的座位上贴上写有自己的座右铭和班级管理目标、崇拜的人或班内追赶对象的纸条。每天让学生对照纸条思索一到两分钟,班级的目标会逐步地内化在学生个体的脑海中,并约束学生行为;每次考试后,让学生对着追赶对象进行比较,这样学习的过程变成了一个不断追赶他人、不断超越自己的过程,优秀的不会满足,落后的也不会泄气,充分体现了教育面向每个学生的思想;每天对着自己崇拜的名人或伟人,以他们为榜样,久而久之就成了自己的自觉追求。

(四) 讲台文化

讲台是教师讲课的主要地方,很多教室的讲台上是灰尘蒙面、一片狼藉,严重影响了教室环境。要让学生明白,讲台干净整齐、摆设美观既可以美化环境,也是对教师的尊重。比如,在讲台上摆放一盆绿色植物,既可以让学生的眼睛得到放松,让学生感到蓬勃向上的力量,培养学生欣赏美、爱护美的能力,也可以让教师保持愉快的心情。

(五) 班级日报

班级日报既是班主任日常管理的重要手段,也是培养学生能力的重要途径。班级日报的出版,使学生的能力得到提升和展示,还培养了学生对班级的责任感,促进了班级管理。班级日报可安排一定的顺序由学生轮流出版,这样不会使学生因过重的负担而影响课堂学习,还可以调动所有学生的积极性,激发他们的创造性。班级日报的栏目设置应与班级建设结合起来,可以开设班级新风、班级新闻、昨日工作总结等必备栏目,也可以根据实际情况增加一些时令栏目,如临近期末就可以增加复习专栏,帮助学生复习迎考。

七、住校生生活、学习、纪律的管理

(一) 住校生的生活管理

要求学生学会整理内务,值日生打扫地面、擦抹桌凳、清除垃圾,并负责全天的保洁工作。离开宿舍时,要关闭电灯等电器,清除电源插座上的电器。生活用品(被褥、毛巾、茶杯、水瓶、脸盆、鞋子等)按规定放置。要求铺位整洁,枕边、床上无杂物;地面干净,无垃圾,无积水。不准将饭菜带入宿舍,餐具必须在餐厅旁的水池处洗净,不得带进宿舍水池清洗。按时起床,遵守晨练制度,准时并认真参加早锻炼。

(二) 住校生的学习管理

在指定教室上晚自习,保持室内安静,不得频繁走动或大声喧哗。保持教室整洁,晚自习期间不得借故离校或中途回宿舍。

(三) 住校生的纪律管理

学生要遵守学校规定的各项制度,按时作息,服从生活指导教师的管理,支持舍长的工作。因故离宿,要经生活指导教师同意,并办理书面请假手续。在上课和自习期间不得私自回宿舍。爱护公物,妥善保管个人财物,若有失窃,及时向生活指导教师报告。

八、假期生活管理

假期生活管理主要包括以下几点。

(一) 校外学习小组的组织

一般学校会要求学生利用假期参加社会实践活动及社区服务,为做好这项工作,建议要求学生自由组合成小组,自己联系社会实践活动基地与社区服务基地。

(二) 假期作业布置及检查

假期内可根据学校统一要求安排回校日,在回校日集中检查阶段作业。

(三) 与学生联系方式的建立

建议老师要有所有同学的联系方式,假期中最好能与每一位同学联系一次。

九、班级总结评比

班级总结评比包括学期操行评定、综合素质评价、评选三好学生、优秀学生干部、班级总结等。

学期操行评定。根据学校的具体要求对学生进行操行评定，一般从思想品质、道德品质、学习品质、个人心理品质四方面对学生进行评定，操行等级分优、良、中、差，通常先组织学生学习，再要求学生结合学习对自己进行评定，然后由班干部组织对每一个同学的评定，最后班主任对同学做出总的评价。

综合素质评价。普通中学生综合素质评价主要包括道德品质、公民素养、学习能力、交流与合作、运动与健康、审美与表现等方面，分为A、B、C、D四个等级。

三好学生评选。三好学生需要德、智、体、美、劳全面发展，操行等级优秀，学习成绩、体育成绩符合学校规定，班级学生民主推荐赞成票不低于70%，任课教师认可推荐。

优秀学生干部评选。优秀学生干部要求能以身作则，严格要求自己，热心为同学服务，为多数学生拥护的团委、学生会、班委、团支部干部以及课代表和小组长，学习成绩、体育成绩符合学校规定，一般每班可评定1～2名。

十、偶发事件的处理

偶发事件指在教育的过程中遇到的事先难预料，出现频率较低，但必须迅速作出反应，加以特殊处理的事件。偶发事件的主要成因有天灾人祸、外来干扰、人际关系冲突、恶作剧、违法行为、感情障碍、性格异常等方面。

偶发事件的特点：① 偶然性。往往出乎人们的意料之外，出现的频率要比常规管理中遇到的问题低得多。② 突发性。是一种特殊的遭遇，常常和社会上的重大事件、学生家庭的重大变故或学生本人的意外境遇联系在一起，在教师缺乏足够的思想准备的情况下突然发生。③ 爆炸性。一旦发生，就会在班集体和学生个体中造成爆炸性效应。④ 紧迫性。发生偶发事件，要求班主任当机立断，抓住时机，妥善解决。

偶发事件因为有其特殊性，往往不能依靠常规的方法解决问题，而需要班主任运用高度的教育机智加以特殊处理。处理偶发事件的方法：① 控制感情，沉着冷静。偶发事件一般都是在学生情绪波动、头脑发胀的情况下发生的。班主任在处理偶发事件时必须控制感情，做到沉着冷静。② 了解情况，掌握分寸。在偶发事件发生之后，班主任要注意调查研究，了解事件发生原因，然后再审时度势采取灵活的教育方式。③ 依靠集体，尊重学生。班主任要善于依靠集体的力量，运用集体的舆论来处理偶发事件，使全班同学从偶发事件中受到教育。另外，班主任要信任学生，尊重他们的人格，圆满地处理好偶发事件。

知识卡片 7-1

这些班级日常管理工作你做好了吗?

根据工作周期,中学班级日常管理可以分为日常规工作、周常规工作、月常规工作、学期常规工作。

(一)日常规工作

1. 每天到班级关注学生的身体、学习、生活与精神面貌,了解、关心班级情况。

2. 检查班级学生出勤情况,学生缺勤及时了解原因,并与学生家长取得联系,同时向教导处汇报。

3. 检查、督促班级卫生,及时给予表扬或批评,做好教室、包干区的保洁工作。

4. 升旗仪式、广播操应按时到班督促学生整队,做到静、齐、快。

5. 观察班级公物保管情况,发现损坏及时调查、教育和处理。

6. 每天关心班级学生衣着,佩戴胸卡、红领巾、团徽等文明守纪情况。

7. 每天检查班级日志记录及班级手抄报出版情况。

(二)周常规工作

1. 每周到学生寝室不少于一次,检查寝室纪律和内务。

2. 多深入班级,按计划找学生谈心、沟通,要有记录。与有特殊情况的学生及时交流,做好个别教育。

3. 加强与任课老师、学生家长的联系。

4. 每周布置学生写周记,认真批改,做好与学生的思想交流和心灵的沟通。

5. 每周利用班会课对班级情况进行小结、讲评。

6. 上好每一节班会课,班会要主题突出,形式多样。

7. 每周四安排学生对教室、包干区、寝室进行卫生大扫除。

8. 每周教育学生上好晚自习,了解、关心学生的学习状况和作业完成情况,及时与任课教师取得联系。

9. 加强学生的法制、安全教育工作,确保班级不发生大事故和违法犯罪事件。

（三）月常规工作

1. 每月至少召开一次班团干部会议及宿舍室长会议，并做好记录。

2. 组织不少于一次的主题班会。

3. 准时出席班主任会议。

4. 至少进行一次班级状况分析，并研究落实对策措施。

5. 具体落实并开展家访工作。

（四）学期常规工作

1. 学期初工作

（1）制订班主任工作计划，做到计划周密、目标明确、措施切实可行。

（2）组织学生出好第一期黑板报，及时布置好教室。

（3）做好充分准备，开好第一个主题班会。

（4）做好学生稳定工作，加强学生一日常规等方面的行为规范教育，并制定班级公约。

（5）学生证、胸卡的办理工作。

（6）确立临时班委会的组成。

（7）学生到校第一周，班主任晚上应多次到班。

（8）提出、确立班级奋斗目标，指导落实学生个人学期规划，做到实在、明确、可行。

（9）设立学生档案，确定班级每位学生的联系方式。

2. 学期末工作

（1）教育学生正确对待考试，组织学生复习迎考，参加期末考试。

（2）完成班主任工作小结，包括班主任工作计划执行落实的情况和工作体会、经验及存在问题。

（3）根据学校要求，组织三好学生、优秀学生干部、精神文明标兵、文明班级、文明宿舍等先进个人与先进集体的评比，充分发挥评选过程的教育作用。

（4）完成学生评语，填写素质教育报告书或成绩报告单，完成学生成绩汇总、操行评定等工作。

（5）整理分析学生档案，及时做好后进生的转化和违纪学生的帮教工作。

（6）上交《班主任工作手册》《班级工作日志》等有关资料。

（7）做好班级各项费用的收支清算工作，向全班公布支出和结算情况。

（8）组织学生制订假期学习生活计划，安排组织好假期生活。

第二节　中学班级日常管理的实施

班级日常管理中,班主任要遵循班级管理的规律,通过各种班级活动,运用指导、组织、监督和激励的手段和方法,促进班级管理活动的实施。中学班级日常管理实施中,要明确班级日常管理目标,建设班干部队伍,同时注意在管理中及时反馈,严格奖惩。

一、明确班级日常管理目标

班主任要了解日常管理的内容与要求,和学生一起制定班级日常管理的目标,使班级日常管理工作有目标可依,有目标必依。

（一）制定班级目标

首先要制定班级整体奋斗目标,如建立一个具有良好班风、学风、团结向上的班集体,争取获得"校三好班级"等。班级目标要切实可行,留有余地,具有班级特色。同时,要求每个学生根据自己的特点,提出自己的奋斗目标,将个人目标和班级目标结合起来。

（二）制定《班级公约》

《班级公约》是班级组织、工作、生活等规章的总汇,具有影响和决定班集体建设的功能。《班级公约》可以包括序言、总纲、权利和义务、组织机构、班级工作常规、班级活动程序、检查评估等一整套内容。序言：写明班级理念、制定本公约的目的;总纲：规定班级的权力机构、班级工作原则、班级培养目标等根本制度和根本任务;权利和义务：规定班级成员享有的权利和应履行的义务;组织机构：包括班委会、团支部以及其他班级事务岗位等;班级工作常规：包括每日常规、每周常规和每月常规;班级活动程序：包括班级活动的组织原则、要求、一般组织程序及若干个常规活动规程;检查评估：包括规定督察小组职权、班级活动评估、班委会工作评估、班委成员评估、评优规程等。

《班级公约》建议让全体学生共同参与制定。可以使学生明确制定公约的必要性、重要性;让学生懂得制定公约的最终目的是营造良好班级环境、培养健康个性、全面提高素质;让学生懂得制定、修改和完善公约的过程是教育自己、锻炼自己的过程;使学生更愿意遵守公约。

在制定《班级公约》之前,班主任应认真做好动员工作,在为什么要制定公约,公约应具备怎样的功能等方面要讲清讲透,激发学生参与的兴趣。由班委会牵头组织同学召开会议,拟制各个条款,条文要反复修改,仔细斟酌,完成初稿。班主任要对初稿全面审阅,包括班级体制的确立、章节条文的协调、语言文字的修改润色等。特别是班级体制的框架,班主任务必把好关,以保证其科学性、前瞻性、灵活性。然后将初稿印发给学生,广泛征求意见,分章修订后再合成,最后将公约交付学生审议并表决,一般需有五分之四的班级成员赞成,公约方可生效。教师在此过程中应发扬民主,多加引导,切忌强制,否则有违制定公约的初衷。

由于公约不能概括班级生活的全部,也不可能预见实施中变化的所有情况,所以面对新情况、新要求时要进行修订或新增条文。《班级公约》通过以后,要严格执行,并用奖惩措施保证其实施,充分发挥其规范、教育、管理的作用。

(三)制订班级工作计划

计划具有规划、导向、激励作用,制订班级工作计划有利于协调各方面、各因素之间的关系,有利于统一师生行动方向。

班级工作计划要根据学校工作计划要求和班级学生的实际情况制订,班级工作计划包括学校工作要求和本班工作目标两个层次。班级工作计划要反映以下几个方面的措施:一是大型活动的开展措施,如运动会、春游、主题班会等;二是经常性和制度化活动的开展措施,如课堂教学、落实常规、家校联系等方面的措施;三是根据班级特点的有针对性活动的开展措施。

班级工作计划制订基本步骤:① 了解学校工作计划的基本精神和本班学生的实际情况。② 计划形成初稿,再由师生共同讨论、修正。③ 计划定稿,指导、激励和督促学生实施。④ 实施过程中,要根据情况变化,及时进行调整。

二、建设班干部队伍

班干部队伍是落实班级日常管理的关键。为保证日常工作的正常开展,新组班开学第一天就要将主要班干部、课代表、劳动委员落实到位,劳动委员要及时安排好卫生值日表。一般可先根据入学成绩及学生的综合表现暂定班干部,一个月内进行班委会、团支部的组建。

选择班干部的要求:① 愿意管。对学生进行集体主义、责任心教育,要求班干部在班级管理中要积极承担责任,有管理的意识,并乐于锻炼自己的沟通、协作、组织能力,提高自己的综合素质。② 敢管。不要有怕得罪人的想法,同时要注意与同学交流的方法,友善地与同学沟通。③ 会管。要对班干部进行培训。既让班干部明确自己的职责,也要让班干部知道自己日常工作中该做哪些具体的事,如何做好自己的工作。如劳动委员每天早上要检查教室卫生,课间不定期对教室进行巡查,发现问题及时提醒,晚上要检查值日到位情况。在大扫除时,值日小组长要在上周末提醒下周值日的同学,每天及时提醒同学值日,并在值日生不到位的情况下及时调度、做出批评、做好值日记录,在需要时向班主任汇报。在学校组织的卫生检查中如被查出有问题,请相关责任人对此事做出解释,如座位下的纸屑,劳动小组长、保洁员、该座位上的同学均要对此事做出解释,并记入班级情况记录。同时要在全班进行教育,提醒同学们以后值日时要注意。

(一)明确班干部职责

班长的职责:① 对班级工作全面负责,以身作则,团结班委,凝聚同学,带领全班同学遵守中学生守则,遵守学校各项规章制度,搞好班级建设,使本班形成一个遵守纪律、团结向上、勤奋学习、朝气蓬勃的集体。② 了解掌握本班同学的思想、学习和生活情况,发现问题及时解决或向教师反映,配合班主任和团支部做好本班学生的思想政治工作。③ 指导、督促、检查并协助班委会的工作,定期召开班委会工作会议,定期向班主任汇报工作。

副班长的职责:协助班长抓好全班各项工作;按要求分管班上的一些具体工作,如生活、卫生、劳动、出勤、纪律和住校生管理等工作。

学习委员的职责:经常了解班级同学的学习情况,帮助同学解决学习上的困难;及时向班主任、任课教师反映学生对教学的各项建议,加强学生与教师的联系;督促和指导各科课代表的工作;计划并组织班级有关学习方面的活动,如兴趣小组,各种学习竞赛等活动。

文娱委员的职责:组织开展班级文娱活动,丰富同学业余文化生活;组织班级同学参加学校的各类文娱活动。

体育委员的职责:协助体育老师上好班级的体育课;组织开展班级体育活动,并组织班级参加学校的各类体育活动;负责好班级广播操的正常开展。

生活委员的职责:关心和了解同学生活中的困难,并积极向教师反映,努力寻求解决的办法;做好班费开支的账目记录工作;搞好班级、宿舍卫生的督促检查工作。

劳动委员的职责:认真督促值日生做好教室、包干区的卫生,并监督执行;组织参加学校安排的劳动活动;做好班级集体活动的安全管理工作。

宣传委员的职责:搞好班级的黑板报宣传活动;负责安排、督促和指导同学出板报;做好班级的图书管理工作。

团支书的职责:做好班级团支部建设;做好团员的管理,发挥团员的先锋模范作用;监督班级的各项管理工作。

组织委员的职责:负责收团费,积极发展新团员,管理本班团员档案。

课代表的职责:负责各科作业本的收发,并及时将作业情况反馈给任课教师、班主任;帮助任课教师做好教学准备,如拿实验器材等;负责任课教师与同学间的沟通。

小组长的职责:主要负责收作业本。由于收作业本量太大,建议每位同学负责一门功课作业本的收发,并担任相应科目的小组长。如从第一排向后分别为语文、数学、英语、物理、化学、历史、地理等小组长。

知识卡片 7-2

班干部全员制

所有学生都有机会作班委,参与班级管理。这样能使班级内部管理参与面大,有竞争,让所有同学都能体会管理的意义和难度,并分担集体工作,充分发挥每个学生的潜能和才干,做到自己的事情自己做,大家的事大家管,人人有事做,事事有人管。

具体做法是,在与学生接触时了解学生想当什么班干部,在组班时可按学生的要求安排其担任相应的职位,当然也可以适当调整。如劳动委员是最苦最累的,还容易被发现工作中存在的问题,若有四位同学想当劳动委员,就安排四位劳动委员,让一个劳动委员负责一周,四人轮流负责,这样做既可减轻只有一个劳动委员的压力,还可以让四个人带领四个小组展开竞争,可大大提高工作效率。开展各项活动一直是班主任较头疼的事,若设置5~6个文娱委员,如要搞班级文娱晚会,要求每个文娱委员负责1~2个节目,并对所组织的节目进行评比。高考科目的课代表可配两名,实验较多的学科可配三个课代表,一个负责作业本,两个负责实验仪器。总之,合理分配班级的所有同学到各自的工作岗位,一段时间可根据实际情况及学生要求进行适当调整。

班干部全员制可增强同学的主人翁意识,所有的同学在班级管理中能力均能得到一定的提高,学生的组织能力、合作能力在班级活动中也得到提升。但要防止出现"三个和尚没水喝"的现象,班主任要明确各自分工,提高工作效率。

案例 7-1

两套班委会轮流上岗

班级管理中,如果一套班委会长期从事班级管理工作,可能会出现"疲软"现象。因此,可另外组建了一套新的班委会,其组成委员严格依据标准从全体学生中选拔任用或进行民主竞选。两套班委会不能同时作用于班级管理,通常是轮流"上岗执政"或"竞争上岗"。

> 经过仔细考察和民主选举,班内分别成立以两位班长为代表的班委会,所有班委成员接受全班学生的监督与考核。在每周的班会上,由执政的班委会主持班会内容,历数上周班级各项工作的开展情况,班主任只起到旁观点评的作用。这样班主任把管理权利真正下放到学生手中,让他们充分履行自身的职责,从而营造了"自我管理"模式的良好局面。经过大约一个月的实践锻炼,执政的班委会成员"集体下课"一次,由另外一套班委会的成员来接替其行使职责,继续为教师和学生们服务。两个月下来要求同学们对两套班委会的工作进行评议,指出其优点与不足。若某套班委会中途不能胜任班级管理工作,可考虑提前下岗,然后再重新组建。
>
> 两套班委会轮岗制度实施以来,班干部的责任心普遍提高,竞争的意识和不服输的劲头促使他们努力工作,班干部基本上能够从自身做起,从点滴小事做起,切实起到模范带头作用。

(二) 值日班长制

这是目前大部分班级推行且行之有效的班级日常管理方法。值日班长可由班干部轮流担任,也可以按学号由所有同学轮流担任。班主任赋予值日班长一定的职责,一般为一天的常规管理,并对一天的值日情况进行记录。值日班长要把重大问题(如较多同学不做作业)及时告诉班主任,并记录当天的班级日记。

班级日情况记录

关于班级值日情况记录的说明:

(1) 所有班级记录请值日班长通知到当事人。

(2) 值日生到班为7:20,请卫生委员做好督察工作。

(3) 早上7:30,请值日班长到讲台前,督促同学们检查作业,记录迟到同学名单。

(4) 第一节课下课,请所有课代表将作业未交同学名单交学习委员及值日班长。如作业收不上来,请立即通知班主任。

(5) 上、下午的眼保健操时间,请值日班长站到讲台前,及时提醒同学们做眼保健操。

(6) 中午请值日班长到讲台前,提醒同学们午休,并对班级情况进行记录。

(7) 做操情况请体育委员安排,并将情况及时登记。

附：

_____班日情况记录
_____年_____月_____日 第_____周 星期_____
值日班干部_____

早上迟到情况 （请注明迟到学生的到班时间）		
未穿校服的情况		
自行车摆放情况		
作业情况	语文	
	数学	
	英语	
	物理	
	化学	
做广播操情况		
做眼睛保健操情况		
中午	迟到	
	早退	
值日班干部情况	早上	
	中午	
	晚上	
	课间	
课堂情况	上午	
	下午	
值日班干部情况		
班级整理情况		

（三）班干部例会制

班干部每星期或每月集中一次，讨论班级存在问题，提出改进意见。对一段时间以来班干部管理不到位的情况进行通报批评，指导班干部如何进一步开展工作。

三、班级日常管理及时反馈，严格奖惩

班主任要及时了解班级日常管理情况，对存在问题进行点评。班级点评时以表扬为主，对普遍存在的问题提醒同学们注意。对严重违纪现象可点名批评，班主任要慎

用点名批评,以免引起学生的逆反,在与学生建立了较信任的关系后,可适当使用。对班级中的违纪现象班主任用得较多的是个别谈话,个别谈话要注意了解学生违纪的原因,给学生申辩的时间和空间,以肯定学生为主,但要帮助学生从多方面分析自己的不足,分析犯错的原因,帮助学生制订改进计划。如校服问题,有些同学认为校服缺乏个性,有些老师就让不愿意穿校服的同学从一个旁观者的角度来观察,在集体场合个别同学服装的不同会给视觉上带来什么样的效果,注重引导学生自觉穿校服而不是简单的强制要求。有些同学不交作业,一般会有下列几种理由:① 不会做。② 忘记做。③ 不知道这一科有作业。④ 忘在家里。其中第四种情况是最多的,其实极可能是②、③两种情况的推托。有些老师是这样做的,在班上指定小先生,并公布他们的联系方式,如有不会做的题可请小先生帮忙。对较差的同学让他们自己选同桌,让其与同桌组成一帮一小组,请同桌帮助他,提醒他完成作业。对忘了带作业的同学,班主任(或安排班干部)晚上打电话提醒他第二天带作业。不管哪种情况都要督促同学补交作业。

中学生心理发展、思维能力、个性都较强,经常性的谈话、责备可能会引起学生的反感。建议可这样处理:① 每周利用班会进行班级工作小结,表扬可点到个人,批评以不点名为主。② 做一个煽情者,班主任可极尽所能,鼓动学生遵守纪律,可引经据典,尽情煽情。③ 建议每次的班级违纪记录均告知当事人,如他申辩,可将理由如实填写,中学生的自尊心很强,告知他错了,他会自责的,连续几次的提醒也会令他反省。班主任一段时间后可查看记录,对情况严重者,可找其谈话。

慎用处罚。处罚要与思想教育工作配合使用,处罚的方式最好由学生讨论形成决议,以后参照执行,可将平时表现与操行评定相结合进行处罚。如对学生迟到的处罚,可请迟到的同学班会课时表演一个节目,或同学放学后留下补早读,或请同学为班级做一件实事。同学做操不认真,处罚可以是请同学到前面领操,也可以请同学补跑步。提供几种处罚方式,让学生选择。需要注意的是,所有的处罚要适可而止,绝不能伤害学生自尊。

四、中学班级日常管理中要注意的问题

(一)中学班级日常管理要坚持人性化

以人为本是教育发展观的核心理念,以人为本的管理强调以人为核心,要求激励人、关心人、尊重人的价值和能力。班级日常管理应强调尊重学生的独立人格和尊严,要相信学生,激发其创造性、积极性和主动性,促进学生的全面发展。

案例 7-2

常规"温馨提示"

　　同学们,新的一天又要开始了,老师祝同学们在新的一天里轻轻松松学习,快快乐乐生活。为了让同学们充实、愉快地过好每一天,下面是老师给同学们的一点提示。

　　1. 早上 7:30～7:50

　　为了能让我们在更加干净、舒适的学校里学习、生活,请值日生认真打扫包干区,并由值日班长检查个人卫生情况。

　　2. 7:50～8:25

　　同学们,一日之计在于晨,早自习开始了,让值日班长带领你们早读吧。

　　3. 10:25～10:30

　　保护眼睛是对我们自己的身体负责,现在是眼保健操时间,请检查一下自己做眼保健操的姿势正确吗?

　　4. 12:00

　　午饭的时间到了,请生活委员赶紧安排抬饭吧!别把同学们的肚子饿坏了。吃完饭后,别忘了把饭笼拿回食堂去。

　　5. 12:10～12:50

　　午饭后,休息一会儿。现在,你们可以开始自由活动了,活动方式可以自由选择。

　　(1) 小组听写字、词、句。

　　(2) 看课外书摘录好词好句。

　　(3) 练练字。

　　(4) 画一画自己喜欢的图画。

　　(5) 订正一下做得不好的作业。

　　(6) 做自己喜欢的游戏。

　　启示:在这份"温馨提示"中,使用了充满个性化、人情味的语言,让学生感受到的不是强制和冰冷,而是亲切和温馨,尊重和爱护。

(二) 中学班级日常管理要实现制度化

　　班级管理制度是为了保证班级管理活动的顺利进展和班级管理绩效的不断提高而制定的行为准则。

中学班级日常管理实现制度化时,要注意以下几点。

首先,一致性与特殊性相结合。一致性是指指定的班级日常管理制度必须与学校的各项规章制度保持一致,制度的制定要体现教育方针、中学生守则、学校及班级培养目标的规定要求。特殊性是指必须根据各自班级的实际情况、现实要求,制定出各自富有特色的行为准则。这些规章制度要紧紧围绕学生基本生活习惯行为、文明语言举止行为、校内外的学习行为、纪律道德行为等,使日常管理制度化。同时要根据形势的发展变化,不断充实新的内容,使管理制度富有活力,具有引导作用。

其次,民主性与科学性相结合。科学性是指班级日常管理制度必须符合学生身心素质发展的内在规律和班级教育管理的客观规律。民主性是指要激发并要求学生参与到制定制度之中,让全班同学都参与班纪、班规、班级公约的制定讨论,使他们能以主人翁姿态来关心、了解自己的班级,明确自己在班级中的地位和应承担的责任。

第三,稳定性与发展性相结合。稳定性是指班级管理制度必须相对稳定,不能朝令夕改,使学生觉得无所适从。好的班级日常管理制度,要使全班学生理解、熟悉、掌握,并把它变为自觉行为,养成习惯,形成良好的班风。发展性是指班级管理制度不能一成不变,要随着班级教育管理活动和全班学生身心素质的发展,有所修改,有所补充,有所完善。

第四,权威性与情理性相结合。权威性是指班级管理制度在规范学生的行为表现方面,要赏罚分明、公平公正。该奖的一定要大力表扬,该罚的一定要公正执行,班主任要不徇私情,才能取信于学生,确保日常管理制度有效实行。情理性是指班级管理制度要考虑到全班学生的认识态度、情感活动及其接受能力。

此外,中学班级日常管理制度的文字表述力求简明扼要,便于学生记忆掌握,也便于执行考核。所定的规章制度要多从积极方面鼓励,避免以消极方面限制防范,不应当简单地与"禁令""处罚"画等号。规章制度一经制定,就要坚决执行,不能随意放松要求。

(三)中学班级日常管理要保持灵活性

班级日常管理中对待不同的学生要采用不同的管理方法。由于家庭环境、社会环境、自身经历的不同,中学生之间存在着很大的差异,不同的学生需采用不同的管理方法,因材施教。

班级日常管理中难免会出现一些冲突,班主任要灵活对待,学会妥协。正如日本教育家佐藤学所指出的:"冲突与妥协,冲突与妥协,冲突与妥协……如此循环往复,可以说是课堂生活的特征。可以认为,课堂是从事日常教学,完成某些活动,实现某种价值的场所,不过在这个过程中也是遭遇重重困境,穷于应付,并且不得不作出某种妥协的场所。教与学这一活动,是通过无数的冲突与妥协才得以实现的,它绝不是作为理想环境中的纯粹的过程展开的。"中学生自制能力较差,激化矛盾不利于问题解决。日常管理中的妥协并不是无原则,是给学生冷静的空间,是班主任的爱心和气度,是缓解冲突、解决问题的策略。

(四) 中学班级日常管理要重视参与性

班主任在班级日常管理中要重视班级成员参与管理,发挥其主体作用。现在的中学生自主意识较强,他们是班级的被管理者,也是管理者,一旦他们真正参与管理,班级的发展将获得强大的原动力。一个班级,如果只有管理者的积极性,只靠管理者单枪匹马的"管理",没有学生的积极参与,班级管理不可能有高的工作效率和好的工作效果。

首先,班主任要增强民主意识,切实保障学生主人翁的地位和权利。学生既是教育的客体,又是教育的主体。因此,班主任应把学生视为班级的主人,应该让全体学生进入自己工作的决策过程当中来,使他们了解班级工作的各个环节,明确自己应该承担的各种义务。

其次,必须及时采纳学生的正确意见,接受学生的监督。班主任不能搞一言堂,切忌家长作风。自己提出的合理意见和建议能不能被采纳,是影响学生主动性和参与意识的重要因素。当他们的合理意见和建议得到肯定并得以实施时,就会产生一种满足感,其主动性和参与意识会得到进一步强化。

第三,发展和完善学生的各种组织,逐步扩大班委会等组织的权限。班级各种组织机构的干部成员都应该让学生民主选举产生,并授予他们进行管理的权力。不要随便进行干预,当他们遇到困难时,要予以帮助,但不要代替。要让他们大胆开展工作,锻炼和提高他们独立工作的能力,使他们成为班主任得力的助手和班级集体的核心力量。

班级日常管理应该有三个层次的管理者。

一级管理者是班主任。班主任的主要管理职责是选定二级管理者(班干部)和三级管理者(组长);并和学生们共同商定他们的管理职责和工作方法;监督二、三级管理者的工作;处理二、三级管理者确实处理不了的问题。

二级管理者是班委(或团队干部)。他们的主要职责是做好自己分内的工作,监督、帮助三级管理者(小组长)的工作,处理小组长解决不了的问题,自己解决不了的,报告班主任。

三级管理者是小组长。他们的主要职责是做好分内工作,提醒本组同学做该做的事情,不做不该做的事情。

(五) 中学班级日常管理要追求艺术性

管理既是科学,又是艺术。管理活动是处理和协调人与人之间关系的社会活动,管理主体是人,人是有思想、有意识的高级社会动物。虽然管理活动必须遵循客观规律办事,但是管理者在应用管理理论指导管理实践时,不可能像自然科学应用其定理和公式去指导自然科学实践那么"刻板"和"一丝不苟",而是要求管理者在管理实践中灵活多变地运用管理理论进行具体问题具体分析,体现管理的艺术性。

中学班级日常管理内容繁多、琐碎,占用了班主任大量的时间和精力。管理的艺术性可以使管理工作举重若轻,事半功倍。管理的艺术性是班主任经验和智慧的体现,需要创造和灵感,是班主任和教师不断追求的理想状态。

本章小结

中学班级管理首先面对的是日常管理,班级日常管理不仅是落实班级工作的具体环节,也是班级集体正常运作的必要条件。中学班级日常管理内容主要包括了解研究学生、班干部队伍建设、班级教学常规、行为常规管理、教室文化建设、班级总结评比、偶发事件的处理等。班级日常管理的实施中,班主任首先要制定日常管理目标,使班级日常管理工作有目标可依,有目标必依。其次要致力于班干部队伍的建设,班干部队伍是落实班级日常管理的关键。同时,班级日常管理及时反馈,严格奖惩,表扬为主,慎用惩罚。为了班级日常管理顺利、高效的开展,中学班级日常管理要坚持人性化,实现制度化,保持灵活性,重视参与性,追求艺术性。

思考与练习

1. 中学班级教学常规的主要内容。
2. 中学班级行为常规的主要内容。
3. 中学班级日常管理如何实施?
4. 班级日常管理中注意的问题。

参考文献

1. 张海钟.中学班级管理[M].成都:西南交通大学出版社,2015.
2. 班主任工作策略编写组.班主任工作策略[M].北京:世界图书出版公司,2011.
3. 孙玉洁.中学班级管理理论与实务[M].哈尔滨:黑龙江人民出版社,2002.
4. 王鹰等.班主任工作技能训练[M].北京:人民教育出版社,2001.
5. 崔晓航.班主任的理论与应用[M].沈阳:辽宁人民出版社,1996.

第八章　中学班级活动管理

学习目标

1. 理解班级活动的含义。
2. 初步了解班级活动的特点。
3. 领会班级活动的意义。
4. 结合实际，了解班级活动的类型。
5. 掌握组织开展班级活动的原则，并加以应用。
6. 学会班级活动的组织与实施。

教育家马卡连柯说，"集体并不等于一群人，而是一个有目的的组织进行活动的机构，是一个有活动能力的机构。"在他看来，班级要成为一个真正的集体，离不开活动。由此可见，丰富多彩的、有效的班级活动，是学校教育活动的重要组成部分，是班级教育的经常性的形式。班级管理是通过各种活动实现的，组织开展各种各样的活动则构成了班级管理的重要内容。本章主要内容包括班级活动的概念、意义，班级活动的类型，开展班级活动所遵循的原则，班级活动的组织和实施等方面。

第一节　班级活动管理概述

一、班级活动的含义

活动，是人类存在的基本方式。每一个班级的形成与培养都不可能在静止的状态下进行和完成，而是在活动的状态中逐渐形成和发展的。离开了活动，班级就没有生机和活力。那么，什么是班级活动呢？

一般认为，班级活动是在班主任的引导下，为了实现教育目的和教育目标，促进班级建设，由班级成员参加，有目的、有计划地开展的各种活动的总称。班级活动是班主任对学生集体和个体进行教育与管理的基本途径。班级活动是班主任组织和建设班集体的一种形式，也是学生个体成长、发展与自我教育的一种行之有效的方式。因此，班级活动是班级管理的最重要内容。

班级活动不同于班级中学生个体或小群体自行组织的各种活动，因为班级活动是在班主任的引导下，由班级集体围绕某种特定的教育目标，根据需要和实际情况，有目的、有计划、有组织地进行的集体活动。班级活动作为一种教育教学活动的补充形式存在，其教育性是区别于其他活动的关键所在。同时，班级活动是以班级中学生为主体进行的，而不是班主任、其他教师、学生家长等。班主任等在班级活动中只起引导者、帮助者的作用，而不能对班级活动中学生的主体地位和作用进行"越位"，更不能包办代替。

我国《基础教育课程改革纲要（试行）》中规定："从小学至高中设置综合实践活动并作为必修课程。"班级活动与综合实践活动有许多共同之处。二者都是采用活动的形式，都是为培养学生发展而服务。因此，有的活动既是班级活动又是综合实践活动，并行不悖。但是，二者也有区别，综合实践活动是一门必修课，是我国课程体系的重要组成部分。

二、班级活动的特点

班级活动作为学生健康成长的重要途径，它有着不同于其他教育活动的特点，主要表现在以下几个方面。

（一）班级活动具有自主性特点

由于班级活动的主体是学生，所以班级活动多以学生的兴趣安排活动内容，结合学生的生活条件与经验选择班级活动的形式，同时还允许学生个人按照自己的兴趣、爱好和特长进行选择，将选择权完全交给学生。只有这样才能培养学生的主动性、独立性、创造性，才能发展学生的个性、培养学生的特长。因此，在班级活动管理中要充分发挥学生的主体作用，让每一个学生都自愿参与其中。无论从班级活动的选题，还是在组织、设计、实施以及评价中，都要让学生自己积极主动参与，使学生真正成为班级活动的"主人翁"。只有这样开展的班级活动才会符合学生的认知水平和心理特点，贴近学生的真实生活，才能具有教育性，才能避免班级活动出现内容泛政治化、泛社会化的倾向，只有这样，班级活动的形式才能避免空洞的说教，避免成人化、程式化的倾向。班级活动要采用学生可接受的、喜闻乐见的形式，从而让活动充满童心、童真和童趣。所以，班主任要想办法调动每一位学生的积极性，尊重学生的兴趣、爱好，鼓励学生自主确定活动目标、活动内容和活动形式，让全班学生都投入班级活动中去，为学生的个性化发展创造空间。

> **知识卡片 8-1**
>
> **放手把活动交给学生**
>
> 很多班主任都不敢放手让学生自己组织活动,每次活动下来,自己总是累得半死,而学生也索然寡味,怨声阵阵。这是由于班主任没有考虑学生的思想心理状况,只依照自己的主观愿望行事,往往事与愿违,达不到预期的活动效果。班主任要相信学生的能力,充分发挥学生的智慧,从活动的策划、组织到开展都尽可能地交给学生,使学生感受自身的成就和价值。当然,对学生提出的但没被采纳的方案,班主任要及时处理,也要进行鼓励,并建议他们积极协助活动的开展。在活动中班主任应尽量多鼓励、少批评,多指正、少指责,多参与、少旁观,发挥学生的个性才能和创造能力,调动学生的参与激情,使他们乐于开展各种班级文化活动。[①]

(二)班级活动具有教育性特点

活动和人的发展关系已为心理学所证明,开展多种形式的班级活动,对学生全面健康成长有着特殊的重要影响。班级是学习共同体、发展共同体和生命共同体,班级活动承载着育人的功能。班级活动有着广泛的教育内容,其教育意义不再单纯局限于对学生进行思想教育,更有全面促进学生健康成长的一面。如"一起动手,美化我们共同的家"活动中,不仅可以培养学生的动手实践能力,积极引导学生尽可能从自己现有身边的材料做起,让学生树立环保、节约意识;一起动手,共同劳动,可以培养学生的集体主义观念,培养他们的主人翁意识。同时,让学生自己动脑出"点子",充分发挥学生的聪明才智,通过互评与自我反思,认识到自己的长处与短处,从而确定奋斗目标,并为之而努力,还可以促使学生之间加强交流协作,树立自信心等。总之,活动寓教,不是为活动而"活动",它可以促进学生健康主动地成长,让丰富多彩的活动成为学生的一种体验感悟。因此,一次成功的班级活动,具有综合育人的教育功能。

(三)班级活动具有实践性特点

参加丰富多彩的班级活动,不仅要看、要听、要想,而且要说、要写、要做。社会实践、社区服务、劳动、参观、访问、文艺、体育、科技活动都要身体力行,从活动的准备到活动的进行都可以得到一系列的学习、锻炼机会,从而提高自己的实践能力。班级活动的这一特点,与课堂教学相比更侧重于所学知识的运用,并在运用的过程中学习知

---

① 张万祥,席咏梅.破解班主任难题[M].福州:福建教育出版社,2007:125-126.

识,强调在学中用,在用中学。要求学生不仅仅在校内课堂上,还要在校外,都能将自己所学的知识、技能、技巧和生活经验,在与同学的交往、参与集体或社会活动的过程中充分运用。所以,这在一定程度上弥补了课堂教学的某些不足,更有助于学生实践能力的培养和提高。

(四)班级活动具有开放性与时代性特点

在社会生活瞬息万变和生活高度信息化的时代,学校和班级不再是完全封闭的环境,班级活动如果从内容到空间都不向社会生活开放,那么班级活动的教育意义就没有实效与成效,造成教育与社会相互脱离。因此,班级活动应该具有开放性,应与时代发展密切联系,社会的进步、时代的发展在班级活动中应得到具体体现,如开展"星空探秘""做个网络时代的小达人"等活动。班级活动的开放性与时代性,一方面是指活动内容与生活实际的联系,与学生生活经验的联系。另一方面是指在活动形式上实现几个开放:一是向校内开放,兄弟班级之间,不同年级之间,通过班与班之间的联系,提高跨班级活动的程度;二是向家庭和社会开放,通过家校联系,使教育形成更好的合力;三是向社会开放,让学生主动参与社会实践活动,密切与社会联系,增强学生时代感。

(五)班级活动具有灵活性特点

班级活动的内容、形式、时间、规模、场所等,灵活生动,不拘一格。活动的内容众多,丰富多彩;形式十分活泼,讲求实效。活动的参加人数可多可少,时间可长可短,方式可以集中也可以分散。根据学生的年龄特征、知识水平、兴趣爱好、才能特长以及现实条件、指导力量等,可采用多种多样的形式,如做模型、采集制作标本、搞社会调查等。就连活动质量效果的检查评定的方式方法也是多种多样的,其中最多的是汇报表演、娱乐竞赛、成果展览、举行讨论会和报告会等形式。

案例 8-1
在五彩斑斓的环境布置中促进孩子的成长

(1) 人人参与,择优录取

明确了每一组的任务和要求后,我们又开展了教室设计的比赛,发动每个学生设计布置方案。我和几个班干部组成一个"临时董事会",举行了一次招聘仪式。每一个人都可以根据自己的爱好和自身特长,和其他人进行优化组合,然后前来应聘。当然还必须谈一谈,如果你被聘用了,你准备如何布置这一板块的内容。"临时董事会"根据大家的计划、方案,择优录取,并颁发上岗证书。同学们争先恐后地报名参加,生怕错过锻炼自己和展示才能的机会。结果,被聘的同学神采飞扬,异常高兴;没有被聘用的同学虽然很失望,但并没有灰心。他们中有的人摩拳擦掌,继续为下一次的招聘会做准备。

　　我们班有个孩子,虽然学习成绩算不上名列前茅,但他的绘画才能是全班公认的。在这一次的招聘会上,他大展身手,成了"最抢手的人"。也正因为这一次的招聘会,全班同学对他刮目相看,让他树立起了"我能行,我很棒"的自信心。从此,他的学习劲头更足了,学习状态也有了天翻地覆的变化,成绩显著提高。

　　这个活动既调动了大家参与的积极性,让全体学生都觉得"自己是班级的主人",集思广益,取得了较好的设计方案,又让那些有一技之长的同学有了施展才华的天地,增强了自信心。

　　(2) 精心加工,保质保量

　　这是布置教室的一道最重要的工序。布置前,我和几个被聘小组又分别召开了讨论会,根据每一个板块的布置要求,对原来的方案进行修改、加工,然后才开始正式"施工"。因为事先有了详细的布置方案,又经过层层筛选,所以同学们特别珍惜这一张宝贵的上岗证。布置时,每一个人都是那么认真,那么投入。黑板报的排版设计别出心裁,富有新意,版面图文并茂,那一行行抄写更是一丝不苟,工整清楚;学习园地里,那一份份优秀作业"跃然纸上";争章园地里,那一枚枚徽章熠熠生辉。整个教室环境,格调活泼,形式新颖,张贴有序,整洁美观。①

三、班级活动的意义

　　班级活动作为学校教育活动的重要组成部分,其内容的广泛性和丰富的实践机会,对于学生全面发展、良好班集体的建设具有重要的意义。

(一) 班级活动有助于培养学生实践能力和生活经验

　　班级活动不仅有助于学生巩固和加深课堂内所学到的知识,而且还可以培养学生的自主性、动手能力、创新精神和实践能力。同时,丰富多彩的班级活动还可以充实学生的精神生活,密切学生与社会生活的联系,增加活动经验,培养学生高尚的生活情趣,使学生旺盛的精力和浓厚的兴趣在活动中得以健康发展。

---

① 李伟胜.班级管理[M].上海:华东师范大学出版社,2010:29-30.

(二)班级活动有助于因材施教和发展学生的个性

班级活动相对自由的活动内容和方式,给了学生充分展现个人兴趣爱好的机会和空间,以及表现自己个性和反复强化个性发展的可能性。学生的个性品质、兴趣和才能在活动中得到充分的表现,也在活动中得到巩固、调整和发展,使学生更好地了解自己。经验表明,性格比较内向的学生,会因多次在活动中获得满意的角色而积极参与,其智慧和特长得到发挥,变得活泼、开朗,喜与别人交往;而热情欠踏实的学生,在团体活动中会因多次承担较复杂任务,锻炼得比较冷静、实在。

(三)班级活动有助于拓展学生的知识领域,形成一定的社会责任感

无论是科技制作、文艺活动还是生存技能,都可以作为班级活动的内容。班级活动内容的开放性,使学生能够超越课堂知识教学和教材要求,把最新的科学发现、社会热点问题纳入学生的视野,以开拓思路、扩展知识面、创造更多的契机参与社会实践。学生通过自己的实践活动,感受生活的丰富多彩,感受知识、技能的价值与意义。例如,一些学校组织的如参观养老院、照顾孤寡老人等社区服务活动,可以使学生关心社会,培养学生的社会参与意识和社会责任感;对"雾霾"问题的关心,能使学生积极参与宣传保护环境小组和树立节约能源的意识等。

(四)班级活动有助于形成良好的班集体

班级活动是形成班集体的基本途径。活动,是班集体得以形成和存在的源泉和基础,离开了活动,班集体就失去了生机和活力。组织开展丰富多彩的班级活动,是增强班级凝聚力的手段。班级凝聚力以良好学风、班风的形成为基础。班级活动可以实现对学生集体价值观念的培养。它通过创设亲切、平等、宽松的课堂或户外活动氛围,及时、有效地批评和纠正学生中的错误想法或行为偏差,逐步构建刻苦学习、努力锻炼、互相关心、求实向上的班集体,从而形成强大的班级凝聚力。

正确的班级舆论和良好的班风,是班集体形成的重要标志,它不是通过简单的、空洞的说教灌输形成的,而是通过班级成员自觉开展积极向上的活动逐渐形成和发展的。通过活动使正确的班级舆论和良好的班风固化下来,最终成为班级传统。马卡连柯曾指出,"任何东西都不能像传统那样能够巩固集体。培养传统、保持传统是教育工作中最重要的任务。"[1]正确的班级舆论和良好的班风是在有目的的活动中有意识地培育和引导并不断发展的结果。

---

[1] [苏]马卡连柯.论共产主义教育[M].北京:人民教育出版社,1981:245.

第二节 班级活动的类型

班级活动本身多种多样。由于划分标准不同,班级活动的类型就会很多。从现有班级工作的实际开展情况来看,班级例会活动、主题班会活动、班级文体活动、班级科技活动、社会实践活动、班级团体心理辅导活动等进行得比较多。

一、班级例会活动

班级例会是以班级为单位,通过会议形式,定期召开的全班学生大会,包括班务会、民主生活会、晨会、周会等。

班务会是由班委定期组织的,由全班学生参加的例会。班务会主要研究班级工作,可以引导全体同学对班级进行民主管理的活动形式。通常包括:班级工作规划会、常规会、工作总结会等。一般来说,班务会的召开按照确定主题、做好准备、组织会务、进行小结等步骤进行。

民主生活会是针对学生集体中出现的某些错误或不良倾向而召开的,以批评与自我批评为主的班级例会。它是对全体学生进行教育的有效途径,也是形成正确的班级舆论和班风的好方法。召开民主生活会一定要分析错误或不良倾向的根源,对学生成长有何严重危害,应如何解决,但必须全体学生做到开诚布公,只针对问题或事,消除学生的抵触情绪。

周会及晨会。周会一般安排在每周固定时间里,班主任负责组织,是一种对学生进行思想品德教育的形式。晨会或称晨间谈话,每天早上进行,时间不宜过长,五至十分钟左右即可。不论周会或晨会,都要做到先准备、有记录,便于以后检查,教育内容要贴近学生实际,有很强的针对性,为全班学生指出明确的努力方向。

> **案例 8-2**
>
> ### 被票杀的少女
>
> "雷梦佳生命就此结束!爸、妈,对不起,你们的恩情来世再报!辉辉,来世再做好朋友!"2010 年 4 月 7 日,在学校附近黄河渠边的青石板上留下 3 句遗言后,河南洛阳孟津西霞院初级中学初一学生雷梦佳投渠自尽。
>
> 雷梦佳死于 4 月 7 日上午 10 时许。而在 10 时以前,雷梦佳被全班多数同学投票赶出了学校。全班投票的起因是雷梦佳犯了错。4 月 6 日,雷梦佳

和同年级其他班的一位女同学打架。对方的家长找到学校要求讨个说法。班主任周老师在无奈之下决定组织全班同学民主评议,投票怎样处罚她。评议之前,周老师让雷梦佳先回避,然后让全班同学就雷梦佳严重违反班级班规的现象做了一个测评:是留下来给她一次改正错误的机会,还是让家长将其带回家教育一周。结果对雷梦佳不利,26位同学选择让她回家接受教育一周,12位同学选择再给她一次机会。于是,周老师给雷梦佳母亲朱女士打电话,让她把孩子领走。当她赶到学校时,却发现自己的孩子不见了……

据了解,在学校没有人喜欢雷梦佳,就连她最好的朋友小辉都说:"她根本不在乎别人的想法",高年级男生都认为,"她打起架来比男生都厉害",她甚至曾被前任校长称为"惹事妖精"。就是这样一位15岁似乎人人嫌弃,喜欢打架的问题少女,经由教师组织的同学集体投票,以三分之二的票数被驱逐出校园。然后,这个一直被视为强势人物的女孩,选择了死亡。

是花季少女还是"惹事妖精"?雷梦佳,据说她死于同学、教师施行的"民主"。[①]

二、主题班会活动

主题班会是以学生为主体,在班主任的指导下,围绕某一主题有目的、有计划地开展形式多样、内容丰富的集体教育活动。它是班级学生自我教育的一种形式,也是班主任教育和影响学生的一种普遍的教育方式。与一般性班级例会相比,它具有内容集中、较强的针对性、生动活泼、形式多样等特点。在内容上看有理想教育、劳动教育、纪律法制教育、爱国主义教育、集体主义教育等,既可以是独立的主题,也可以是系列的主题。从形式上看,有主题报告会、主题汇报会、主题讨论会、科技成果展评会、主题竞赛、主题晚会等。

一般地,组织开展主题班会活动的具体要求有以下几个:第一,要精心设计主题。主题必须服从于教育方针和班级目标,有利于促进学生的全面发展,有利于班集体的健全和完善。第二,要有针对性,能切实解决实际问题。主题活动有很强的针对性和指向性,要从学生实际出发,充分反映学生需要,并通过活动使学生受到强烈的思想教育影响。第三,要善于大胆创新,具有鲜明的时代性。第四,要生动活泼,具有趣味性。注意将知识性与艺术性、教育性与趣味性有机结合起来,争取做到寓教于活动中。第五,要面向全体学生,全员参与,充分调动学生的积极主动性。主题应体现学生的自

---

① 戴胜利.班级管理技能[M].上海:上海教育出版社,2012:139-140.

主、自治,要确立学生在主题活动中的主人翁地位,让每个学生都能有所收获。此外,还要注意它的活动形式是"会议",尽量使全班学生都能进入"会议"要求的角色,需要严密组织,力求形成突出的成果并在会后延伸下去,达到提高学生自我认识能力和自我教育能力,加强班集体建设的作用。需要指出的是,由于主题班会需要比较多的准备时间,不宜经常举行。

三、班级文体活动

　　班级文体活动是指通过积极健康的文艺、体育、娱乐活动对学生进行熏陶和教育,以培养学生高尚的审美感和健康心理品质的教育形式。它是班级活动的主要组成部分,是班集体教育的经常性形为。它主要以丰富学生的课余生活、活跃班级气氛、增进心理交融、增强班级的凝聚力为目的。同时,中学生正是身体迅速发育、学习知识的关键期,他们精力充沛,求知欲强,开展丰富多彩的文体活动,既可以锻炼他们的身体,增强他们的体质,增长他们的才干,也可以使学生们的个性品质、兴趣等在活动中得以发展和养成。

　　班级文体活动主要包括文艺活动和体育活动。主要形式有:诗歌朗诵会、音乐晚会、故事会、文娱晚会、庆祝节日的联欢会,还有体育竞赛、各种文体兴趣小组活动等。一般而言,活动前要有策划,节目应事先排练。班主任和任课教师要争取有自己的节目,教师的积极参与有利于良好气氛的营造。

四、班级科技活动

　　班级科技活动是指学习科学技术,促进学生发挥潜能的教育活动。它对于丰富和开阔学生的视野,满足学生的求知欲和多方面的兴趣爱好,培养学生创新精神和动手能力,有着极其重要的作用。

　　班级科技活动可以有多种形式,如科技班会、科普讲座、科学兴趣小组、参观、调查、科技知识竞赛及科技游戏等。其中参观、科技知识讲座、科学兴趣小组是班级经常开展的科技活动。

　　科技参观。组织学生参观当地的自然博物馆、科技馆、天文台、少年科技活动中心等场所,了解科技发展,增进学生的科技知识,培养科技意识,激发科技精神。

　　科技知识讲座,是指教育者以一定的专题,通过系列讲座的方式对学生讲述科学知识,以丰富学生科学视野,培养学生热爱科学和学科学、用科学的教育活动。如科学家进校园活动、与科学家面对面等,内容可从学生最感兴趣的事物入手,但要通俗易懂。

　　科技兴趣小组,可以是科技小制作、小发明,也可以是小种植、小实验等,如航模、机器人等,它有利于促进学生的思维能力和动手能力,培养其创造性。

五、社会实践活动

社会实践活动是学生直接参与并亲历各种社会生活和社会活动领域,而开展力所能及的行动的教育活动。这是学生了解社会,增长知识,增长才干的有效途径。班主任应有计划、适当地组织学生走出校门、走上社会,培养其社会责任感和义务感。社会实践活动一般有以下几种。

1. 参观访问

参观访问工厂、农村、部队、重点建设工程、英模事迹展览、著名文物古迹、纪念馆、博物馆等校外教育基地,积极挖掘各种教育素材,积极开展活动。

2. 社会调查

这种活动比较适合于中高年级学生,主要针对学生在思想认识上的问题,选定调查课题。调查之前要做充分准备,制订调查计划,列出调查提纲,对调查所得的数据和资料进行认真的统计、分析,并要求学生写出调查报告。

3. 社区服务

社区服务主要包括与学校所在的社区联系,对社区政治、经济、文化发展和群众生活等提供服务的一种公益性活动方式。

六、班级团体心理辅导活动

班级团体心理辅导,是根据学生身心发展的需要和特点,由班主任担任指导者,运用团体辅导的方式,促进学生自我成长或预防问题行为发生的团体活动。班级辅导的活动形式通常是班会、课外活动或相应课程。这种活动运用班级的特性,由师生的互动所形成的团体动力,为学生提供发展性服务,如学习辅导、自我发展、人际关系、情绪困惑、生涯规划等。班级团体心理辅导由教师和学生共同设计、共同参与,是一种充分运用团体动力的助人和自助历程。

由于中学生处于特殊的年龄阶段,叛逆、要强、不服输,但是有时又明显地缺乏自信,需要他人的欣赏和认可;再加上刚刚步入青春期的困惑以及面临的种种压力,他们常常会产生各种各样的心理问题。适时地开展一些心理辅导活动,可以让学生在活动中利用他助、自助、互助相结合的方法体验、交流、感悟,达到自我教育的目的。

班级团体心理辅导活动进行的方式可以多种多样,如团体讨论、角色扮演、心理剧、讲座等,但一定要符合中学生的兴趣,便于学生积极参与。实施班级团体心理辅导要有目标、有主题、有计划、有准备、有场所、有时间保证。辅导结束后应该有效果评估,以便总结经验。

七、课外活动

一般而言,班级组织开展的多种活动多在课外进行,所以人们通常把这一类班级活动称作课外活动。课外活动是相对于课堂教学活动而言的。它是指在课堂教学活动之外有目的、有计划、有组织地对学生实施的各种有教育意义的活动,是对课堂教学活动的必要补充,是实施素质教育、实现全面发展的有机组成部分。课外活动的开展有利于学生多渠道地获取知识;有利于培养学生的独立意识,提高学生社会适应能力;有利于对学生因材施教,培养学生个性与特长;有利于激发学生的好奇心和探究欲,培养学生的创造力;有利于促进学生身心健康,丰富学生精神生活。

课外活动的内容,可以根据班级的实际情况、学生的个别需求和学校实际条件灵活选择。课外活动按照活动内容的性质,可以分为思想政治活动、科技活动、文艺活动、体育活动、各类兴趣小组活动、课外阅读活动、公益劳动以及社区服务与社会实践活动等。课外活动的组织形式灵活多样,有群众性活动、小组活动和个人活动等,其中小组活动是其最基本的组织形式。

与课堂教学活动相比,课外活动具有以下特点:第一,活动主体的自愿性和自主性。由学生根据自己的爱好、兴趣,自愿选择和自主参加,学生是课外活动的主体。第二,活动内容的开放性和灵活性。课外活动的内容不受教学大纲的限制,具有较大的灵活性,范围可宽可窄,数量可多可少,难度可高可低。第三,活动形式的多样性。活动规模的大小,活动时间的长短,参加人数的多少,都可以根据学生的年龄特征和活动的性质及现有的条件灵活安排。第四,活动过程的实践性。课外活动更加注重学生的动手操作能力、分析和解决问题的能力,弥补课堂理论知识教学的不足。

若对课外活动进行有效组织与管理,必须做到以下几点:第一,课外活动要有明确的目的要求。课外活动作为学校教育活动的组成部分,在活动安排上要符合学生身心健康发展要求,自觉抵制庸俗的、有损学生身心健康的不良活动,不能为了活动而活动。第二,组织与管理活动要符合学生的身心发展特征,要关注学生的兴趣和特长。课外活动内容要灵活,形式要丰富,避免"成人化""一刀切"趋向。第三,在活动中,寓教于乐,寓学于乐。课外活动的趣味性,是对学生产生吸引力的根本所在,学生只有在欢快愉悦的活动中才能享有"乐"的趣味,进而才能接受教育,增强自己的能力。第四,要充分发挥学生的积极性和主动性。学生是课外活动的主体,要调动学生的参与积极性。一方面课外活动的组织者、管理者要利用班级和学校的有效资源,包括学校的教师优势资源,使课外活动具有趣味性,更多地吸引学生积极主动参加;另一方面要调动和发挥学生的主人翁责任感,使之对课外活动更加用心用力。此外,开展课外活动,还需学校、家庭、社会多方面教育力量整合,使课外活动更具影响力。

> **案例 8-3**
>
> ### 我的班级建设需要关键词
>
> 我喜欢在自己班上开展多种形式的活动,也常常建议学校多搞活动,因为活动不仅能够让班主任自己感到有所为,还能够让每一个参与活动的孩子都感到自己在班上有地位、有用处,让他们对集体产生依恋感。
>
> 有几年,领导连着把几个不好带的班交给了我。中途接班,一般都是别人不愿意继续带的班级。其中有这样一个班级,班上的学风很差,学生基本不读书。我把他们组织起来,开展了一个题为"挑战记忆极限"的活动。我"忽悠"他们说:"我并不认为考上大学就是优秀的,因此我不会逼你们读书。但是我想做一个科研实验,看看一个人在接触全新知识的时候,记忆的极限是多大?"我就背诵英语单词制定了一个游戏升级表格,每超过 20 个单词就升级一次。最高级别是法老,单词量可达到 4000 个。因为是实验,而且还能升级,学生参与的积极性很高。不出半年,我班的英语成绩大幅度提高,而且学风明显好转。[①]

第三节 组织开展班级活动的原则

班级活动的原则,是指在班级活动中,为实现活动目标,有效地设计、组织和开展活动所必须遵循的要求和准则。它对于保障班级活动顺利进行、提高班级活动质量具有重要的意义。设计、组织和开展班级活动应遵循以下几个原则。

一、目的性原则

班级活动首先要遵循的一个原则就是目的性原则。每次组织开展班级活动,都必须有明确的目的。明确的目的是统领整个班级活动的灵魂,必须贯穿于活动的始终,对活动的内容和形式起着指导作用。

班级活动的目的性原则,就是要求在组织和开展班级活动时,要以对学生的成长与发展有积极影响和有利的促进为目的。目的性原则是班级活动的根本原则。班级活动的目的可以从多个角度去界定,大到和国家的教育目的、方针、政策相一致,小到

[①] 郑学志. 我的班级建设需要关键词[N]. 中国教育报,2010-4-16(8).

和班级每一个学生的身心健康和谐发展要求一致。因此,组织和指导班级活动一定要有目的、有计划地进行,要寓教育于活动之中,最大限度地发挥班级活动的教育功能,不能盲目地为活动而活动,活动只能是手段。如何界定活动的目的也是一个非常关键的问题。实际上,在界定活动目的时还要考虑的一个因素就是针对性。总之,组织可开展班级活动的目的在于使全体学生在德、智、体、美、劳等方面都得到发展,把班级建设成为一个具有凝聚力和向心力的集体。

在组织班级活动过程中,必须防止急功近利的不良倾向,更要摒弃那种通过活动进行空洞说教的方式。很多班主任都是任课教师,他们甚至认为班级活动可有可无,在临近考试时,就占用班级活动时间,讲授或补习文化课,这些都是错误的做法,必须予以制止和纠正。

二、有效性原则

活动的有效性,是关系到活动的目的能否实现的问题。这是组织班级活动时必须要考虑的关键性问题,否则活动的开展就毫无意义了。例如,有的班级活动搞得轰轰烈烈,花样翻新,甚至与其他班级的活动攀比,不注重内容、实效。如针对班内学生自发形成的"帮派"式小群体,集体意识涣散的状况,可以开展以相互协作为内容或主题的活动,来引导、教育学生热爱自己的班集体。实际上,班级活动是针对班级存在的问题和学生发展的现实需求而组织开展的。因此,班级活动的设计和实施要遵循有效性原则。除了主题的选择要切合学生的实际情况以外,在活动的形式和内容选择上要从学生的身心特点出发,采取他们乐于接受的主题和形式,从而实现最佳的教育效果。要使班级活动做到有实效,活动中班主任、其他教师、学生家长等决不能包办代替。有效的活动,从选题、准备、组织、实施到评价等,都要让每个学生真正地参与,乐在其中,贵在坚持不懈。

班级活动还必须因地制宜,发挥学校所在地区的自然、人文、风俗等优势,这样班级活动更容易取得成效。

三、趣味性原则

兴趣是活动的催化剂,班级活动必须在"趣"点上着手。青少年天真活泼、好奇爱动,活动有趣才能满足他们的需要,才能激发他们积极参与的热情。否则,学生兴趣索然,活动效果就会大为降低。这就必须让活动的内容与形式适合学生的年龄需要、心理特点。唯有如此,才能抓住学生的特点,使他们自然而然地投入到活动中来。全国优秀班主任丁榕老师为我们提供了一个好方法,那就是"要用学生的大脑去思考,用学生的兴趣填补自己兴趣的空白,用学生的情感体验情感,把学生的困难当成自己的困难,把自己的需要转化成学生的需要。"因此,趣味性原则要求既考虑学生的兴趣,从学生实际出发,做到以理服人、以情感人、以美怡人、以趣引人,又必须考虑活动本身的"趣"点,精心设计,避免活动空泛化,或一味地追求活动的所谓"教育性"。美国教育家杜威就坚决反对活动远离生活的做法。他说,教育就是要给学生一个真实的情境,一个使学生真正感兴趣的活动。

四、创新性原则

面对迅速变迁的社会和时代,班级活动必须与时代、社会同步,体现时代对培养人才的要求。创新是一个民族的灵魂,是21世纪教育的主旋律。作为教育活动的重要组成部分,班级活动同样需要创新,坚持创造性,做到新颖、独特、别具一格。这就要求班主任的思维要活,内容要活,形式也要活,鼓励创新。否则,班级活动就会失去吸引力和说服力。心理学研究表明,新异事物总是容易被感知并产生探究的兴趣,而司空见惯、千篇一律的东西则往往影响活动参与者的认同和接纳。这就要求我们在开展活动时思路要"活",要"敢想",更要"敢做",为学生提供创新的氛围、契机和空间,鼓励学生在各种活动中思考、探索、创造,从而培养学生的创新精神和实践能力,这也是素质教育发展的趋势。

知识卡片 8-2

班级活动中的"四忌"

一忌"拉郎配",坚持自主性原则。有的班主任不考虑学生的个性、爱好、兴趣,指令学生参加这个小组、那个活动,其结果往往事与愿违,学生的积极性、创造性难以发挥,学生的特长亦无用武之地。自主性原则,就是学生在自愿自由的基础上,做活动的主人,自己动手动脑,自己管理自己,自己教育自己,使其主观能动性与专长、潜能得到充分发挥。

二忌无的放矢,坚持方向性原则。有的班主任,一不考虑教育目的,二不考虑班级实际,三不考虑主客观条件,无目的,无计划。方向性原则,就是要求明确活动目标,制订出切实可行的活动计划并付诸实施。

三忌依葫芦画瓢,坚持创造性原则。有的班主任不善于动脑筋,将别人开展课外活动的方案照搬不误。这就使班级活动的主题、内容、形式难免老面孔、多重复,机械、呆板且脱离实际。创造性原则,就是要求充分发挥班主任的主观能动作用创造性地开展工作,积极探索,勇于开拓。即便要借鉴他人做法,也要以"借他山之石,攻本班之玉"为目的,"拿来"为我所用,努力使课外活动新颖、有趣、富有吸引力。

四忌孤军作战,坚持整体性原则。搞好课外活动,单靠班主任一个人是不够的,要调动一切积极因素,求得学校、家庭、社会力量的密切配合,形成多方位、多层次、多渠道的活动网络,以发挥教育的整体效益。①

五、可操作性原则

可操作原则强调班级活动的设计要具有很好的可行性。它对班级活动组织的具体有以下几点。

第一,注意活动的规模。一般而言,每天进行的班级日常活动,要求短、小、实。"短"即时间短,一般三五分钟为宜。"小"即解决小问题,或针对班里的情况一事一议,或对一种行为展开评价。"实"即解决问题要实际,一次集中解决一个问题,不要面面俱到,形式上也要保证实效,可以有全班、小组、同桌活动几种形式。主题班会一般是全体参加,准备工作比较费时、费力,所以,一般一个学期举行一两次即可。

第二,注意活动的频率。如果活动过多,学生花过多精力在活动上,必然影响学习。活动过少,学生容易枯燥、乏味,滋生的一些不健康思想也得不到有效的控制,班主任只能疲于应付偶发事件。

第三,活动准备充分。应预计可能发生的问题,以及预防的办法和应急措施,这样操作起来才能有条不紊,顺利进行。

六、安全性原则

安全性原则,就是树立牢固的安全意识和观念,把强化安全摆到最重要的位置,把安全问题贯穿于活动全过程,实现生命教育以学生为本。党和国家历来高度重视学生的安全问题。2006年,教育部令第23号《中小学幼儿园安全管理办法》颁布实施,2007年2月国务院办公厅转发了教育部制定的《中小学公共安全教育指导纲要》,把中小学校公共安全提到了更高的重视程度。中学生身心迅速发育,但尚未完全成熟,缺乏自我保护的安全意识。教师、学生、班级、活动是公共安全保障的四大要素。教师是安全之魂,学生是安全之本,班级是安全之实,活动是事故之源。

安全教育本身既是班级活动的重要内容,又是班级活动顺利实现的条件和保证。

---

① http://www.fxhj.net/jiaoyanyuan/bzrgz/200501/222.html.

开展各种班级活动,要高度重视安全教育与管理,使学生掌握安全常识,但切忌因噎废食,把安全问题变成禁锢学生参与各种活动的借口。

> **案例 8-4**
>
> **家长担心安全,学校怕担责任,春游成孩子们的奢望**
>
> 今年的春天虽然姗姗来迟,但是天气毕竟一天天暖和起来。眼看着绿色一点点爬上了枝头,很多孩子却高兴不起来,因为他们盼望中的春游又要落空了——家长担心出现安全问题,学校害怕承担责任,在家长与学校的博弈中,孩子最终成了"牺牲品"。
>
> ……
>
> 为什么现在的学校不喜欢组织春游了呢?记者就此采访了一些学校。一位不愿透露姓名的中学校长抱怨说:"不是我们不愿意,实在是现在的家长不好惹,不要说孩子出了意外,有时候就是上操崴了脚,有的家长都要找到学校,不依不饶;孩子之间偶尔打架伤到了谁,那就更不得了了,个别家长动不动就找媒体曝光,甚至干脆告到法院,我们哪有精力去纠缠这些事啊,所以能不组织的活动干脆就不组织了,省得惹事。"
>
> "安全问题不能成为禁锢孩子的借口,实际上只要在活动前认真制定出合乎实际的方案,活动过程中周密组织,安全问题是完全可以解决的。"北京市青少年法律与心理咨询服务中心主任、青少年教育专家宗春山在接受记者采访时介绍,目前联合国儿童基金会、联合国教科文组织等正在全球推广一项针对青少年的生活技能教育,并已被许多国家接受,在曾经遭受地震灾害的我国四川北川的一些学校目前也在实施。这项教育的一个理念就是学习不仅仅局限在校园内,而且要通过课外活动和社会实践,向青少年提供对课堂里学到的理论进行实践检验的机会,而春游和秋游实际上就是这样一种很好的载体。一方面,春游和秋游让青少年亲近大自然,有利于其身心的健康;另一方面,还可以通过这些活动,提升孩子们的合作精神和交流、融合的能力,提高其判断力、创造力和社会认知的能力,这也是对眼下普遍脱离现实的课堂教育的一种延伸和拓展。[①]

[①] 丁肇文.家长担心安全学校怕担责任春游成孩子的奢望[N].北京晚报,2010-4-20(4).

第四节　班级活动的过程管理

一、选定班级活动的主题

班级活动的主题,是班级活动的指导思想,它主要根据班级学生的年龄特点、发展要求、思想实际和学校教育工作的总体安排而选择,是组织开展好班级活动的第一步。

如何确定班级活动的主题?第一,应与班集体共同的奋斗目标、班集体建设计划相吻合;第二,通过学生的当下表现,看看是否有急需解决的"热点"或"难点"问题;第三,注意班级活动是否符合学校教育计划和教育活动安排,不要在时间安排和内容选择上产生冲突。

班主任作为班级活动的指导者和教育者,应发扬民主,尊重学生。可以采用找个别学生交谈或开小型座谈会的方式,把自己的想法讲给学生听,鼓励大家积极参与,献言献策献计,允许学生提出独立甚至不同的见解,认真收集、整理学生的反馈信息,最后由全体学生共同确定班级活动的主题。其中,有些特殊的活动,还可以征求其他任课教师、校领导以及学生家长的意见,形成班级活动的合力。

二、制定严密的活动计划

班级活动主题确定之后,就要求制订严密的班级活动管理计划。具体步骤如下。

(一)明确教育目标

制订计划时,首先,班主任要明确本学期班级活动的目标;其次,班主任要了解班级学生的思想、心理、生理特点,满足学生成长需求;最后,明确班级活动主题。

(二)设计具体步骤

班主任应开好班委会,主要就班级活动的具体内容和实施环节进行充分探讨。其中,涉及活动的方式、具体的步骤、明确分工、落实任务、会场选择、环境布置、活动器材配置、实施过程预案、活动评价与反思等各项事宜,考虑得越具体越好,尽量做到事无巨细,不能遗漏班级活动的重要环节或步骤。

(三)拟订活动计划书

根据以上讨论的结果,形成初步的活动方案,拟订计划书。班级活动计划书主要包括:活动的内容和目的、活动的基本方式、活动的组织领导、活动的时间安排、活动的具体准备工作、活动的地点、活动的总结。

(四) 征求意见,集思广益

班主任或班委会应利用班级例会的时间,具体阐述计划书即拟订的初步活动方案,或把计划书展示在班级的公告栏中;有组建班级 QQ 群的,也可以在网上广泛征求学生意见。应设置不同的学生意见反馈途径,可以直接告知班委会,或利用信箱的无记名的方式提供,目的是完善活动计划,增强同学的认同感和参与意识。①

三、班级活动的实施

实施是班级活动过程的中心环节和关键,直接决定着班级活动的成功与否。为了保证活动的成功,除了严格按照计划的步骤予以实施外,应特别注意以下几个方面。

(一) 全班学生的情绪和精神状态

活动实施前的一天至两天时间,班上要营造一种准备积极投入活动的态势,准备工作抓紧进行,舆论工具发出具有鼓动性和号召力的信息,班级骨干和每个成员都表现出积极的姿态。但是,有的学生过于紧张、焦虑,导致饮食、睡眠规律被打乱,有可能会导致活动进行时的情绪和精神没有进入最佳的状态。这需要班主任和班委会及时调整大家的心理状态,使学生们学会放松减压,调节心情,转移注意力等,争取以饱满的精神进入活动中。

(二) 处理好活动中的突发事件

任何事情计划、准备得再周密,总不可避免有突发事件发生,班级活动同样如此。如发言人由于一时激动而引起学生的激烈争论,表演者或主持人出现了错误,晚会上突然停电、音响失灵,野外活动遇到狂风大雨,某学生突然患病,活动受到外部干扰等。出现了意外,班主任头脑要清醒冷静,处变不惊,切不可大惊小怪,给学生情绪带来不良影响。这需要班主任具备较强的随机应变能力,班主任处理得当也是对学生的"现身说法"式教育。班主任对突发事件须及时诱导,妥善处理,化消极影响为积极影响,化被动为主动,把不良后果降至最低限度。如,发生意外伤害,除积极求治外,不得隐瞒、推卸责任。

知识卡片 8-3

班级突发事件处理"五要""十忌"

"五要":一要处理好班主任与当事学生的关系;二要处理好全体同学和当事学生的关系;三要处理好班干部和当事学生的关系;四要处理好当事同

---

① 谌启标,王晞.班级管理与班主任工作[M].福州:福建教育出版社,2013:161.

> 学和原来小团体成员之间的关系;五要处理好班主任与当事学生家长的关系。
>
> "十忌":一忌师道尊严,高高在上;二忌以力服人,主观武断;三忌任性轻率,急于求成;四忌偏心偏爱,厚此薄彼;五忌偏听偏信,时紧时松;六忌夸夸其谈,无的放矢;七忌言行不一,光说不做;八忌头痛医头,脚痛医脚;九忌管得过细,批评过繁;十忌数罪并罚,一棒打死。①

(三)教师指导和学生主体相统一

活动不仅为学生的发展创造了条件,也为教师创造性地工作提供了机会。在班级活动中,教师既是策划者又是导演者。为促进学生个性的健康发展,应使人人有项目,人人有目标,充分体现活动的全员性。教师应善于把握活动的进程,恰当安排活动程序,控制每个活动环节,使之环环相扣,热烈而有秩序地开展。应能针对实际进行指导,当学生兴趣索然时,能巧妙地予以激发,使之感情饱满地投入;当学生对活动意义认识不明时,能机智地加以引导,使之步步深入地探索;当学生活动受挫时,应耐心示范,使之满怀信心攻关,如此等等。教师的主导作用应贯穿于活动的全过程。同时,学生是班级活动的真正主角,班级活动本身就是为学生成长发展服务,教师的指导应当适当、适度。这需要学生自我发展、主动参与和教师的指导、帮助有机结合起来。

(四)要重视主持人的临场发挥

班级活动通常都是由学生主持的,因此,班主任要重视遴选和培养好主持人,要选敢讲、敢于指挥的学生。对于活动的全过程,班主任事先一定要让主持人心中有数,并根据主持人的情况,适当地帮助他认真细致地进行准备。更重要的是,班主任要鼓励主持人大胆主持,并学会临场应变,用自己的机智和勇气,调动全班同学的情绪。一般地,活动的主持人不要固定某个或几个学生长期担任,最好采取学生轮流担任与重点培养相结合的方式。这样既给全班学生平等锻炼、展示自我的机会,也有助于学生发现自己的才能和潜力。

(五)要重视活动过程的生成性及其再利用性

班级活动具有情境性、过程性,并不是按照活动的预案一成不变地进行,而是随着活动的进行创造出许多未曾预想的精彩。在这种情况下,教师要当有心人,善于捕捉活动中出现的一些有价值的生成性资源,并顺势演化为新的活动资源。随着活动的不断展开,新的目标和主题不断生成,学生在这个过程中兴趣更加浓厚,认识和体验不断

---

① 浩舒竹.教育教学知识与能力[M].北京:人民教育出版社,2011:399.

加深,创新性的火花不断涌现,能充分感受到心灵的自由。

> **案例 8-5**
>
> **一次集体请愿事件的处理**
>
> 有一年春天,学校组织春游,因为会考临近,再加之春游的地点很多同学都去过,所以学校决定不让高二年级参加了。我一直没有对学生说这件事,后来突然听说学生们联名给校长递上了一封请愿书,要求参加春游,而且已经直接和校长对话过,校长慨然应允。
>
> 经过反复思考,我从校长那里要来了请愿书,反复琢磨。学生们说得句句在理,要求也不过分。他们信中向校长保证"努力学习、全部通过会考",对了,我就抓住这一点来和同学们谈这件事。
>
> 我来到教室,对同学们说:"校长已经答应了你们的请求,你们要保证实现自己的诺言。"当时,大多数同学欢呼起来,却有几个同学面露难色。下课一问,才知道他们并不想去春游。我问他们"你们签字了吗?""签了。""签了为什么又不去了?"他们的回答令我吃惊。"我根本不想去春游,碍于情面才签了字。""我不知道那是什么,让我签我就签了。"对这些同学我没有迁就,而是要求他们必须参加春游,男子汉"一言既出,驷马难追",每个人都要对自己的言行负责。
>
> 我带领同学们高高兴兴地进行了来之不易的高中阶段的最后一次春游。这次春游很成功,同学们玩得很开心,释放了压力。在六月份的会考中,班里同学全部通过所有考试科目的会考。
>
> 春游结束后,我的心依然不能平静,我想了很多,再次找那些不想去春游,却碍于情面签了字的同学谈心,并告诉他们,遇到问题要动脑筋,要有自己的立场、观点,盲目加入将是非常危险的。我特意给这些同学讲了一个故事:有一种毛毛虫具有"跟随者"的习性,总是盲目地跟随着前面的毛毛虫走。科学家做了一个有趣的实验,把若干条毛毛虫放在一个花盆的边缘上,首尾相接围成一圈,在花盆周围不到六英寸的地方撒上这种毛毛虫最爱吃的松针,毛毛虫开始一个跟着一个,绕着花盆一圈又一圈地爬行,一连走了七天七夜,最后因饥饿和筋疲力尽全部死去。科学家感叹道:"在这么多的毛毛虫中,只要有一只稍微与众不同,就能避免死亡的命运。可惜他们没有,多么可悲的毛毛虫啊!"

接着,我又找那些什么也没想,甚至看都没看就签了字的同学谈心,语重心长地告诉他们:"你的手是神圣的,你的名字是神圣的,如此草率将来会害了你们的。"后来,在班会上,我又告诉所有的同学,做事一定要三思而后行,要头脑清醒,学会分析,选择最好的方式。如果你们先通过班主任向学校反映情况,那结果会怎样呢?至少不用好几天偷偷摸摸地"串联",提心吊胆地等待了。在接下来的作文课上,我让同学们阅读短文《鲦鱼的故事》:鲦鱼是一种群游的鱼,通常他们跟随一条较有头脑的鱼游食。又一次,科学家做了一个实验,把一条鲦鱼的大脑切掉,这条鱼暂时还不会死去。科学家把它放回大海,这条鱼因失去大脑而不再游回鱼群,这时奇怪的现象发生了,一大群鲦鱼紧随其后,跟着这条无脑的鲦鱼游走了。读完短文,我要求同学们写心得体会。很多同学在作文中写到了春游请愿这件事,并决心在以后的生活中决不再做"鲦鱼"。

从同学们请愿到作文讲评有将近两个月的时间。在这两个月中,我一直在思考这件事,努力寻找教育的机会,先后采取了集体激励、个别谈心、讨论分析、引导反省等四种方法,引导同学们从不同角度反思和认识这件事。可以说,一次简单的春游活动最大限度地发挥了它的教育作用,不但没有影响学生的学习,还促进了他们的学习,更重要的是使学生们懂得了做人的道理。[①]

四、班级活动的评价

班级活动过程的最后一环是评价。所谓评价,就是根据一定的标准,运用科学的方式和手段,对评价对象做出可靠而合理的价值判断。而班级活动的评价,是以班级活动为对象,根据班级活动目标,采取一定的评价技术和方法,对班级活动过程与效果进行评定,并对班级活动目标的实现程度做出价值判断的过程。这意味着班级活动究竟搞得怎样,收获有多大,缺点是什么,都得通过评价才能清楚。正确的评价,对班级活动具有激励、导向、诊断、反馈作用,同时对以后的活动又具有启示和指导作用,做好评价是班级活动必不可少的一环。

对班级活动可以采取定量和定性评价相结合的方式。这两种评价方式各有优缺点,可以相互补充,两者兼用。可以采用他评与自评相结合、外部评价与内部评价相结合、绝对评价与相对评价相结合、个体内差异评价等多种方式,要做到方法多种多样,

---

① 李方.班主任工作的30个典型案例[M].上海:华东师范大学出版社,2010:149-152.

避免采用单一评价方式。

评价内容可以从活动计划的总结、活动过程的总结和活动效果的总结等三大方面（为一级指标）入手，应用结构分析法对评价所依据的目标进行分解，形成一个层次清楚、内容全面、条目简明的评价指标体系，合理分配指标权重，并编制评价标准。评价指标体系应全面地、系统地反映和涵盖评价对象各方面的情况，不能有遗漏。

无论采用哪种方式、怎样进行评价，都必须以促进班级全体学生的身心发展为目的，使他们在德、智、体、美、劳等方面得到全面和谐发展，增强学生对班集体的归属感和认同感。淡化分数评比，尽量少按分数高低论英雄，应该采用多元化评价，俗话说"多一把评价的尺子，多出一批好学生"。在评价中要关注到学生的个体差异，看到其进步情况，做到客观公正、不偏不倚。

本章小结

班级活动是班集体建设和管理的重要内容，是育人的重要载体和平台，是学校教育活动的重要组成部分。班级活动有着丰富的内容和形式，需要每位教师掌握和了解班级活动的内涵、特点、意义，掌握组织开展班级活动的原则，切实把握班级活动的每一过程，让班级"活"起来，让学生"动"起来，让活动成为班集体的生命之源。

思考与练习

1. 名词解释："班级活动""主题班会"。
2. 简述班级活动的特点。
3. 开展班级活动应遵循哪些原则？
4. 如何开好主题班会？并作一简单设计。
5. 班级活动的过程有哪些？

参考文献

1. 王一军，李伟平.班级活动设计与组织实施[M].北京：教育科学出版社，2007.
2. 李镇西.做最好的班主任[M].桂林：漓江出版社，2008.
3. 李学农，陈震.初中班主任[M].南京：南京师范大学出版社，2007.
4. 张作岭，宋立华.班级管理[M].北京：清华大学出版社，2010.
5. 戴胜利，等.班级管理技能[M].上海：上海教育出版社，2012.
6. 周玫.德育与班级管理[M].武汉：华中师范大学出版社，2011.

第九章　中学班级管理评价

学习目标

1. 理解班级管理评价的含义。
2. 能正确分析班级管理评价的类型。
3. 领会发展性班级评价的特点。
4. 能够设计班级管理评价的指标体系。
5. 掌握班级管理评价实施的程序。

班级管理评价是班级管理不可或缺的一个环节,是对一定时间内的班级管理活动目标达成情况进行的判断,以有效开展后续班级管理活动。因此,班级管理评价不只是要判断班级管理的现状,更重要的是为改进班级管理提供依据。

第一节　班级管理评价概述

班级管理评价不同于学生评价。学生评价是对班级活动中的学生个体进行评价,而班级管理评价则是对整个班级管理工作进行的评价。

一、班级管理评价的含义

(一) 什么是教育评价

教育评价的概念是由美国俄亥俄州立大学教授泰勒(Tyler,R. W.)在其主持的"八年研究"(1933—1940)中首次提出的,并通过这项研究系统阐述了教育评价的理论和方法,成为现代教育评价理论的开端。教育评价理论已成为现代教育改革和发展不可或缺的重要组成部分,并与教育基本理论研究、教育发展研究共同构成现代教育研究的三大领域。

关于教育评价的定义,至今仍未取得一致的认识。许多学者从不同角度为"教育评价"下定义。泰勒认为:"教育评价本质上是测定教育目标在课程和教学方案中究竟被实现多少的过程"[①]。斯塔弗尔比姆(Stufflebeam,D. L.)主张"教育评价不应局

---

① [美]泰勒.课程与教学的基本原理[M].施良方,译.北京:人民教育出版社,1994:119.

于评判决策者所确定的教育目标所达到的预期效果的程度,而是收集有关教育方案实施全过程及其成果的资料,及为决策提供信息的过程"。[1] 日本辰见敏夫主编的《教育评价小辞典》中,将教育评价定义为:"依据教育目标和一定的价值观判断学生的学习成果、课程及教育活动状况的合目的性即实现目的的程度的过程。"[2]1981 年美国教育评价标准联合委员会对教育评价进行了综合性的界定,认为"教育评价是对教育目标和它的优缺点与价值判断的系统调查,为教育决策提供依据"。[3] 我国学者一般把教育评价定义为:"根据一定的目的和标准,采用科学的态度和方法,对教育工作中的活动、人员、管理和条件的状态与绩效,进行质和量的价值判断。"[4]

这些解释对教育评价的理解不尽相同,不过我们从中可以概括出教育评价的一些特性。

第一,教育评价是在事实描述基础上进行价值判断的过程,也就是对教育活动满足社会和个体需要的程度作出判断的过程。

第二,教育评价标准是进行价值判断的核心,而教育评价标准的主要依据是教育目标。

第三,教育评价过程是一个规范而系统的过程,是由确定目标、搜集资料、分析资料、形成判断、指导行动等环节所构成的连续活动。

通过以上分析,我们可以给教育评价下一个这样的定义:教育评价就是在一定的教育价值观指导下,依据教育目标,采用系统的技术和方法,对教育活动、教育过程和教育结果进行价值判定的过程。

(二) 什么是班级管理评价

班级管理是教育活动的重要组成部分,班级管理评价是教育评价的一个方面。按照前面对教育评价的解释,班级管理评价就是依据班级管理目标,采用系统的技术和方法,对班级教育活动和教育结果进行价值判定的过程。

对这一定义可以从以下几个方面来理解。

第一,班级管理评价的标准是班级管理目标。班级管理不是盲目进行,而是有其特定的目标,这目标就是通过有效的管理去实现班级教育目标。班级教育目标就是使学生在班级中获得全面发展,努力使班级成为拓展师生精神境界、提升生命质量的空间。

第二,班级管理评价的对象是班级教育活动的效果,也就是对于一个班级经过一段时间的管理活动所产生的效果进行价值判断。

第三,班级管理评价的过程是一个在事实判断基础上进行价值判断的过程。事实

---

[1] Stufflebeam,D. L. A depth study of the evaluation requirement [J]. Theory Into Practice,1966,5(3):121-133.
[2] 刘淑兰.教育评估与督导[M].上海:华东师范大学出版社,2000:4.
[3] 钱在森.普通教育评价原理与方法[M].沈阳:辽宁大学出版社,1992:5.
[4] 王汉澜.教育评价学[M].郑州:河南大学出版社,1995:15.

判断就需要采用各种方法收集与班级管理目标实现程度相关的事实材料和依据,用以测定班级管理的效果;价值判断则是将评价中取得的事实和数据,进行比较和分析,判定实现班级管理目标的程度,作出对班级管理的价值判断。

二、班级管理评价的功能

班级管理评价是对班级管理目标达成程度的判断,在班级管理发展与改进中发挥着积极作用,主要表现在以下几个方面。

(一)诊断功能

班级管理评价的诊断功能是指班级管理评价对班级管理的成效、矛盾和问题作出判断的作用。班级管理评价的过程是评价者利用观察、问卷、测验等手段,搜集被评价者的有关资料并进行系统的分析,根据评价标准作出价值判断,分析出或者诊断出班级教育活动中哪些部分或环节做得好,应加以保持和提高,哪些地方存在问题,需寻找原因,再针对这些原因提出改进途径和措施。

(二)导向功能

班级管理评价的导向功能是指班级管理评价本身所具有的引导评价对象朝着理想目标前进的作用,这是由评价标准的方向性决定的。因为在班级管理评价中,对任何被评对象所作的价值判断,都是根据一定的评价目标、评价标准进行的。这些评价目标、标准、指标及其权重,对被评价对象来说,起着"指挥棒"的作用,为被评者指明努力方向。被评价对象必须按目标努力才能达到合格的标准,否则就得不到好的评价。

(三)发展功能

班级管理评价的发展功能是当代教育评价最为关注的问题。评价的根本目的是班级发展(教师与学生发展),其评价的目标、内容和方法以及评价结果的处理等都是为促进班级的有效发展服务的。而且,实施评价的过程就是班级管理主体不断地认识自我、发展自我和完善自我的过程,强调班级管理评价的形成性作用。

(四)激励功能

班级管理评价的激励功能是指班级管理评价能够激发和维持评价对象的内在动力,调动被评价者的内部潜力,提高其工作的积极性和创造性。评价通常要区分出水平高低、评定等级。由于评价结果往往直接影响到评价对象的形象、荣誉和利益等,评价常能激发被评者的成就动机,使他们追求好的评价结果,激励他们全力以赴做好班级管理工作。在评价中,要在肯定成绩和优点的同时,诚恳地、富有建设性地指出被评价对象存在的缺点与问题,同样会激励他们进一步做好和完善相关的工作。

三、班级管理评价的类型

班级管理评价可以按不同标准进行分类。从评价目的与进行的时间来看,可分为诊断性评价、形成性评价和终结性评价;从评价方法来看,可分为定性评价与定量评价;从评价主体来看,可分为内部评价和外部评价。

(一)诊断性评价、形成性评价和终结性评价

诊断性评价是指在班级管理活动开始之前,对班级管理的现状及存在的问题、产生的原因所进行的价值判断。主要目的是确定产生结果的原因,以便对症下药采取相应的改进措施。比如在新的学期开始之前,为了了解班级管理与班级学生的状况而进行评价,以便明确班级发展的起点,确定适当的班级发展目标;或者在班级管理中发现班级发展存在的问题,为了寻找产生问题的原因而进行的班级管理评价。

形成性评价是指在班级管理活动过程中所作出的价值判断,以反馈调控和改进完善为主要目的。形成性评价侧重于班级管理工作的改进和不断完善,可以及时探寻影响班级发展和目标达成的原因,以便立刻采取措施加以补救。

终结性评价是指在班级管理活动结束时,对班级管理工作状况所作出的价值判断,目的是确定班级管理目标的达成程度。终结性评价侧重于确定已完成的班级管理效果,可以获得总结性的结论,为甄别优劣、鉴定分等提供依据。

诊断性评价、形成性评价和终结性评价是班级管理评价中常用的三种评价形式,有各自的适用条件,各有其特点与利弊,三种评价的比较见表 9-1。

表 9-1 诊断性评价、形成性评价和终结性评价的比较

	诊断性评价	形成性评价	终结性评价
目的	诊断现状,分析原因	反馈调控,改进工作	甄别优劣,分等鉴定
功能	了解准备状态,确定基础;找出问题,分析原因	促进改善和指导班级教育活动的正确进行	确定班级管理活动成果,并对此进行评定
实施时期	班级管理活动开始之前;在需要时即可进行	活动过程中,比如在班级管理各阶段中进行	活动结束后,比如学期末或某项班级管理活动结束时
强调的重点	揭示问题,分析原因	及时揭示问题,并及时反馈、改进、调控	对活动结果作总体分析
结果的反馈	评价信息提供给评价对象,作为改进工作的依据	评价信息提供给评价对象,作为改进工作的依据	评价信息反馈给学校管理者和各级教育决策者,帮助其进行决策

资料来源:刘淑兰.教育评估与督导[M].上海:华东师范大学出版社,2000:36.根据班级管理评价特征而略有改动。

(二) 定性评价与定量评价

根据评价是否采用数学方法,可将评价分为定性评价和定量评价。

定性评价是采用非数量化的方法,对班级管理状况及其发展进行描述和分析,作出定性结论的价值判断。定性评价强调关注现场和专业判断,对评价对象的种种表现作出具有教育学、心理学意义的解释与推论。因此,定性评价主要依靠评价者的认识、经验和主观判断,没有确定的指标体系、实证的评价方法和可操作的评价方案,只能概括性地说明某个问题,在评价实践中常显示出主观随意性及某些片面性的缺点。同时,评价结论也易受评价者自身因素的影响,评价者水平越高,评价越公正,反之则越失实。定性评价的特点是侧重于评价对象的质的方面。面对班级管理和教育过程中的许多复杂问题,只有进行定性评价才能抓住事物的本质,所以它对教育问题进行价值判断有其独到之处,能起到定量评价难以起到的作用。

定量评价是采用数量化的方法,收集和处理数据资料,对班级管理状况及其发展作出定量结果的价值判断。定量评价的特点是侧重于评价对象的量的方面,其资料客观、可靠,统计分析科学、精确,具有较高的客观性和可靠性,可操作性强,能使一些含糊概念精确化,减少主观随意性。但是,班级管理和教育过程中难以量化的因素很多,定量评价的运用具有一定的局限性。

定性评价与定量评价是两种重要的教育评价形式。定性评价侧重质的方面,概括性强,意义明确;定量评价侧重量的方面,用数字说话,精确、明了。任何事物都同时具有质和量两个方面,班级管理也不例外,两种评价单独使用都有不足之处,在班级管理评价实践中应把定性评价与定量评价结合起来。

(三) 内部评价和外部评价

根据评价主体的不同,可将评价分为内部评价和外部评价。

内部评价是由参与班级管理的人员实施的评价,它可分为由班级管理者(班主任)实施的自我评价和由学校相关人员实施的他人评价。班级管理者的自我评价就是依据班级目标对照一定的评价标准主动评价班级的管理和发展状况。自我评价是班级管理者自我分析、自我提高的过程,有利于及时发现班级管理中的问题,不断提高班级管理水平。班级管理者对自己的工作情况比较熟悉,评价所需信息搜集较为全面,评价易于实施。不过,由于缺乏外部评价标准的参照,评价结果的客观性较差。

学校相关人员的他人评价相对比较客观,但由于班级管理中许多问题难以量化,评价者与被评价者存在关系亲疏与利益纠葛,评价结果的客观性就在很大程度上取决于评价者自身的素质。

外部评价是由班级所在学校之外的人员实施的评价,包括教育行政和教育督导部门、社会有关机构以及学生家长等。教育行政和教育督导部门实施的评价是一种自上而下的评价,具有权威性,评价结果对学校和班级具有较强的约束力;学校聘请的校外专家实施的评价,具有较强的专业性,评价结果容易得到重视和采纳;家长和校外人士实施的评价,代表社会各阶层对学校和班级管理的看法,但由于难以获取全面的评价信息,评价结果往往失之偏颇。

四、班级管理评价的新趋向：发展性班级评价

(一)什么是发展性班级评价

现代教育评价的目的与功能是多元的,在教育评价发展的不同时期,其选择是不同的。早期的教育评价多将测验、评价视为对学生进行鉴别、分等和检查、筛选的工具,通过评价选拔出适合教育的儿童。而现在的教育评价则视其为改进工作、推动教育发展、提高教育质量的手段,教育评价的目的是要创造一种适合儿童的教育。在发展性教育评价的影响下,班级管理评价也走向发展性班级评价。

发展性班级评价是在班级发展的整个过程中进行的,以班级发展的基础为评价起点,以班级的发展为评价内容,内部评价与外部评价相结合,旨在促进班级不断发展的评价活动。简言之,就是基于班级的发展、为了班级的发展、关于班级的发展和在班级发展中进行的评价。[①]

该定义包括以下几个基本要素。

第一,发展性班级评价的起点是班级的发展基础。班级的发展不是凭空的,它总是在一定基础上的"增值"和"进步",而每个班级的发展基础是不同的。发展性班级评价的目的就是要在可能的范围内使具有不同基础的班级都得到有效的发展,因此它必须对班级发展的基础进行充分调查、诊断和分析。在此基础上,再以班级自身的进步作为评价标准,即以一段时间内班级取得成绩与以前的成绩相比,对班级进行评价。这一标准本身处于不断地变化之中,而且呈现出不断提高的倾向,由此实现评价促进发展的目的。

第二,发展性班级评价的目的是为了班级的发展。发展性班级评价是一种面向未来的评价,其目的不在于鉴定和总结,而是着眼于班级的自主发展。发展性班级评价将班级视为一个发展中的教育主体,密切关注班级某一发展阶段的各种障碍和问题,明晰班级发展的积极条件和潜质,为班级发展提供有效的专业支持和服务,使班级评价真正成为班级管理和发展的一个有机组成部分。发展性班级评价也是外部评价者与班级内部评价者平等合作、公开对话、共同创造的过程;班级管理者要认识到外部评

---

① 借鉴了卢立涛对"发展性学校评价"的界定。参见:卢立涛.发展性学校评价在我国实施的个案研究[M].重庆:重庆大学出版社,2012:47.

价对班级发展带来的机遇和意义,外部评价者对班级发展要充分关注、理解和尊重,本着为班级发展服务的原则开展评价。

第三,发展性班级评价的内容是关于班级的发展。班级的发展是多方面的,发展性班级评价主要考察班级在一定时段内,在学生发展、班级组织建设、班级活动、班级文化等方面班级自身的纵向自我比较,即在班级原有水平上的"进步度"或"增加值",鼓励班级追求自己的发展目标、形成自己的班级特色、塑造自己的班级文化,最终形成班级自主发展、不断追求卓越的机制和能力。

第四,发展性班级评价是在班级发展中进行的评价。发展性班级评价是内在于班级发展过程中的一种动态的评价过程。它不是外在于班级的评价,而是在动态的班级发展过程之中,将评价作为班级管理工作持续改进的动力。

(二)发展性班级评价的特点

发展性班级评价的目的在于搜集资料以改进班级管理、促进班级发展。在发展性班级评价中,班级发展和班级评价实际上是一体两面的活动。因此,相比传统的以鉴定、奖惩为主要目的的班级管理评价,发展性班级评价具有以下特点。

1. 在评价目的上,旨在促进班级的发展

鉴定式班级管理评价注重甄别与分等,其基本假设是所有班级的表现基本上是正态分布的,总有一部分班级是出类拔萃的或品质较低的。因此,通过一定的标准进行横向比较,可以判定班级管理效能的高低。这种评价是一种终结性评价,显现的是班级当前的表现和发展是否达到了统一的标准与要求,而忽视了不同班级的发展基础和发展过程,更忽视了对班级自身发展动机的激发,以及对不同班级个性的关注。发展性班级评价则充分承认和关注不同学校、不同班级之间存在的差异,主张采用纵向研究的视角,在充分了解和掌握班级既有发展状况的基础上,通过协商和对话,设计出合适的班级管理评价指标,寻找出班级发展的优势与不足,并制定相应的改进方案,从而促进班级管理效能的提升、班级管理能力的增长和班级文化的生成。

2. 在评价内容上,注重全面性和整体性

传统的鉴定式班级管理评价主要看班级学生的学习成绩、班级学生的守纪情况以及班主任的负责程度等,而忽视了其他众多的潜在因素,如班级管理的价值观念、文化氛围、发展过程等。发展性班级评价则强调影响班级发展的因素有很多,就评价班级管理效能的因素而言,有背景因素、输入因素、过程因素和结果因素等。因此,在评价中,要综合考虑班级发展的各个方面,强调全方位的和整体的质量观。

3. 在评价主体上,强调评价主体的多元性、平等性、参与性和合作性

评价主体即评价者。以往的鉴定式班级评价较多地具有单一评价主体的特征,通

常由学校管理部门自上而下组织实施检查和评价,评价对象只能被动地接受评价,无法获得自我评价和反思的机会。发展性班级评价则努力倡导评价主体的多元化,评价主体不仅包括学校管理者、教育行政部门的领导、校外专家,而且还包括直接参与班级管理的学校内部成员(教师和学生),强调建立对话和协商机制,多渠道地搜集信息,多视角地了解班级,获得更加全面、客观、公正的评价结果。

4. 在评价方法上,主张综合运用多样化的评价方法

经过多年的发展,先后出现了多种班级管理评价方法。20世纪60年代以前,实证化的评价方法盛行,这些方法大都是将自然科学方法引入教育评价中,强调量化、客观性和价值中立。20世纪70年代以后,人文化的质性评价方法逐渐受到人们的重视,这些方法大都是从现象学、文化人类学等引入的,强调研究者的参与、理解,在评价中更多地融入了评价者的主观感受。总体上说,鉴定式的班级评价多以量化评价为主,重"量"贬"质";发展性的班级评价则认为班级生活是丰富的、复杂的,在选择方法时,不存偏见地面对众多的评价方法,不因"量"而废"质",也不因"质"而废"量",而是根据实际情况,综合运用多样化的评价方法。

5. 在评价指标设计上,强调个性化、弹性化

鉴定式班级评价强调班级评价的导向功能,先预设统一标准,再以该标准衡量不同班级的达标度,实际上是要求所有的平行班级都追求既定的统一目标。显然,这种统一的评价设计不符合不同班级的发展差异和个性特色,因而缺乏贴切性和灵活性。发展性班级评价则强调既要考虑国家对班级管理的政策要求,更要针对所在地区、学校和班级的实际状况并着眼其未来发展来制定评价指标和标准,不以同一目标为评价标尺,更强调"增值"评价。

6. 在评价关系上,追求平等、协商

鉴定式的班级评价多是一种自上而下的外部评价,以行政性、强制性的手段进行。在评价过程中,评价者在上,是实施者或支配者,班级管理者则丧失了在评价中的主体地位,是被动者或服从者,两者间的关系是戒备的、防范的。发展性班级评价则认为班级管理者是评价的重要主体,自我评价是班级管理评价的核心,评价者与被评班级之间是一种平等协商的关系。在评价过程中评价者与评价对象共同参与制定评价标准、评价方案、评价方法等。正是由于发展性班级评价是评价者与评价对象在达成共识基础上进行的评价,因而评价对象能积极主动地参与到评价中来,可以有效防止在鉴定式班级评价中容易出现的防卫、应付、作假等不良心态。

第二节　班级管理评价的标准

开展班级管理评价活动,首先要制定正确的评价标准。评价标准是在实施评价过程中进行价值判断的准则。标准正确与否,对于评价工作有极大影响。评价标准正确,才能起到导向、激励、推动和改进工作的作用;评价标准片面、不客观,就会起到相反的作用,挫伤被评价者的积极性。正确的评价标准,来自全面而合理的评价依据。

一、班级管理评价标准的依据

按照发展性班级评价的要求,制定班级管理评价标准需要依据以下几个因素。

(一)教育目标

教育目标就是人们在教育活动之前,预先设想和确定的关于教育活动最终期望达成的结果。教育目标可分为宏观教育目标、中观教育目标和微观教育目标。

宏观教育目标就是国家教育的总目标,是抽象程度最高的教育目标,一般在宪法或教育基本法中用高度抽象、概括的语言加以规定。《中华人民共和国宪法》第四十六条规定:"国家培养青年、少年、儿童在品德、智力、体力等方面全面发展。"《中华人民共和国教育法》第五条规定:"教育要培养德、智、体等方面全面发展的社会主义事业的建设者和接班人。"近年来,主要以强调培养学生的创新精神和实践能力为重点。

中观教育目标是各级各类学校的培养目标,是各级各类学校根据宏观教育目标,结合学校的性质、任务和学生的年龄特征而制定的,是宏观教育目标的初步分化。如普通高中的培养目标是:普通高中教育是与九年义务教育相衔接的高一层次基础教育。普通高中教育要进一步提高学生的思想道德、文化科学、劳动技能、身体心理素质和审美情趣,培养学生创新精神、实践能力、终身学习的能力和适应社会生活的能力,促进学生个性的健康发展,为高等学校和社会各行各业输送素质良好的普通高中毕业生。

微观教育目标是指课程目标或具体教学目标,是中观教育目标进一步分化的结果,是为各种教育活动包括班级管理活动设计的各种指导性的目标,具体、明确。其中班级管理目标是制定班级管理评价标准的直接依据。所谓班级管理目标就是班级组织为实现班级教育活动目标,从本班实际出发确定的班级管理活动所要达到的一种理想状态。

(二)教育发展观与班级管理思想

制定怎样的班级管理评价标准,与评价者的教育发展观和管理观念有关。我国教育发展的指导思想正由工具主义的教育发展观向"以人为本"的教育发展观转变。班级管理评价的标准也需要根据教育发展观的转变进行必要的重建。这两种发展观的区别,见表9-2。

表 9-2 工具主义的教育发展观与"以人为本"的教育发展观的基础教育阶段

比较项目		工具主义的教育发展观	"以人为本"的教育发展观
教育价值		强调教育的间接价值,即教育影响社会变化和经济增长的能力	重视教育与人类整体和个人的福利与自由的直接关联
政策出发点		国家和社会发展的需要,如需优先实现的目标	保证个体均享有基本教育的权利,并使个体通过教育形成国家和民族的认同以及培养个体参与政治经济生活的技能
国家或个体对教育施加影响的方式		国家垄断教育,对教育做出明确的规划,学校成为政府的附庸,受教育者对教育形式、教育内容很少有选择权	国家通过教育法规、财政政策等方式给予个体选择的自由,对各种教育提供机构进行引导,并鼓励提供者的多元化和竞争
教育过程与教育方式	学校角色	国家对教育过程有统一、标准化、程序化的要求,以教学大纲为实施依据,课本内容体现强烈的社会性和政治性	多样化的教育实施方式;政治教育及经济技能的教育采用灵活的形式进行,重视学生非智力因素的培养
	个体角色	个体是受教育者,被作为国家建设事业的"接班人",通过政治化的教育和意识形态的灌输,具备社会理想化的人格	个体既是受教育者,但更多的是学习者;激发个体对学习的兴趣;个体或家长对教育内容有一定的选择自由;因材施教,培养合格社会成员
	理论基础	知识本位论的教学论	建构主义的教学论
教育内容		紧密结合国家和社会经济发展的需求;强调知识本位和学历本位	强调能力本位
教育人群		关注对国家和发展有重要意义的人群,采取重点发展的策略,教育资源分配不公平	关注人人接受教育的公平性,对弱势群体尤其关注,在教育资源分配上尽可能公平
教育目标的实现	社会目标	塑造高度认同政府的理想人格,针对社会发展的重点目标进行培养	使个体成为合格的社会成员,参与社会经济生活,达成社会的最终目标
	个体发展	对国家的埋念有高度的认同,某些方面的知识和能力比较突出	个性得到全面的发展,文化品位和整体素质较高,具备向多方面发展的潜力
教育评价		以学生成绩为评估目标,评价标准是外部性的、单一的	强调教育者与学习者的互动过程,强调学习者各种潜能的发挥,评价标准多维,内部评价占有重要地位

资料来源:闵维方.中国教育与人力资源发展报告 2005—2006[M].北京:北京大学出版社,2006:40-41.

"以人为本"的发展价值观已经成为我国教育发展的价值导向。"以人为本"是以每一个人的自由全面发展为根本,这是人类社会发展最高层次的价值目标,也是教育发展和班级管理评价的终极目标。

在班级管理活动中,以"学生"为出发点,就是一种"以人为本"的管理思想。这种管理思想与素质教育的要求也是一致的。素质教育就是重视人的全面发展,重视学生完整人格的养成及个性的充分发展的教育。从这个意义上说,正确的管理思想,应当是体现素质教育要求,"以学生为本"的管理思想。当然,"以学生为本"也不仅仅是一种口号,而是具体的、有现实意义的。首先,中学班主任面对着的是初中生和高中生。初中生有初中生的发展需要,高中生有高中生的发展需要,制定中学班级管理目标,就要体现学生的发展需要。其次,中学班主任面对的还是一个特定班级的中学生,班级管理目标要进一步体现特定班级的中学生的特定发展需要。

(三)班级管理经验

在班级管理实践中,班级管理者积累了丰富的班级管理经验。这些经验,有的上升为理论,成为班级管理的科学知识;有的经验还未上升为理论,但它又确实是由实践得来的知识或技能。这些知识或技能也是非常宝贵的,能作为制定班级管理评价标准的依据之一。在制定评价标准时,既要克服经验主义,即轻视理论,夸大感性经验的作用,把局部经验误认为普遍真理,又要反对不重视经验作用的倾向。在评价过程中往往还需要运用访谈或问卷调查等方法征询与班级管理评价活动相关的人员的各种实践经验。

(四)班级实际情况

班级管理评价要从班级所在地区、学校和班级自身的实际出发,因地制宜地制定班级管理评价标准。实施评价时,在考虑不同班级共性的同时,应根据不同类型和层次的班级的实际情况,制定不同的评价标准和评价指标,采用不同的评价形式,有针对性地开展班级管理评价。

二、班级管理评价的指标体系

班级管理评价指标体系是指根据评价的目的,由从班级管理目标中分解出来的不同等级、不同层次、不同方面的指标群及其相应的指标权重和评定标准所构成的集合体。它主要由各级各项评价指标、指标权重和评定标准三个方面有机组成。

(一)班级管理评价指标体系的设计步骤

1. 确定评价指标

评价指标是针对评价对象从评价所依据的目标中分解出来的。因此,确定评价指标,首先应确定评价对象和评价所依据的目标。确定评价对象主要是明确班级管理评价的因素与范围。在班级管理评价中,班级管理总的评价对象是班级管理,又可细分为具体的评价对象,比如班级管理主体、班级管理内容。班级管理主体包括班主任与学生,班级管理内容包括班级组织发展、班级制度建设、班级文化创建、班级活动管理。班级管理评价所依据的目标是学校教育目标。用结构分析法对评价所依据的目标进行分解,形成一个层次清晰、内容全面、结构合理的评价指标体系。分解目标时要注意三点:一是制定出的指标体系不能遗漏任何重要方面的情况,应全面地、系统地、本质地反映和涵盖评价对象各方面的情况;二是分解出来的每一个指标要确切,以利于评价者理解一致、标准统一;三是在分解的过程中,下一级指标必须构成上一级指标的整体,一系列相互联系、相互依存的指标构成的整体就形成评价的指标体系。在确定评价指标体系时,可以根据学校实际情况选择具体的评价内容。

2. 分配指标权重

所谓指标权重,是指标体系中各项评价指标在评价体系中所占的重要程度,或各项指标在完成、实现整体目标中的贡献程度,并赋予相应的值。这个数值就叫对应指标的权重,确定权重的过程叫加权。在评价中,只有赋予不同的指标相应的权重,才能使评价结果正确反映工作质量的真实情况。确定指标权重的方法,主要有集体经验判断法、专家咨询法、层次分析法等。运用较多的是层次分析法,该方法是以人们的经验判断为基础,定性分析与定量分析相结合的一种方法。具体做法是首先把确定下来的评价指标按级制成问卷,然后把问卷发给有经验的班级管理者,请他们按各级指标重要程度作出判断。统计每项指标的得分,并计算出平均分,最后按指标的隶属关系进行归一化处理,就可以得出每项指标的权重。

确立了评价一级指标的权重之后,二级指标可仍然以百分数或小数权重形式评定或直接以一级指标的权值来对二级指标、三级指标分配权数。

3. 编制评定标准

评定标准包括两个方面的含义:一是指标体系中最低一级指标所包含的主要内容;二是衡量评价对象达到评价指标要求的尺度,又称标度,通常用等级(如优、良、中、差)或量化分数(如 1.0、0.8、0.6、0.4)表示。评定标准可以根据不同的分类标准分为不同的种类。班级管理评定标准是根据班级管理目标,通过对班级管理评价内容进行合理分解后制定出来的,应符合评价原则,并具有可测性、可比性。评定标准主要由三个既相对独立又具有统一性的部分组成。

(1) 效能标准。

效能标准包括效果标准和效率标准。效果标准是指从班级建设成果,班级学生在德、智、体、美、劳、心等方面发展成果,班级管理者对班级管理工作的研究成果等几方面来确定班级管理评价的效能标准。效率标准是指班级管理者在一定时间内完成的工作量。

(2) 职责标准。

职责标准是从班级管理者承担的职责和完成任务的情况来确定的评定标准。

(3) 素质标准。

素质标准是从承担班级管理职责和完成各项任务应具备的条件来确定的评定标准。

(二) 班级管理评价指标体系的设计原则

1. 一致性原则

一致性原则有两层含义：一是评价指标与评价目标的一致性；二是评价指标体系中，下一层次的指标必须与上一层次的指标相一致。具体来说，遵循一致性原则设计评价指标体系时，一方面要坚持评价指标体系中的一级指标（最高层次指标）必须与评价目标相一致，即一级指标必须由反映评价目标的主要因素构成。另一方面，下一层次的指标，必须是由反映上一层次指标的主要因素构成的。这样，通过测量末级指标（最低层次指标），首先取得末级指标的评价结果，然后逐级合成，最高一级指标的合成结果就能较好地反映评价目标的要求。

2. 独立性原则

独立性原则指在指标体系内同一层次的指标必须各自独立，指标间不能相互重叠和包含，不能存在因果关系，不能从一项指标推导出另一项指标。如果指标间出现包含或重复，或从一项指标推导出另一项指标，就说明存在指标重复的问题，这不仅会造成重复计算，增加工作量，降低评价的可行性，更重要的是影响指标体系的整体结构，造成评价结果不能准确反映评价对象的实际，直接降低评价的效度。

3. 可测性原则

可测性原则是对评价指标体系中末级指标的要求。末级指标要用可操作化的语言加以界定，它所规定的内容是可以测量的。具体而言，是将评价指标进行分解，使之成为行为要素，行为要素与评价指标密切相关，能在一定程度上具体反映评价指标。设计评价指标体系时必须使潜在行为变为外显行为，从而使之能观测到。同时，在设计指标体系时必须在诸多行为中抓住具有代表性的、典型性的和关键性的行为作为行为要素。

4. 完备性原则

完备性原则指设计出来的指标体系必须是一个完整、协调的系统，能够全面地反映评价目标或上一层次指标，不遗漏任一重要指标。完备性原则要求在设计评价指标体系的整个过程中，都必须注意一级指标是否完备，是否能全面反映评价目标的要求；反映上一级指标的下一级指标是否完备，有无遗漏主要指标。若每一层次均无遗漏主要指标的现象，就可保证评价指标体系的整体性和完备性，从而为评价结果能全面、准确地反映评价对象的全面状况与实际情况奠定良好的基础。

5. 可行性原则

可行性原则有两层含义:一是评价指标的数量多少适中。指标数量少,评价自然容易进行,不仅可节省人力、物力和财力,而且评价结果的处理也相对容易,增加了评价的可行性。但如果评价指标过少,没有足够的评价信息可供利用,就难以准确地反映评价对象的本质特征,评价指标体系就失去了意义。当然,如果评价指标过多,体系过于繁杂,可行性也会大大降低。二是评定标准高低适中。评定标准过高,超出评价对象所能达到的最高限度和心理承受能力,就不具备可行性。相反,评定标准过低,每个评价对象均能不费吹灰之力即可达到,这样显然也达不到评价的目的,同样降低了评价的可行性。所以,评定标准必须高低适中,就像猴子摘桃一样,跳一跳就能够摘到。

(三) 班级管理评价指标体系举例

在班级管理评价中,评价的指标体系依据评价内容可分为评价班级管理主体的指标体系和评价班级管理内容的指标体系。各学校在设计各自的班级管理评价方案时,可以根据自己学校的实际情况,从方便评价的角度设计符合自身发展要求的指标体系。表9-3是一个评价班级管理主体的指标体系。

表9-3 班级管理主体的评价指标体系

一级指标	二级指标	三级指标
班级管理主体	班主任发展 0.4	师德 0.4	职业道德 责任感和事业心 关爱学生
		教育能力 0.4	管理能力 教学能力
		身心素质 0.2	身体健康 心理健康
	学生发展 0.6	道德与公民素养 0.3	道德素养 公民素养
		学习与创新能力 0.3	学习能力 创新能力 实践能力
		交流与合作能力 0.1	交流能力 合作能力
		运动与健康 0.2	体育运动 身体健康 心理健康
		审美与表现 0.1	审美能力 表现美

这个指标体系把班级管理的主体,也就是班主任与学生的发展状况作为一级指标,其权重分别为 0.4、0.6,两个一级指标的权重之和:0.4+0.6=1。班主任发展这个一级指标分解为师德、教育能力、身心素质三个二级指标,其权重分别为 0.4、0.4、0.2,权重之和为 0.4+0.4+0.2=1。学生发展这个一级指标分解为道德与公民素养、学习与创新能力、交流与合作能力、运动与健康、审美与表现五个二级指标,其权重分别为 0.3、0.3、0.1、0.2、0.1,权重之和亦为 1。二级指标"师德"分解为职业道德、责任感与事业心、关爱学生三个三级指标。其余三级指标与此类似。

需注意的是,该评价指标体系末级指标没有给出评定标准。实际上,应把评定标准写在末级指标的后面。如三级指标教学能力,规定标准 A 级:清晰呈现教学内容,吸引和保持学生的注意力,教学内容组织连贯、完整,恰当地举例与解释,学生学习成功率 90% 以上;B 级:比较清晰呈现教学内容,较好地吸引和保持学生的注意力,教学内容组织比较连贯、完整,比较恰当地举例与解释,学生学习成功率 75% 以上;C 级:基本清晰呈现教学内容,基本可以吸引和保持学生的注意力,教学内容组织基本连贯、完整,基本恰当地举例与解释,学生学习成功率 60% 以上;D 级:不能清晰呈现教学内容,不能吸引和保持学生的注意力,教学内容组织不连贯、完整,不能恰当地举例与解释,学生学习成功率 60% 以下。

第三节 班级管理评价的实施

班级管理评价的实施包括班级管理评价实施的程序和方法。遵循班级管理评价的实施程序,选择合适的实施方法,可以有效保证评价实施的进度,限制评价者主观随意性的自由度,减少评价失误。

一、班级管理评价实施的程序

班级管理评价的实施过程是一个由多阶段、多环节组成的连续的动态过程,也是有计划、按步骤进行的一系列活动。规范化的班级管理评价活动在程序上是大致相同的,即都要经历三个相互关联又相互区别的阶段:准备阶段、实施阶段和总结阶段。

(一)准备阶段

做好评价准备是班级管理评价的前提与基础。班级管理评价准备是指在评价实施前进行的组织准备、方案准备和舆论准备。

1. 组织准备

班级管理的组织准备是指成立专门的评价工作领导小组,小组成员既要有代表性,又要有较高的素质。所谓素质较高,是指具有一定的评价理论知识,有一定的班级管理经验和比较丰富的教育教学经验,作风正派,办事公正,有一定的分析评价能力。评价领导小组负责制定和审核评价工作计划,建立评价工作的规章制度和对评价人员的考核奖惩条例等,并对评价人员进行业务和规则培训。

2. 方案准备

班级管理评价方案准备是指在评价前,评价者对整个评价过程进行全面规划和对主要工作进行合理安排,主要解决为什么评、由谁来评、评什么、怎样评的问题。评价方案包括以下几个部分。

(1) 确定评价对象和评价目标。

即解决为什么评价和评价的依据问题。评价原因取决于评价的目的,评价的依据是学校教育目标及其分解的评价指标。

(2) 设计评价指标体系。

即选择评价方法,解决怎么评的问题。评价指标体系既要具体化,又要防止过于烦琐、不便操作等问题;评价方法既要有针对性,又要综合运用。

(3) 安排评价进度。

评价方案应由起草小组制定,并经过论证,征询群众意见,特别是要征求评价对象的意见。

3. 舆论准备

班级管理评价的舆论准备是指在评价实施前,对被评价者进行广泛、深入的宣传动员,调动被评价者的参评积极性,赢得被评价者对评价工作的理解、支持和配合。

(二) 实施阶段

班级管理评价的实施阶段,主要是评价人员根据评价指标和评定标准,去收集、整理和分析反映被评价者达标状况的信息资料,进而作出定性或定量的评价结论。实施阶段是整个评价过程的中心环节,包括以下几个方面。

1. 收集评价信息

收集评价信息是一项基础性的工作,班级管理评价者要根据评价指标体系,确定评价信息搜集的范围,选择信息搜集的途径,运用多种手段和方法,全面、客观、真实地收集评价信息,为科学评价奠定基础。收集评价信息应注意以下几点。

(1) 评价信息的全面性。

指搜集到的评价信息要能全面反映评价计划所确定的评价内容,全面反映评价指标所规定的评价对象的全貌,不能有所遗漏。

(2) 评价信息的准确性。

指收集的评价信息要能反映评价对象的本质特征。班级管理评价实践表明,在反映评价对象的许多信息中,有的能反映评价对象的本质,有的只能反映评价对象的现象。反映评价对象本质特征的信息才是准确的信息。

(3) 评价信息的真实性。

真实的信息是反映评价对象实际状况的信息。在收集班级管理评价信息的实践中,评价信息失真现象时有发生。究其原因,既有客观的,也有主观的。客观原因,比如收集评价信息的方法不当、编制的测试工具效度不高等;主观原因则有态度马虎、张冠李戴、无中生有、有意作假等。

(4) 评价信息的次量性。

指收集的评价信息,不仅要有一定的数量,而且要有一定的次数积累。在班级管理评价实践中,因收集评价信息太少,而作出错误判断的情况也不少见。如评价班级活动,只观察一次主题班会就作结论,往往会发生错误。观察一定次数的班级活动后,再对班级活动开展的成效进行评价,就会稳妥一些。

2. 整理评价信息

整理评价信息就是对收集的信息进行检查、分类、汇编或统计。检查,就是对所收集的评价信息的真实性、准确性和完整性进行考察和分析,以确保资料的可靠性和有效性。分类,就是根据评价信息的性质、内容或特征,将相同或相近的资料归为一类,将相异的资料区分开来的过程,汇编是对分类后的定性资料进行汇总和编辑;统计是对量化的原始数据资料,按评价标准的要求进行统计或标准化处理。

3. 测量评价指标

测量评价指标是指以评价指标为根据,以评价指标的评定标准为基点,把经审核、归类的评价信息与每项评价指标的评定标准进行比较,对评价对象每项评价指标达到评定标准的程度进行判断(赋值)的过程。测量评价信息的方式主要有以下几种。

(1) 数量化测量形式。

指将评价对象的评价指标达到评定标准的程度用数量形式表示。如班级管理评价中,涉及学生科学文化素质这项评价指标的测量,就可以采用数量化的形式。完全达到评定标准的在 85~100 分之间赋值;达到评定标准但稍有欠缺的,在 75~84 分之间赋值;基本达到评定标准的,在 60~74 分之间赋值;达不到评定标准的在 0~59 分之间赋值。

(2) 描述性测量形式。

是用文字或语言对评价对象达到评定标准的程度作出描述。如班级管理评价中,涉及学生思想道德素质这项评价指标的测量,不能采用数量化的形式,就可以采用描述性形式。完全达到评定标准的,评定为优秀;达到评定标准但稍有欠缺的,评定为良好;基本达到评定标准的评定为及格;达不到评定标准的,评定为不及格。

(3) 综合性测量形式。

指综合利用数量化和描述性测量形式,对评价对象达到某项评价指标的评定标准的程度作出测量的形式。如在班级管理评价中,对学生素质进行综合评价,科学文化素质可以用数量化测量形式,思想道德素质可以用描述性测量形式。

4. 整合评价结果

整合评价结果是指经过测量评定取得各项评价指标的评价结果。如果要取得反映评价对象整体状况的评价结果,就需要将各项评价指标的评价结果加以整合。整合评价结果常用的方法是等级整合法和分数整合法。

(1) 等级整合法。

等级整合法可分为直接整合法和等级量化整合法。直接整合法是直接用等级进行整合。等级量化整合法是先按一定法则对等级赋值,将等级转换为数量形式,再将各等级的分数相加,最后将分数转换为等级。

(2) 分数整合法。

常用的分数整合法是加权求和,即将各评价指标的数量化形式的评价结果乘以相应评价指标的权重,相加求和。用加权求和法整合评价结果,如果遇有评价指标的测量结果为描述性形式,则要先将描述性形式转换为分数,然后按数量化形式的评价结果加权求和。

(三) 总结阶段

班级管理评价的总结阶段是评价后处理评价结果,反馈评价信息,撰写评价报告,总结评价活动经验教训的过程。总结阶段的主要工作有三个方面。

1. 撰写班级管理评价报告

班级管理评价报告是整个评价活动的结晶,也是评价者能力与水平的重要体现。评价报告要使用班级管理者能看懂的语言和图表。报告的内容要明确,不仅指出成绩,更要反映问题,特别要指出问题的原因及改善措施。

一份规范而完整的班级管理评价报告的基本结构包括以下几项。

(1) 标题页。

包括班级管理评价报告的题目、提交日期、提交对象、提交人。其中,评价报告的题目设计应尽可能醒目、生动,具有鲜明的针对性和视觉冲击力。报告题目既可直接陈述评价对象或问题,使评价的主要内容一目了然,也可以使用某种结论式的语言或判断句作为标题。

(2) 评价报告摘要。

这是整个评价报告的提要,其内容一般包括:班级管理评价的主要程序、简要的结论和分析得出的结论。摘要应简明扼要,能反映报告的主要观点。

(3) 引言。

这是评价报告的开头部分,使用简短的语言,描述班级管理评价的大致背景和轮廓,包括:第一,阐述所要评价的对象是什么。有时还需要简要、完整地描述被评价对象的主要特征,目的是使阅读者清晰地了解该评价对象的基本情况。第二,说明评价该对象的价值或意义。第三,介绍为收集和分析资料所采用的技术方法和程序,也要对使用的评价方法的局限性加以说明。

(4) 评价结果。

这是评价报告的主要部分,将研究的分析结果逻辑清晰地予以阐述,对一些相关的图表要精心安排,以给阅读者一个明确的导引。

(5) 结论和建议。

在评价结果的基础上,简要概括评价中的主要问题,并提出相应的建议。结果或发现不应再包括新内容,建议应与所依据的事实相联系,使阅读者明确建议是如何做出的。

(6) 附录。

这一部分包括:详细的图表和统计分析、资料收集工具、分类编码的工具与形式、实地调查程序和其他一些必不可少的信息。任何破坏报告流畅的内容最好都放在附录里,作为报告正文的参考。

2. 反馈班级管理评价信息

由班级管理评价获得的信息一般需要向三个方面反馈。第一,向有关学校管理部门和教育行政部门反馈,为班级管理政策的制定和改进提供依据。当然,由评价获得的信息是学校决策的一个重要依据,但它并不是决策的唯一依据。学校管理者的决策需要考虑众多的因素,评价结果只是其中的一个因素。第二,向班级管理的有关利益群体,主要是班级管理者和学生进行反馈,使他们了解班级管理评价的相关信息,以更好地改进班级管理工作。第三,在有些情况下,还需要在一定范围内(如校园网、教育信息网)公布班级管理评价的结果,接受社会公众和同行的评议,使同行能相互借鉴、相互督促和相互鞭策。

3. 总结班级管理评价工作

总结班级管理评价工作主要指评价工作结束以后,根据评价结果和碰到的问题,估计本次评价活动的质量。如果评价活动本身质量不高的话,评价结果的准确性就难以保证。对评价活动本身质量的估计可以发现评价中存在的问题,为评价方案的改进提供科学依据,也有利于积累班级管理评价活动的相关知识,不断提高班级管理评价的科学化水平。

同时，需要对评价的方案计划、总结报告以及各种数据资料进行及时分类、编号、建档、储存，以便为教育工作者查证参考，为相关教育决策提供材料与依据。

二、班级管理评价实施的方法

班级管理评价实施的方法是指在评价过程中收集评价资料的方法、分析评价资料的方法和进行价值判断的方法。

（一）收集评价资料的方法

充分地收集和占有信息是班级管理评价的基础和前提，全面、准确地评估信息是班级管理评价科学化的保证。因此，班级管理评价信息搜集的过程是评价过程的主要部分。

班级管理评价信息搜集的方法主要有文献研究法、调查法和观察法。

1. 文献研究法

文献研究法是指通过查阅各种已有的与班级管理相关的文献资料来获取评价所需信息的方法。文献资料的来源有两种类型：一是内部资料。出于内部管理的需要，学校和班级都会经常收集、记录、储存各种各样的班级管理和教育教学信息。这些信息往往外化为程序性文件、活动记录、管理档案、研究报告等。二是外部资料。与内部资料相比，外部资料数量庞大，种类繁多，包括官方的统计资料、各种调查报告、报刊和网络上的有关资料等。

文献研究法的优点是：由于资料是现成的，无须花费时间和资金收集，因而费用较低；由于不接触班级管理评价的相关人员，因而不会因其态度和行为等方面的变化而对班级管理评价造成干扰。当然，这种方法也有明显的不足，那就是几乎所有保留下来的文献资料已经过某种选择，很可能不完整，并带有作者的倾向性，甚至偏见。评价者在判断这些信息的准确性时，应注意资料是否定期更新或检查，统计信息是否完整，学校、班主任与公众对某些标准的看法是否一致等，从而尽可能正确地利用这些资料。

2. 调查法

调查法是指评价者通过使用某种工具从随机选出的或非随机认定的对象那里获取班级管理评价信息的方法。调查是收集班级管理评价信息的基本方法。通过深入实际进行调查，可以了解评价对象所获得的教育利益的质量，了解班级管理行为对学生和教育情境所产生的影响。调查工作要求调查人员必须有敏锐的洞察力，要能透过现象看到事物的本质，不为表面现象所迷惑。只有如此，才能掌握真实的班级管理评价信息。

在班级管理评价中，收集关于班级管理现实信息的调查是事实性调查，而收集关于班级管理主体的主观性信息的调查是评估性调查。常用的事实性调查是证实性调查和疑问性调查。

证实性调查是对已知材料加以证实或证实不了加以否定的调查。评价者对被调查者提供的材料逐项加以核实，就是一种证实性调查。疑问性调查则是对某一或某些问题还不清楚，还不知其然，为弄清实际情况而进行的调查。

评估性调查是在已知事实的基础上，评价者试图了解被调查者对某一班级管理方式的态度、情感或价值判断的调查。价值是由事物满足主体需要的程度来决定的。因此，评估性调查与事实性调查不同，事实性调查只要求了解与班级管理相关的客观状态和事实，而评估性调查则要了解被调查者对某一班级管理方式的主观感受和价值判断。

3. 观察法

观察法是指评价者有目的、有计划地按照评价指标体系的要求对评价对象在自然状态或控制条件状态下的行为或表现进行观察。运用观察法收集评价信息的优点是可以观察到评价对象的行为表现或现象，获得的信息是直接的，因而信度较高。同时，评价者可以通过观察了解评价对象的整个活动过程和结果，可以收集到情绪、情感和反应等不易用文字描述的评价信息。观察法的局限是评价者只能看到观察对象的外在表现或外在现象，无法了解动机等内心深处的东西。

总之，不管采用什么方法，其核心在于获取真实的班级管理评价信息，保证班级管理评价的科学性。

（二）分析评价资料的方法

在完成班级管理评价信息的收集后，接下来是对这些信息资料进行科学分析。也就是要对搜集到的评估信息进行去粗取精、去伪存真，对资料进行整理、归类、统计和分析。在分析过程中，应坚持信息的完整性和分析的科学性两个原则，运用多元评估方法，对班级管理的各个方面进行检验衡量，客观、公正地反映出班级管理的真实价值和实际效果。在评价过程中，评价者一方面应该依据全面、完整的班级管理评价信息，缺乏的信息资料要进一步搜集和补充，冲突的认识或多种角度的观点也需要多次的沟通论证；另一方面，还要排除来自学校管理者的干扰，保证评价的客观和公正。

班级管理评价信息的分析方法，有定量分析和定性分析。定量分析是利用统计学的有关知识和技术对班级管理评价中所涉及变量的量化信息进行处理和分析。统计分析方法包括单变量分析和多变量分析。单变量分析主要用来描述班级管理评价中所关注的某个变量的特征和状况，具体技术有集中量数分析、离中量数分析等。多变量分析则用以揭示两个或两个以上变量之间的关系,常用方法有相关分析、回归分析等。在具体的班级管理评价中,可根据评价目的和收集的信息情况,选择适当的定量分析方法。

在班级管理评价中,许多评价信息涉及广泛的社会、政治和伦理道德因素,是不能量化的,即使勉强进行量化分析,也难以收到预期的效果。因此,定性分析方法的运用更广泛。所谓定性分析就是运用思辨的方法对评价信息进行分析、归纳、综合和推断,用语言形式表述评价的结果。定性分析除了传统的哲学分析和逻辑分析外,系统分析也是经常采用的方法。所谓系统分析就是运用系统科学的原理和方法来处理班级管理评价信息,"具体来说,就是从系统的观点出发,始终着重从整体与部分(要素)之间、整体与外部环境的相互联系、相互作用、相互制约的关系中综合地、精确地考察对象,以达到最佳地处理问题的一种方法。"① 系统分析的基本要求,如整体性、相关性、动态性、最优化等,对评价信息的分析有重要的价值。一般来说,定量分析是定性分析的基础,在评价实践中要把这两种处理方法有机结合起来。

(三)进行价值判断的方法

评价的关键在于价值判断。在进行价值判断时,根据所选取的用于对照的价值标准的不同,价值判断的方法可分为相对评价法、绝对评价法和个体内差异评价法。

1. 相对评价法

相对评价法是指在某一学校内部将学校中所有班级管理工作的平均状况作为基准(常模),然后把评价对象与基准进行比较,得出这个被评对象相对于基准的位置,也称常模参照评价。其特点是评价的基准产生于被评学校之中。不同学校所形成的基准就可能不同,也就是说这个基准只适用于产生基准的这所学校,对其他学校未必适用。

2. 绝对评价法

绝对评价法是指以预先制定好的教育目标为评价标准,评价每个对象的达到程度,也称目标参照评价。其特点是在评价对象的学校之外确定一个标准,这个标准被称为客观标准。在评价时,要把评价对象与客观标准进行比较,不需要考虑评价对象学校的整体状况。绝对评价的主要目的是了解被评对象是否达到标准和达到的程度。通过绝对评价,可以明确评价对象与客观标准的差距,激励被评者积极上进。

3. 个体内差异评价法

个体内差异评价法是以被评对象的过去为基准,与现在相比较;或者以被评对象

---

① 孙小礼.自然辩证法讲义[M].北京:人民教育出版社,1979:399.

具有的几个方面中的一个方面为基准,其他方面与这个方面进行比较。如班级管理学生评价中,某个学生数学成绩期中是 65 分,期末是 80 分,说明该生数学成绩提高了。再如,一个学生的英语水平有听、说、读、写四个方面,可以通过全面的考察比较其哪方面好一些,哪方面差一些。个体内差异评价都是以一定的相对评价或绝对评价为基础的。个体内差异评价的优点是可以以个体特点为根据,有利于找出薄弱环节,并且,评价在个体内进行,能避免过度的精神压力,鼓励进步,弥补不足,便于自我调控。

本章小结

班级管理评价是依据班级管理目标,采用系统的技术和方法,对班级教育活动和教育结果进行价值判定的过程。班级管理评价具有诊断功能、导向功能、发展功能和激励功能。班级管理评价可以按不同标准进行分类。从评价目的与进行的时间来看,可分为诊断性评价、形成性评价和终结性评价;从评价方法来看,可分为定性评价与定量评价;从评价主体来看,可分为内部评价和外部评价。现代班级管理评价的新趋向是发展性班级评价。

班级管理评价标准的依据是教育目标、教育发展观和班级管理思想、班级管理经验以及班级实际情况。班级管理评价指标体系是根据评价的目的,由从班级管理目标中分解出来的不同等级、不同层次、不同方面的指标群及其相应的指标权重和评定标准所构成的集合体。它主要由各级各项评价指标、指标权重和评定标准三个方面有机组成。班级管理评价的实施包括班级管理评价实施的程序和方法。遵循班级管理评价的实施程序,选择合适的实施方法,可以有效保证评价实施的进度,减少评价失误。

思考与练习

1. 什么是班级管理评价?班级管理评价的功能有哪些?
2. 班级管理评价有哪些类型?
3. 发展性班级评价的特点是什么?
4. 班级管理评价指标体系的设计步骤有哪些?
5. 班级管理评价实施的程序是怎样的?

参考文献

1. 陈玉琨.教育评价学[M].北京:人民教育出版社,2000.
2. 刘淑兰.教育评估与督导[M].上海:华东师范大学出版社,2000.

3. 吴钢.现代教育评价教程[M].北京：北京大学出版社,2008.

4. 胡中锋.教育评价学[M].北京：中国人民大学出版社,2008.

5. 李学农.班级管理(第2版)[M].北京：高等教育出版社,2010.

6. 李伟胜.班级管理[M].上海：华东师范大学出版社,2013.

7. 张作岭,宋立华.班级管理(第2版)[M].北京：清华大学出版社,2014.

8. 卢立涛.发展性学校评价在我国实施的个案研究[M].重庆：重庆大学出版社,2012.

第十章　中学班级管理的研究探索

学习目标

1. 了解班主任专业化的内涵、内容。
2. 掌握班主任专业化的途径和策略。
3. 理解班级管理的主要理论和内容。
4. 了解班级管理的管理学理论。
5. 掌握班级管理的行动研究。

班级管理的成功与否,在一定程度上决定着学校管理的成功与否,决定着学校教育教学活动的成功与否。为了更好地实现班级的教育教学以及学生全面发展的目标,必须加强班级管理的实践改革与理论研究,只有将班级管理的实践建立在科学研究的基础上,方能实现班级管理的科学化,进而有效引领教育改革在班级活动中的良性推进。

第一节　中学班级管理的研究概说

案例 10-1

在五彩斑斓的环境布置中促进孩子的成长

魏书生老师曾说:"每位学生的心灵深处都有你的助手,你也是每位学生的助手。"当班主任是件很简单的事,全班的学生都是副班主任。魏书生老师带班的一个思维或原则就是凡是普通学生能干的事,班委不干;凡是普通班委能干的事,班长不干;班长能干的事,班主任不干。一级一级往下落实事情,那么当班主任就有很多时间用来观察、思考和研究。班主任的工作是一种脑力劳动,而不是体力劳动。千方百计使学生成为班集体的主人,人人都有事做,人人都能做事,从而使班主任和学生建立一种互助的关系。魏书生老师的班级实行承包责任制,王璐是承包桌罩的,司伟是承包座右铭的,刘洋是承包伟人传记的,卢建是承包零食的,赵亮是承包运动服的,赵琳是承包班标的……很多事儿都是班里学生自个儿订规矩,定制度。师生建立起互助关系,便减少了许多猜疑、对立、甚至斗争。师生关系和谐了,班集体便有力量克服前进中的阻力。[①]

中学班主任是中学教师队伍的重要组成部分,是班级工作的组织者、班集体建设的指导者、中学生健康成长的引领者,是中学思想道德教育的骨干,是沟通家长和社区的桥梁,是实施素质教育的重要力量。中学班主任工作是学校教育中极其重要的育人工作,既是一门科学、也是一门艺术。教育部2006年颁布的《关于进一步加强中小学班主任工作的意见》要求班主任要履行好五项职责,2009年颁布的《中小学班主任工作规定》再次强调了这五项职责:要做好中小学生的教育引导工作;要做好班级的管理工作;要组织好班集体活动;要关注每一位学生的全面发展;班主任是学校教育第一线的骨干力量,是学校教育工作最基层的组织者和协调者。[②]"班主任岗位是具有较高素质和人格要求的重要专业性岗位。"[③]班主任工作是一项专业性很强的工作,要胜任班主任工作,做好班级管理,就需要逐步走向专业化,唯有如此,才能体验、享受到班主任劳动的快乐和幸福,才能真正体验到人生的意义。

一、班级管理与班主任专业发展

(一) 科学化的班级管理呼唤班主任专业化

班级管理是教师根据一定的目的要求,采用一定的手段措施,带领班级学生,对班级中的各种资源进行计划、组织、协调、控制,以实现教育教学目标的组织活动过程。班级管理是一种有目的的活动,这一活动的根本目的是实现教育目标,使学生得到充分、全面的发展;班级管理的对象是班级中的各种管理资源,包括人、财、物、时间、空间、信息,而主要对象是人,即学生。班级管理是班级工作中极其重要的内容,也是整个教育的重要组成部分,班级管理的质量极大地影响着整个班级的教育质量,影响着全班学生的整体素养,因而搞好班级管理具有重要的意义。在新的形势下,素质教育和市场经济对班级管理提出了新的特殊要求,迫切呼唤着班级管理的科学化。

所谓科学的管理,就是用科学的方法去驾驭和管理,使班里的每个成员都能自觉地维护集体的荣誉,能为集体奉献爱心,让班级成为温馨、团结、向上的集体,每个人在

---

① http://www.laomu.cn/ywtz/2015/201503/ywtz_466824.html.
② 引自教育部2006年颁布的《关于进一步加强中小学班主任工作的意见》.
③ 引自教育部2006年颁布的《关于进一步加强中小学班主任工作的意见》.

集体中能快乐的生活和学习。① 科学化的班级管理要求班主任必须要有科学化的管理思想、管理决策、管理组织、管理制度、管理方法和手段等,把班级作为一个整体,一个系统,创造性地、专业化地进行班级管理。经过努力,发挥智慧,感受到自己劳动的价值,感受到它的神圣,享受班主任劳动的快乐和幸福,体验到人生的意义。

(二)班主任专业化的内涵与内容

1. 班主任专业化的内涵

专业(profession)一词最早是从拉丁语演化而来的,原始的意思是公开地表达自己的观点或信仰。专业是社会分工、职业分化的结果,是社会进步的标志。一种职业能被社会认可为一门专业是有条件的。② 有研究者指出,专业性职业的核心特质主要包括以下三个方面:① 有一套共享的专业知识或技术文化;② 有一种专业自主权;③ 有一套专业伦理或服务理想。③

班主任专业化是指班主任通过实践、培训和自我学习、反思以达到专业水平的过程。班主任专业化是个"过程",是个不断提高的过程,既是班主任个体专业化水平提高的过程,又是班主任群体为争取班主任职业的专业地位而进行努力的过程。班主任专业化作为一个有意识的过程,其目的是使班主任个体成为一个完善的专业人员,进而使班主任群体成为一个成熟的专业群体。在此过程中,班主任对专业的认识不断深化,包括对专业自我、专业角色的认识,对教育、学校的理解以及对所管理班级、对班级学生成长与发展过程中的价值认识等。④

2. 班主任专业化的内容

随着时代的发展和新课程改革的广泛深入,社会对教师的专业化素质要求越来越高,作为教师专业化的发展和延伸,班主任专业化的研究和探索也为大家所重视。班主任工作更应把握时代脉搏,顺应教育发展的趋势,以追求改革创新为动力,以优良的教育质量为目标,实现班级每一个学生的优质发展。面对新的教育理念,班主任应该走专业化发展道路,这既是社会赋予我们的神圣使命和责任,也是摆在每位教育工作者面前的一个崭新课题。班主任专业化包括以下内容。

第一,专业知识:班主任的管理理念。

班主任在班级管理中首先应当树立素质教育观和人才全面发展观。管理面向班级全体学生、促进学生全面发展。应根据加德纳的多元智力理论,关注每个学生发展的潜在性、主动性、差异性,保证学生在原有天赋基础上获得全面发展,促进学生生动、

---

① http://shlunwen.com/squad/22811.html.
② 庞守兴,广少奎.教育学新论[M].济南:山东大学出版社,2009:77-78.
③ http://blog.sina.com.cn/s/blog_5481c8f201009h2o.html.
④ 傅金兰,安洪涛.信息时代的教师专业成长与生命完善[M].济南:山东大学出版社,2009:43.

活泼、主动地发展以及终身可持续发展。其次要树立学生主体观。承认学生在班级管理中的主体地位,尊重学生的独立人格,重视学生参与班级管理的主动性和积极性,创造条件使学生由被动受教、被动受管向自主教育、自主管理转化,使学生真正成为班级的主人。培养学生的自我意识和班级主人翁意识,让学生在班级活动中充分展示自己的才能,促进学生个性和谐发展。再次,还应树立开拓创新观。对教育环境和学生个体的变化要有敏觉力,思想上勇于进取,大胆创新,随时根据环境的变化调整班级工作的思路和方法。使班级管理措施适应环境发展的变化,符合学生发展的特点,实现班级管理效果最优化,让班级成为学生健康成长的乐园。

第二,专业道德:班主任的师德修养。

2008年9月,教育部颁布实施《中小学教师职业道德规范》规定了教师应具备的师德修养,体现了教师职业特点对师德的本质要求和时代特征,"爱"和"责任"是贯穿其中的核心和灵魂。爱国守法是教师职业的基本要求;爱岗敬业是教师职业的本质要求;关爱学生是师德的灵魂;教书育人是教师的天职;为人师表是教师职业的内在要求;终身学习是教师专业发展不竭的动力。班主任作为教师中的一员,当然要具备这样的师德修养。

第三,专业技能:班主任的基本能力。

班主任专业能力是一个复杂的能力系统。班华认为,"组织、教育、管理班级的知识和能力,是班主任专业化特有的主要的要求"[1],并将班主任的能力归纳为以下几点:形成适宜的班级教育目标的能力、建设真的学生集体促进学生个性发展的能力、组织班级教育活动的能力、优化班级文化的能力、人性化班级管理能力、形成班级教育合力的能力、发展性评价的能力。

第四,专业素养:班主任的教育智慧。

教育智慧是一种善于根据情况变化创造性地进行教育的才能,表现为教育教学工作中能随机应变、敏捷、果断地处理问题的高度的灵活性,和能够巧妙地、精确地、发人深省地给人以引导、启示和教育的高度的机智。主要包括教育情感、教育体验、教育判断和教育技巧。[2] 在班级管理中,班主任要有管理责任心、同情心、教育道德感等;需要班主任对班级学生的细心观察和敏感聆听,需要对学生的理解和"感同身受";在班级问题发生时,要有相应的教育知识、思维能力、机智应变力,做出迅速合理的判断和处理;需要班主任发现、创造并抓住每一个教育时机,对学生产生"润物细无声"的影响。当班主任心中真正关注学生的成长和发展,始终对教育工作富有热情、进取心和责任

---

[1] 班华.专业化:班主任持续发展的过程[J].人民教育,2004(15-16):9-14.
[2] 殷晓静.教育智慧[J].教书育人,2003(20):33-34.

心,孜孜不倦地以自己的才智和创造力使班级教育和管理工作充满生机和情趣,对班级有了感动和惊喜,这样就有了教育智慧。班主任的职业价值才得以体现,人生意义才得以实现。

第五,专业意识:班主任的教育意识。

作为一名优秀的班主任应具有发展意识、专业意识、借力意识、课程意识、品牌意识[①]等教育意识。发展意识要求班主任在班级管理中注重学生的自我发现和自我成长。班主任自身的专业化发展逐渐步入快车道,个性、特色、专属等成为班级管理的符号特征。专业意识要求班主任在班级管理的具体实践中,以专业的意识思考问题,用专业的手段解决问题,靠专业的思考成就管理,这是每一个班主任可以去尝试的成长之路。借力意识要求班主任在班级管理中向同事借力,让班级成为所有任课教师的公有领地;向学生借力,让民主和自主成为班级管理的常态理念;向家长借力,让班级家长委员会成为班级管理的一支重要合作力量。从这个意义上来说,班级管理艺术就是一个借力的艺术。课程意识要求班主任做好班本、师本课程,使其成为班主任工作特色彰显的一个主要渠道。让班级活动课程化,确立用课程改变班级的意识。梳理和整合课程化的系统,实现课程化的提升。品牌意识要求班主任在班级管理中具备品牌意识,要给自己定好位,竭力打造自己的治班特色,形成自己的品牌。一个品牌班主任的成长大概需要这样一个基本路径:通过一段时间的实践,成为一个合格的班主任,具有娴熟的、足够满足班级管理的能力和智慧;通过深刻的思考和反思,发现自己的特长和专长,做一个有特长的班主任;通过不断完善和张扬自己的特长,让特长成为特色;通过对特色的锻造和锤炼,让特色无限发展,并形成稳定的品牌形象。简单地说,就是"成熟班主任——有特长的班主任——有特色的班主任——特色班主任——品牌班主任"。

> **案例 10-2**
>
> 英国不列颠图书馆是世界上著名的图书馆,里面的藏书非常丰富。有一次,图书馆要搬迁,从旧馆搬到新馆去,结果一算,搬运费要几百万,根本就没有这么多钱。怎么办?有人给馆长出了个主意。图书馆在报上登了一个广告:从即日开始,每个市民可以免费从大英图书馆借 10 本书。结果,许多市民蜂拥而至,没几天,就把图书馆的书借光了。书借出去了,怎么还呢?请大家还到新馆来。就这样,图书馆借用大家的力量搬了一次家。这个故事告诉

---

① 王维审.优秀班主任的五种意识[J].教学与管理,2015(13):29-31.

> 我们的是:智者要借力而行,一个优秀的班主任一定要具备借力意识。
>
> 吉林省公主岭市秦家屯第二中学班主任李素怀是一位农村中学班主任,她用自己的坦诚和执著把漫画家、书法家、作家等行业精英引入到自己的班级管理中,她奖励给学生的可能是著名漫画家专门为学生创作的肖像画,学生得到的生日礼物可能是著名书法家亲笔书写的座右铭……更可贵的是,她和她的学生在与这些名家的交流交往中,视野开阔了,境界提升了,教育变得自然了。①

(三)班主任专业化的途径与策略

班主任成长的动力来自两方面的推动:自身的学习、反思;外部给予的实践、培训机会。班主任专业化有班主任个体专业化和班主任职业专业化,在班主任个体专业化和群体专业化方面有不同的途径和策略。

1. 班主任个体专业化的途径

班主任专业化并非一朝一夕就能形成,班主任需要更新理念,把理念付诸行动,在行动中反思管理的成败,改进不合适的管理模式,适应当今社会的要求,以学生的发展为本,创建适合自己班级的一套专业化管理体系。随着班级管理科学化的不断发展,班主任的管理思想观念决定了班级管理的方向和性质,班主任的专业才能和管理智慧决定了班级管理的质量,班主任的专业精神是班级管理的内在动力,班主任的专业人格是班级管理的心灵支撑,班主任的先进管理经验和实践反思是班级管理的现实起点。在班级管理中能否成功关键在于班主任,没有班主任的专业化,就没有班级管理的科学化。

(1)践行新的教育理念,转变班主任的教育理念。

教育理念是指导教育行为的思想观念和精神追求,是教师在对教育工作本质理解的基础上形成的关于教育的观念和理性信念。是否具有科学的教育理念是区分经验型教师与专家型教师的重要标志,推之,也可以这么理解,是否具有科学的教育理念是区分经验型班主任与专家型班主任的重要标志;是否具有明确而先进的教育理念,是否具有对教育理想的孜孜追求,是否具有不断改进工作的意识和能力,是一个优秀的班主任和一个平庸的班主任的根本区别。要践行新的教育理念,最根本的问题就是要转变班主任的教育观念,变"管理"为"服务",不断地更新、充实和拓展管理知识,改革管理方法,变被动为主动,不断超越自我。要在班级管理中践行素质教育的理念,认识

---

① 王维审.优秀班主任的五种意识[J].教学与管理,2015(13):29-31.

到素质教育是面向全体班级学生的、促进学生全面发展的、促进学生个性发展的、以培养创新精神和实践能力为重点的教育;"为了每一位学生的发展"是新课程改革最核心的理念,也是班级管理所追求的境界,"以人为本""以学生为本""以学生的发展为本""以全体学生的全面发展为本"的教育理念和管理理念要深深扎根于头脑。同时要意识到班主任专业化既是一种认识,也是班主任内在知识结构不断更新、丰富的过程,从而不断提高班主任的精神生活和人生价值观。

(2) 树立终身学习的理念,提高班主任的综合素养。

"活到老,学到老"——终身学习的习惯是班主任的基本职业要求,关系到班主任的生存与发展。班主任职业是一门需要学习才能掌握的专业。作为一名班主任,不管是智慧、能力的增长,还是精神的愉悦、身心的健康、专业素养的提升,都离不开学习,学习是班主任专业化的第一要务。21世纪的班主任要成为一个学习者、研究者,要实现专业化,就需要不断地学习。无论是国家教育主管部门组织的班主任系统培训,还是以非正规方式接受的专业教育,或是通过校本训练获得的专业发展,都应当予以重视。班主任必须要有终身学习的意识和理念,在岗位上不断进步,更好地实现专业化。

(3) 提高班主任反思能力,促进班主任的专业化。

一个班主任要获得自身的专业发展,不仅要主动、自觉地学习,更应该做一个"反思的实践者",把自己从一个"用力"管理的班主任,变成一个"用心"做管理的班主任。

美国心理学家波斯纳的教师成长公式:教师成长＝经验＋反思。他还提出:没有反思的经验是狭隘的经验,至多只能形成肤浅的知识。一个班主任只有在班级管理实践中不断摸索,积累班级管理的经验,在不断反思、不断研究这些经验的基础上才能成长起来,从而实现对班级的专业化管理。对于当前班级管理中出现的一些新问题,很多班主任不知道该怎么办。这固然是由于当前班级管理出现了一些新问题、新情况,但同时也和班主任缺乏独立思考能力有关。班主任在班级管理中,不盲目迷信专家的权威,认真研究反思专家研究成果,检验其是否适合自己的班级管理实际,根据具体情况灵活变通,为自己的班级管理服务。

案例 10-3

陶行知先生"四块糖果"的教育故事,可谓人尽皆知。他从中所表现出来的教育智慧令人钦佩不已,他的教育灵感从哪里来?他对学生没有大声训斥,没有讲大道理,而是真诚相待,相信王友同学只是一时犯错。所以他很轻易地找到了与王友沟通的切入点——"守时"。"学生应尊重老师",一般教师视之为理所当然,陶先生却体现出了"老师也应尊重学生"的朴素观念,用它作为感动学生的铺垫,进而高度赞扬学生的"正义感",以心换心,唤醒了学生的"良知",让学生主动承认错误。"真教育是心心相印的活动,唯独从心里发出来,才能打动心灵的深处。""四块糖果的故事"正是陶行知先生践行这句名言的生动表现。对于打架学生的教育,曾经有个班主任模拟了陶行知先生的做法,用四块糖,用同样的语言,先因守时而奖,再因尊重师长而奖,接着因该学生的正确而奖,最后因知错能改而奖。那个学生呢,除了因感动而流泪外,其表情、其语言和故事中的王友几乎差不多,最后还很有礼貌地说着"谢谢"走了。

但当这个班主任走近教室时,却发现那个学生正在给全班作报告:刚才老师如何教育他,如何给他糖吃,最后还给同学传授经验,要想吃糖就找人打架吧!然后教室里传出他请同学吃糖的嬉闹声……

这个班主任老师对陶行知的模仿只做到"形"似,而没有领会到"神"似的重要性。"四块糖果"只是一个道具,上演一次很精彩,很有吸引力。不合时宜地上演第二次、第三次,效果注定会非常平淡,甚至以失败告终。魏书生和李镇西等老师的"罚唱一首歌""罚讲一个故事"等,直接或间接地表现了陶行知教育学生的思想,但是如果我们只管"复制"运用,很可能还是会失败。"糖果"也好,"歌曲""故事"也罢,都是一种教育手段,必须因人而异,我们需从中受到启发。教育学生需要教育智慧,只要充满了教育智慧,同样能够表现自己的风格,能够找到属于自己独有的"专利"。

班主任要把"糖果"装到心里,以"爱学生"为出发点,把"甜甜"的教育传播到学生的心灵深处。唯有如此,才能点燃教育智慧的烛光![1]

李镇西老师曾经说过:"反思的习惯和能力正是任何一个班主任走向成功必不可少的精神素养和职业品质。"班主任的专业反思是班主任培育职业感情,构建专业思想、改善管理技能的赋权增能过程,它可以帮助班主任走向自觉、自主与探究的专业发展之路。只有经过反思,班级管理生活才有意义,班主任才能在工作中找到自我。班主任可通过管理日志,日常管理心得,阶段性专题反思,管理案例等展开自己的反思性思维过程。

---

[1] 符礼科.善于反思——班主任自我培训的有效策略[J].教育科学论坛,2009(4):61-62.

2. 班主任职业专业化的策略

内因是事物发展的根据,外因是事物发展的条件。也就是说班主任专业化主要是由自身因素所决定的,然而其外部环境的作用也是不能忽略的,因为班主任的专业化毕竟是在一定的社会环境中才能进行的。因此,对外部环境中影响因素的分析就具有重要的意义。

(1) 构建长效机制,促进班主任职业专业化。

学校在班主任专业化过程中处于极其重要的地位。学校不仅是培养学生的场所,而且是教师专业能力发展的基地,是班主任专业化的基地。学校应该具有使学生和教师都获得可持续发展的功能,"具有教师发展功能的学校才是'真正的学校'"。班主任专业化离不开学校,班主任任职的学校当然就是其专业化的主要环境。学校有责任为班主任的专业化发展提供健全有效的机制,班主任教师可以更好地利用这些外部条件实现自主专业发展,并按其中的评价指标自觉修炼,提高自己的专业化水平。学校可以通过积极开展校本教研活动(这是促进班主任专业化的有效途径)、加强教师培训、建立教师专业成长档案、完善教师考核评价激励机制、营造和谐向上的校园文化环境等[1],为班主任专业化创设外部环境。

(2) 制定有效的政策,确保班主任职业专业化。

长期以来,各地教育行政部门和学校重视班主任队伍建设,班主任独特的教育作用得到发挥,积累了丰富的经验,形成了有效的工作机制。广大中学班主任兢兢业业、教书育人、无私奉献,做了大量教育和管理工作,为促进中小学生的健康成长做出了重要贡献。但是必须看到,中小学班主任工作面临许多新问题、新挑战。经济社会的深刻变化、教育改革的不断深化、中小学生成长的新情况新特点,这些都对中小学班主任工作提出了更高的要求,迫切需要制定更加有效的政策,保障和鼓励中小学教师愿意做班主任,努力做好班主任工作;迫切需要采取更加有力的措施,保障和鼓励班主任有更多的时间和精力了解学生、分析学生的学习生活成长情况,以真挚的爱心和科学的方法教育、引导、帮助学生成长进步。教育部2006年颁布的《关于进一步加强中小学班主任工作的意见》,2009年出台的《中小学班主任工作规定》,都是中学班主任工作适应时代发展的需要。《关于进一步加强中小学班主任工作的意见》充分认识到加强中小学班主任工作的重要意义,为进一步明确中小学班主任的工作职责、认真做好中小学班主任的选聘和培训工作,切实为中小学班主任工作提供了政策性意见;《中小学班主任工作规定》就中小学班主任的配备与选聘、职责与任务、待遇与权利、培养与培训、考核与奖惩做了政策性的解读。

---

[1] 缪星秀.教育反思:班主任成长的阶梯[J].班主任,2010(5):51-53.

总之,为加强中学班主任专业化队伍建设,国家教育主管部门和学校就要为班主任专业化提供有效的政策和长效的保障机制,确保中学班主任专业化发展,为提高学校教育教学、班级管理的质量提供帮助。

二、班级管理的理论研究与实践探索

近年来,我国有关班级管理的著述已出版很多,一般以教育学理论为依据,以德育为主线,对班主任和班级管理工作进行论述。这种对班级管理单向度的关注和研究远远不能满足当前对班级管理的研究,我们必须有宽厚的理论基础,用多学科的视野对班级管理进行理论和实践研究。

(一)班级管理的理论研究

由于班级授课制的普遍存在,20世纪60年代以来,班级管理研究引起各方面的关注,出现了一系列班级管理理论,下面择要介绍四种有代表性的班级管理理论。[①]

1. 果断纪律理论

果断纪律理论由 L. 坎特和 M. 坎特(L. Canter & M. Canter)于1976年提出。该理论认为教师负有管理班级的责任,应该充满自信和拥有权威,能向学生明确而果断地提出期望和要求,确切地告诉学生什么行为是可以接受的,什么行为是不可接受的,并伴随相应的行动,依凭其能力和意愿确定有效的管理方法。为此,他们提出了实施果断纪律班级管理的基本步骤:一是排除消极期望带来的障碍,改变教师对学生的消极期望为积极信赖,相信无论学生的问题如何,教师都可以以积极的方式来影响所有学生的行为。二是学会使用果断的反应方式,向学生提出明确的要求、情感和意愿,并以具体行动明确自己的立场,从而赢得学生的信赖。三是确定对学生的期望行为和非期望行为的后果,让学生明确行为规范,并知道违反纪律所遭受的惩罚后果。四是追究学生行为的后果,即当学生表现出正当行为时给予鼓励和增强,表现出非正常行为时给予惩罚和削弱。五是实行一套鼓励进步的积极制度,学生的行为得到改善或进步时,教师应做出积极的反应。六是取得学校行政人员和家长的支持,班级管理并不是教师个人的职责,而是大家共同的责任。

作为教师,应该充分尊重孩子、理解孩子,多从孩子角度考虑问题,应给予学生尽可能多的民主和宽松的氛围,不以自己是老师而高高在上,而好发施令,或者用权威来压制学生,所以在班级管理和课堂教学中,教师可以较多地使用激励和高分贝的语言或者运用先进学生的示范行为来进行教育引导和沟通。但是像刚入学的小学生,他们大多是独生子女,家长对孩子在家庭中的约束力本来就小,学生任性,习惯差,不愿受

[①] 庞守兴,等.教育学新论[M].济南:山东大学出版社,2009:235-236.

学校纪律约束,本身对学校常规就一无所知,而对待这样一群孩子,如果没有完整细致的纪律约束机制和管理制度,是根本不行的。我们必须合理地使用"果断纪律理论"来进行课堂教学和班级管理。

(1) 应该树立正确观念。即纪律常规是维持一个高效率学习环境的必要条件。

(2) 做一个果断反应型教师。即懂得维护师生双方利益。清楚表达他同意或不同意的行为,并且让学生知道应该怎么做。当学生遵守纪律时会得到正确的回报。当学生选择不当行为时马上告诉他后果。

(3) 学会设置限定。限定适当行为,明确说明后果,体态语的配合,使用"破唱片法"。

(4) 建立一套积极、果断的行为结果的处理程序。遵循相互约定但不恐吓,预先选择适当的结果,恩威并施奖惩互用的原则。

"果断纪律理论"虽然看起来不是很"新潮",但得到了很多教师的热心拥护,并且具备一定的可行性和必要性。

2. 行为矫正理论

矫正理论是由一些学者依据斯金纳(B. F. Skinner)的强化理论而建立的,也称为"新斯金纳模式"。它强调行为改变必须集中具体的和可观察的行为。为达成全面系统的行为改变,要求教师首先要选择目标行为,确定学生的何种行为应加以建立,何种行为应加以去除。然后在目标确定后,仔细观察这些行为在单位时间内所发生的次数或持续时间的长短,并绘制成行为图标,建立行为基线。接着,选择必要的强化物,将行为和强化物在时间空间上联结起来,使学生的良好行为获得好的结果,不良的行为获得不好的结果。最后进行评价,从而确定行为的进展情况。行为矫正与塑造是一项较为复杂的工作,很难一蹴而就,教师在运用时要有耐心。

3. 目标导向理论

目标导向理论是德雷克斯(R. Dreikurs)以人的社会需要为基础提出的。他反对传统中的惩罚,要求尽可能利用行为本身所产生的逻辑结果(或自然后果)使学生从经验中体验行为与后果间的关系,进而养成对自己行为负责的良好态度。他建议,在建立班级制度时,教师要树立这样的信念:学生必须知道他们要对自己的行为负责;必须形成自尊,同时学会尊重他人;有责任去影响他们表现适当行为;有责任了解正当行为规则及不正当行为的自然后果。同时,教师要能明确班级管理的重点是找出并确认学生的错误目标,向学生解释错误目标及相应的错误逻辑,并帮助学生修正其错误目标,引发新的建设性行为。

4. 和谐沟通理论

和谐沟通理论是高顿(Thomas Gordon)于20世纪70年代提出的教师效能训练理

论在班级管理中的运用。该理论认为,真正有效的管理来源于学生个人发自内心的自制。因为在支持性而非批判性的情境中,学生能表达其面临的问题及内心感受,如果教师保持一种接纳支持的态度,与学生实现和谐沟通,就能由内而外地养成学生的自制行为和责任感,就能通过学生自己去寻求答案和解决问题。教师的主要作用不是代替学生解决问题,而是进行辅助,通过明确而友善的交流沟通策略,发展学生自制、自主合作和负责等良好习惯,减少或控制不良行为。

这些理论对于班级管理有着不尽相同的认识。理论基础各异,实施策略也各有侧重。但从这些理论中可以看出班级管理走向以学生为本的整体取向,为班级管理实践提供了重要的理论指导。

(二) 班级管理的实践探索

班级管理属于一种微观、具体的学校管理层次,其主要管理范围是对组成班级的学生的管理。班级管理实践是以育人为目标,着眼于班级所有学生的健康生活,使其个性获得和谐发展的活动过程,主要包括以下内容。[①]

1. 班级组织建设

班级组织建设,主要是班级岗位角色的分配与运作。传统的班级角色分配制度呈现三层结构:第一层是对整个班级工作负责的角色,即班干部和中队干部;第二层是对班级内的小组工作负责的角色,即小组长和小队长;第三层是普通学生。这种角色结构有两个特征:一是三层次角色结构呈金字塔形,担任管理角色的只是群体中的少数成员;二是不同角色之间缺乏流动,学生在班级中各自承担的角色基本上数年一贯制。这样产生的影响是,学生承担不同角色的机会很少,管理角色长期集中在少数学生身上,不利于全班学生的发展。因此,班级组织建设要从两方面着手改变这种状态:一是丰富班级管理角色,二是形成班级管理角色的动态分配制度。可采用增设班级岗位、减少兼职、一岗多人等措施来丰富班级管理角色。班级管理角色的动态分配是指建立岗位轮换制度,使班级绝大多数学生都能得到锻炼。

2. 班级制度管理

班级制度,是指适用于班级的、维护其活动正常顺序、保证学生健康发展的规范。它可以是以文字形成的或颁布的,即成文的制度,也可以是口耳相传、习惯的或约定俗成的,即不成文的制度。成文的制度既包括每个班级必须遵守的学校规章制度,也包括班级自己制定的规章制度,均对班级建设起着规范作用。不成文的制度是班级组织在形成过程中建立的规范,常常是班级个性的体现。成文的制度管理具有普遍的规范性和约束力,是刚性的管理;不成文的制度管理则具有个别性和针对性,是柔性的管

---

① 庞守兴,等.教育学新论[M].济南:山东大学出版社,2009:236-238.

理。由于班级管理的对象是活生生的、有思想、有感情的学生,所以班级管理应积极倡导体贴人的纪律和柔性相结合的管理方式。

3. 班级文化创建

学生的在校生活主要是在班级中度过的,学生学校生活的质量主要取决于班级生活的质量,而班级生活质量的高低主要看班级文化为每个学生提供的发展条件如何。这些条件不仅指课程计划中规定的内容,更重要的是班级共同体所创造出来的一种每个学生得以表现和发展的可能。文化不仅仅是知识形态的积淀,而且还是人创造出来的生活方式。班级文化就是班级中师生共同创造出来的联合生活方式,包括三种状态:最为显性的是班级环境布置,最为隐性的是班级人际关系和班风及处于中间状态的班级规范。班级环境包括两种:一为柔性的,指以授业和学习为主,教师和学生构成的一种心理气氛,属于班级环境的软体领域;二为硬体的,配合软体所需的物质条件和设施。理想的班级环境,应是一个让学生始于快乐而终于智慧的地方。班级人际关系包括师生关系和生生关系,不仅是知识交往的关系,而且还是情感上的互动关系。通过直接的交往互动,形成有利于学生发展的民主、平等、和谐的师生、生生关系。

4. 班级活动指导

班级活动是班级群体为了满足彼此的需要,有目的地作用于客观事物而实现的相互配合的动作系统。其基本特点是:第一,班级活动是一种交往活动;第二,班级活动的目的具有一致性,产生了共同遵循的行为准则与规范;第三,班级活动的时空具有一致性;第四,班级成员在活动中分工合作,互相配合,责任依从;第五,班级活动导致一系列诸如暗示、模仿、感染、舆论、心理相容等社会心理现象的出现,产生良好和健康的人际关系。

班级活动的种类多种多样,教师要对活动加以管理和指导,确保通过活动促进学生的发展。教师的管理和指导一般包括引导学生确定活动的内容,指导学生寻找和选择活动资料,培养学生主持活动的能力,督促学生实际开展活动,检查学生活动开展的成效,指导学生进行活动结果的评价。只有加强对班级活动的管理,才能避免活动的形式化、随意性和短期行为,保证活动的实效性。

5. 班级教学管理

教学是学校教育的中心工作,也是班级管理的一项主要活动。班级管理者必须重视班级教学活动的管理,努力提高班级学生的学习质量。班级教学管理工作主要有:第一,明确班级教学管理的任务。根据教学的任务和班主任的职责,班级教学管理工作主要是协调控制教学活动,协调班级任课教师的教学活动,控制教学的进度和课业负担量。第二,建立并维护良好的班级教学秩序,使班级教学工作正常运转。第三,激发学生学习动机,指导学习方法。班级教学管理不仅要重视教的管理,而且还要重视学的管理,重视学习目的的教育,学习兴趣的指导,重视学习方法的指导和训练,使学生乐学、会学。第四,搞好班级教学活动的组织安排,建立班级教学管理指挥系统。一是以班主任为核心的班级任课教师群体;二是以班长或学习委员、科代表为骨干的教学沟通系统;三是以学习小组长为中心的执行系统。

三、开展研究性班级管理

班主任工作最能反映教育的复杂性、育人的细腻性。完美地胜任班级管理工作需要班主任的热情与智慧。班主任工作智慧的培植源自其研究性的工作实践。研究性的管理实践将唤醒班主任对教育现象的探究兴趣;让班主任深度理解教育现象的本质,并使班主任在研究中提升工作品质,显现其工作的意义与自身价值。班主任工作的研究性可表现在以下几点。[①]

(一) 给日常管理工作注入理性思考

给日常管理工作注入理性思考,意味着在班级管理中事事、处处需要班主任的深入思考;班主任的理性思考质量,在某种程度上决定着班主任的工作质量。为此,班主任必须树立科学的思维方式。

比如,学生在上课时老是有小动作,于是老师说"你为什么要动",这是普通人的思维方式;然后说"不要动,再动就罚你写检查"如何如何,或者又讲一些科学家的故事等,期望感动学生,这就是我们常见的学校班级管理。但事实上,对于学生的表现并不能一概而论。学生上课动,是因为什么动?是不是他(她)有什么特别的原因?一些研究发现:学生不动就学不下去,这是一种特殊的现象。由此可以看出,理性思考对提高班主任工作水平的重要性。

总之,班主任若要让自己的管理工作(内容与行为)真正成为促进学生发展的"教育行为"(而非随意性行为),就必须时时给自己的工作注入理性的思考,并要把管理工作设计为:目标——内容——方法——反馈这样一个完整的过程。而如果要进一步将之转型为"研究性"的教育行为,那么,就要让教师的"问题反思"贯穿于工作的全过程,并进行持续、往复的实践与考察,即:目标——内容——方法——反馈——目标修正——内容重组——方法优化——再反馈。如此,班主任的工作必定会不断走向更高境界,并使班主任自身的专业化发展得到大幅提升。

---

① 周耀威,张泽芳.让班主任走向研究型的班级管理实践[J].中小学教师培训,2007(8):27-29.

案例 10-4

  班主任的日常管理工作纷繁而复杂,因为班级日常管理过程的实质是班主任对各种资源的利用过程,是对学生组织和协调的过程,是对班级日常事务的处理过程,是对教育活动的营构实施过程,也是对学生的引导和评价过程。如果不进行研究式的日常管理,那么班主任势必觉得很累。学习了研究性班级管理实践后,我对前一段时间的班主任工作进行了反思。如,为了配合德育处"我读书,我快乐"的活动,近一年来,我让学生每学期至少买三本书,每周最少写一篇"读书笔记",老师不定期的批改。刚开始时,学生写得数量多,质量也好,可时间一长,他们就不爱写了,甚至把写读书笔记当成一件任务来完成,更谈不上质量了。虽然我在班级里强调过几次让他们认真写,但是收效甚微。我就反省孩子们不爱写下去的原因,是孩子们没有激情了吗?不是,他们的激情永远也用不完。那是我这个做老师的问题吗?是的,是我抹杀了他们的激情,因为每次我批改的时候只是简单的"优、良、中"之类的,别无新意,久而久之,孩子们渐渐失去了兴趣。找到原因,就要寻求解决办法,于是我就改成了个性化批改,像"你的摘抄很有新意!""你的感悟很深刻!""你读懂了小作者的心!"——这些评语出现在学生的读书笔记上,让他们的眼睛一亮,又找到了读书的快乐,也找到了写读书笔记的动力!

  在日后的班主任管理工作中,我计划对以下工作做研究性管理实践:一是落实好"一日两操"活动。让学生真正认识到做两操的必要性,要让"每天锻炼一小时,健康工作五十年,幸福生活一辈子"的思想扎根在学生的头脑中,让他们知道做两操不仅仅是完成学校的任务,而是强健自己的体魄,只有每个人强大了,我们的民族才会强大。为做两操而开班会的老师并不多,我想尝试一下,看看效果如何。二是关注学生的身心发展。重视与学生的情感交流,善于发现学生的情绪波动,主动沟通。利用课余时间找学生谈话,并做好谈话记录。定期总结记录,并反思一下思想教育的过程,看看哪种方法效果好?以后如何加以运用?再看看哪种方法效果不好?怎样才能改进?我想,时间长了,就会摸索出一套针对学生心理的教育方法。[①]

---

① http://blog.sina.com.cn/s/blog_7121f9f40100nfbf.html.

(二) 把工作经验与感受提炼为理论观点和管理思想

苏霍姆林斯基在《给教师的建议》一书中提到：记日记有助于集中思想，对某一个问题进行深入思考。他这样说道："我建议每一位教师都来写教育日记。教育日记并不是对它提出某些格式要求的官方文献，而是一种个人的随笔记录，在日常工作中就可以记。这些记录是思考和创造的源泉。"同样，倡导"新教育"理想的朱永新教授曾这样谈到"写作"的重要作用：教育随笔是教育者进行思考和创作的一种重要形式，是"批判反思型教师"成长的必由之路。的确，我们提倡和鼓励班主任写作，因为写作的过程就是班主任"自我确证"和不断成长的过程。

我们认为，班主任的写作可以经历从"叙述故事"到"发表议论"的过程，即从具体的问题情境描述到抽象的理论思维。讲故事，让班主任学会发现问题，培植问题意识。"问题意识"正是班主任专业发展意识的雏形；发表议论，有利于班主任个人观念的澄清、工作思路的整理、理论思维的训练、教育思想的提炼。议论让班主任学会辩护，学会归纳、演绎，借此提升班主任的专业形象。

总之，有"主见"、有"思想"才会有创新，通过写作形成独特的管理风格与个性化的教育思想，使班主任走向成功、成就名师。

(三) 将班主任的工作计划以课题形式来确立、操作

一般而言，一线教师倾向于将课题研究看作复杂、神秘，与自己工作无关之事，认为那是大学教师、理论工作者的专职。事实上"从个案研究到问题研究（课题研究）"正是一线教师走上科研道路的坚实台阶。当前，教改大潮下，学校走向"研究性"变革实践已成大势所趋，这意味着学校要超越经验积累，超越因循行为，注重现状诊断和问题反思，并基于问题解决不断提高办学质量。为此，我们倡导班主任要善于将工作计划以课题的形式、要求来确立和操作，以求得高水准的班级管理。

苏霍姆林斯基曾说："如果你想让教师的劳动给教师带来乐趣，使天天上课不至于变成一种单调乏味的义务，那你就应当引导每一位教师走上从事研究这条幸福的道路上来。"开展研究性的班级管理，让班主任在研究性的班级管理活动中体验幸福和快乐，体验人生的价值和意义。"处天外遥望地球很小，居体内细察心域极宽"这是著名班主任魏书生老师的两句精彩哲理诗句。老师，特别是班主任老师，在广阔的心灵世界里耕耘，其责任是重大的，其劳动是神圣的！优秀的班主任大多视工作为享受，他们的教育生活是愉快的，他们的人生是幸福的！优秀的班主任窦桂梅老师说："我深深地感谢 15 年来的班主任实践，也深深地感谢我的班级和我的学生，因为我和孩子们一起成长着，我时时感受着这种成长的幸福和快乐。"任小艾老师也幸福地体验着"与学生在一起所获得的快乐"。"我常常庆幸自己这辈子当了老师，庆幸遇上了这些可爱的孩子。因为有了他们，我的生活和生命才更加充实。"

第二节　中学班级管理的行动研究

> **案例 10-5**
>
> 　　作为班主任,笔者在实践中存在诸多困惑,进行着许多辛苦而又无效的劳动。据此,为了探索班主任班级管理的有效性,笔者以行动研究的方式审视了自己的班级管理活动,通过自编的《班级情况调查问卷》和《学生基本情况调查问卷》,了解班级和学生的真实情况;采用由华东师范大学心理系周步成教授修订而成的《学习适应性测验》,客观掌握学生在学习适应性,尤其是学习方法上存在的问题;摘录了自己的工作日记、学生日记,记录下工作中的案例,准确把握自己在班级管理中的"真实状态",发现自己在个性特征以及胜任力方面都存在不足,并有针对性地进行反思和讨论,初步树立班主任的专业化意识,并对班主任成长、培养及培训提出建议。经过行动研究得出以下结论:1.在九年级,良好的师生关系对学生的学习成绩影响不大。2.普通教师运用行动研究这种方法将存在很大困难。3.班主任的专业化成长仍旧是自发行为,缺乏系统的组织和制度支持。①

我们倡导班主任在真实的教育情境中研究教育、研究班级管理,在研究状态下进行班级管理工作,通过不断地反思,改进自己的班级管理工作,提升班级管理质量,获得班级管理专业发展,而行动研究就是其中重要的一种研究思路和研究方法。那么,"什么叫行动研究?""为什么要开展行动研究?""怎样开展行动研究?"

一、行动研究概述

> **知识卡片 10-1**
>
> **行动研究的来源**
>
> 　　"行动研究"作为一个术语、一种社会科学领域中的研究方法,始见于第

---

① 白丽宁.班主任工作的行动研究——基于班级管理的视角[D].北京:北京师范大学,2007.

二次世界大战时期的美国。这个词语基本上有两个来源。

一是约翰·科勒(John Coller)于1933年至1945年间任美国联邦政府印第安人事务局局长时,曾安排事务局内、外人士共同合作研究改善白人与印第安人之间的关系。他认为专家研究的结果,与其靠行政人员及社会人士执行评价鉴别,不如让行政人员及社会人士依据自身需要,把自己作为行为研究主体,或许更具效果。他称这种研究方法为行动研究。

二是20世纪40年代美国社会心理学家库尔特·卢因(Kurt Lewin)与他的学生对不同人种之间的人际关系进行研究时提出来的。他们当时与犹太人和黑人合作进行研究,这些实践者以研究者的姿态参与到研究中去,积极地对自己所处境遇进行反思,力图改变自己的现状。1946年,卢因将这种结合了实践者智慧和能力的研究称为"行动研究"。同年,他在《行动研究与少数民族问题》一文中指出,"没有无行动的研究,也没有无研究的行动",强调行动与研究之间的密切关系。后来,他还把行动研究定义为"将科学研究者与实际工作者之智慧和能力结合起来解决某一事实的一种方法"。他的观念很快传入教育领域,他的同事、学生们开始同教育家一起研究课程结构和教师的事业发展。

资料来源:宋虎平.行动研究[M].北京:教育科学出版社,2003:2-3.

(一)行动研究的定义

目前,在讨论行动研究的专著、文章中,有关行动研究的定义很多,有其理论定义和实践定义,其中代表性的主要有以下几个。

库尔特·卢因于1949年提出的:"行动研究是将科学研究者与实际工作者之智慧和能力结合起来解决某一事实的一种方法"。[1]

总之,行动研究通常是教师和教育管理人员为解决具体问题,或为基层决策提供信息而使用的方法。[2]

行动研究是对一种特殊的情境的批判性研究,它的目的不是简单地增加科学知识的储备,而是为了增进被研究情境的实践发展。它还可以叫做应用性研究。[3]

行动研究是一种面向实际,服务于实际,始于问题的发现,而终于问题的解决的研

---

[1] 宋虎平.行动研究[M].北京:教育科学出版社,2003:2-3.
[2] [美]威廉·威尔斯曼.教育研究方法导论[M].袁振国,主译,窦卫霖,校.北京:教育科学出版社,1997:13.
[3] A Dictionary of Education,London:Harper & Row Ltd.,1981:4.

以致用的综合性研究方法。在此过程中，研究者一边研究，一边行动，在行动中研究。它以问题是否解决，工作质量有无改进，改进多少，即以实效性作为其成功与否的价值判断依据。①

行动研究是指在自然、真实的教育环境中，教育实际工作者按照一定的操作程序，综合运用多种研究方法与技术，以解决教育实际问题为首要目标的一种研究模式。②

通过以上分析，我们得出，班级管理行动研究就是在班级管理中，将班级管理"行动"和"研究"相结合，使教育研究者、班级管理者能够在行动中研究，从而更好地开展班级管理和班级教育教学活动的一种研究方法。

（二）行动研究的特征

有人用三句话概括行动研究的特点，即：为行动而研究，在行动中研究，由行动者研究。还有人对教育行动研究的特点作了如下简要的概括："问题即课题，工作即研究，教师即专家，效果即成果"。这些话都能在一定程度上帮助我们理解教育行动研究的特征。

其一，行动研究以解决问题，改进实际工作为目的。从行动研究的过程中可见：预诊阶段在于发现实践中的问题；行动阶段在于解决问题、改进实践。"改进"和"解决"是行动研究的主要功能。它既能解决教育实践和班级管理中产生的问题，也能改进教师的教育教学质量和研究水平，提高班级管理的专业化，促进师生的共同发展。

其二，行动研究强调研究过程与行动过程的结合。行动研究的过程是研究进行的过程同时也是行动解决问题的过程。行动研究的核心是"行动"。为了改进自己的教育教学行动，研究者和行动者把行动与理论、行动与应用有机地结合为一体。"行动研究是一种可以形成原理和理论的应用研究，同时，它是以行动为导向的。它也是专业发展的一种形式。"③

其三，以"共同合作"的方式进行，注重研究者与行动者的合作。行动研究要求教师运用理论，系统地反思自己的实践，要求研究者深入实际，从实际中发现问题，并直接参与从计划到评价实际工作的过程，与教师一起研究他们面临的问题。所以行动研究以相互参与和共同研究的方式在研究者与教师之间架起了桥梁，使之共同合作扬长避短。教师在研究中会与同事、校外专家合作，获得必要的研究技能，改变对教育教

---

① 宋虎平.行动研究[M].北京：教育科学出版社，2003：10.
② 在新课改的背景下的行动研究[J].临海教育网，2013.9.24.
③ http://www.doc88.com/p-1177193372425.html.

学的职业情感;研究专家既可从真实的教育情境中获得第一手教学改革信息,又可使自己的研究成果更容易为教师接受,较快地应用到教育实践中。通过合作共同解决面临的教育问题,通过不断地观察、反思、行动,每个人在这个过程中都会得到成长。

其四,行动研究具有一个不断展开的环状过程。行动研究是一个反思性的实践过程,也是一个问题解决的过程,因此,这个过程可以描述为一个"发现问题、分析反思、规划方案、开展行动"的环状过程,在这个过程中,我们平时用到的各类教育反思和研究的工具与方法都可能被用到。从行动研究的框架中可见第一个循环完了之后,进入第二个循环,从而使行动研究的整个过程构成一个不断上升的螺旋环状过程。

案例 10-6

在发现问题的阶段,观察、访谈、分析学生的作业作品等都是我们常常用到的方法。但是,教后记、教学日志常常是发现问题的最好的记录工具。在反思和规划阶段,我们也常常可以用教学案例的方式引发对教育问题的系统思考,还可以用问卷调查、测验等方式进一步确证问题,为规划设计教育教学活动的改进做准备。在教育教学改进的过程中,教后记、教育案例和教学日志常常是必不可少的记录工具。在整个行动研究的过程中,作为研究主体的教师是真正的反思性实践者,他必须不断地审视自己的教育教学观念,调整自己的教育教学行为,重新反思并不断组织和建构自己的教育教学经验,而这个过程必然导致教师的专业成长,使教师逐渐成长为一个有思想、善行动的教育专家。[①]

(三)行动研究的类型和适用范围

案例 10-7

一位小学教师运用不同的展示活动,记录了她教一年级学生有关简单分数问题的情况。几位中学教师在他们的科学教学中,运用关键词记忆法进行

---

① 教育部考试中心教材研究所.综合素质[M].北京:人民教育出版社,2011:76;115-118.

> 实验,并经常向附近一所大学的一位教授咨询,以帮助学生更好地记住和理解主要的科学概念和术语。有一所中学的所有教师为了提高学生的学业成绩,在各自的教学中增加了新的教学策略,如探究性方法、归纳性思维策略等,他们观察和记录学生在教学和探讨中的情况,并经常得到一个专家小组所给予的每月一次的技术性帮助。①
>
> 上述材料反映的三种情况均属于行动研究。第一种情况属于单个教师所实施的行动研究;第二种情况是由教师和大学教授自愿组织起来实施的协作型的行动研究;第三种情况属于由学校联合所有教师实施的学校范围内的联合行动研究。②

1. 单个教师的行动研究

所谓单个教师的行动研究,是指某教师对该班某学科的教学实行此方法,或将自己的新观点转化为行动的一种研究。其特点是规模小,研究问题范围窄,具体易于实施,但力量单薄,很难从事深入的、细致的、说服力强的研究。

2. 协作型的行动研究

所谓协作型行动研究,是指专业研究人员、教师、政府主管部门、资助者等组成研究队伍,一起参与行动研究。这是行动研究的典型层次,也是最高层次。理想的行动研究应体现在这一层次上。其特点是可以发挥多个教师的集体智慧和力量,但可能在理论的指导方面有所欠缺。

3. 学校范围内的行动研究

学校范围内的联合行动研究是指学校组织若干教师组成研究小组,在外来研究者的指导下自行开展研究。这类研究队伍的组成较为成熟,是较为理想的行动研究,它的特点是有专业人员参与,有较强的理论指导,研究力量大,能够充分地发挥领导、教师、研究人员的作用。

行动研究主要是适用于教育实际问题而不是理论问题的研究,以及中小规模而不是宏观的实际研究。它针对教育的实际情境而进行,从实际中来又回到实际中去。具体表现为:课堂教学研究将改革措施实施于教学过程;对课程进行中小规模的改革研究;教师职业技能训练,提供新的技术和方法;学校管理评价;对已确诊的问题施行改革措施,如困难学生的教育措施,不良心理行为的矫正,环境因素的变革等。

---

① 宋虎平.行动研究[M].北京:教育科学出版社,2003:67.
② 宋虎平.行动研究[M].北京:教育科学出版社,2003:68-73.

二、行动研究的程序

英国学者凯米斯认为,行动研究是一个螺旋式加深(上升)的发展过程,每一个螺旋发展圈都包括计划——实施——观察——反思四个相互联系、相互依赖的基本环节。其中,"观察"不是一个独立的环节,而是在整个行动研究过程中所作的搜集资料和监察工作;"反思"是对行动效果的思考,并在此基础上计划下一步的行动,它是第一个螺旋圈的终结,又是过渡到另一个螺旋圈的中介。[①]

1. 计划

计划应以所发现的大量事实和调查研究为前提。它始于解决问题的需要和设想。设想是行动研究者(行动者和研究者)对问题的认识,以及他们掌握的有助于解决问题的知识、理论、方法、技术和各种条件的综合;设想还包含了行动研究的计划。"计划"包括总体计划和每一个具体行动步骤的设计方案。

2. 行动

行动即实施行动计划。行动计划的执行和实施具有灵活性。随着对问题认识的逐渐明确,以及行动过程中各种信息的及时反馈,研究者不断吸取参与者的评价和建议,对已制订的计划在实施中进行修改和调整。即行动是不断调整的。

3. 考察

考察内容有:一是行动背景因素以及影响行动的因素。二是行动过程,包括什么人以什么方式参与了计划实施,使用了什么材料,安排了什么活动,有无意外的变化、如何排除干扰。三是行动的结果,包括预期的与非预期的、积极和消极的结果。要注意搜集以上三方面的资料,背景资料是分析计划或设想的有效性的基础材料;过程资料是判断行动效果是不是由方案带来及怎样带来的考察依据;结果资料是分析方案带来了什么效果的直接依据。考察要灵活运用各种观察技术以及数据资料的采集和分析技术,充分利用录像、录音等现代化手段。

4. 反思

反思是行动研究第一个循环周期的结束,又是过渡到另一个循环周期的中介。这一环节包括:整理描述,评价解释,写出研究报告。班级管理中的行动研究以班级管理的实际问题为研究对象,力求使班主任在计划——行动——考察——反思的过程中,不断总结经验,进而有意识地改善自己的教育行为和班级管理工作。

总之,行动研究是以实践性经验的创造与反思为基础的"实践性研究"。行动研究的主体是教师;其目的在于改进;其内容在于实践问题的解决;其理论是"反思实践理

---

① http://www.mljxx.com/xuehui/jyjl/jylw/201406/569.html.

性",表达的是实践者的"实践理论"。以教师的"实践性学识"的形成为轴心,全面推动教师的专业成长。①

本章小结

近年来,我国有关班级管理的著述已出版很多,一般以教育学理论为依据,以德育为主线,论述班主任和班级管理工作。这种对班级管理单向度的关注和研究远远不能满足当前对班级管理的研究,班级管理必须有宽厚的理论基础,并用多学科的视野进行理论和实践研究。

班主任作为班级的主要管理者,其工作的专业性很强,要胜任班主任工作,做好班级管理,就需要逐步走向专业化。就班主任工作如何达到专业化这一问题,从班级管理工作的基本规律与特点来讲,班主任应具备相应的专业知识、专业道德、专业技能、专业素养、专业意识。而从学校与国家的层面上,应构建长效机制、制定有效的政策,促进和确保班主任职业专业化。

班级管理要做到科学化,必须借鉴专门研究和探讨组织及组织内资源配置的构造、过程、方式、方法的管理学理论:科学管理理论、行为管理理论、情境领导理论等。

完美地胜任班级管理工作需要班主任的热情与智慧,班主任工作智慧的培植源自其研究性的工作实践。研究性的管理实践将唤醒班主任对教育现象的探究兴趣;让班主任深度理解教育现象的本质,并使班主任在研究中提升工作品质,显现其工作的意义与自身价值。班主任应在真实的教育情境中研究教育、研究班级管理,在研究状态下进行班级管理工作,通过不断地反思,改进自己的班级管理工作,提升班级管理质量,获得班级管理专业能力的发展,而行动研究就是其中一种重要的研究思路和研究方法。力求使中学班主任在计划——行动——观察——反思的过程中,不断总结经验,进而有意识地改善自己的教育行为和班级管理工作。正如前苏联教育家苏霍姆林斯基曾说的:"如果你想让教师的劳动能够给教师带来乐趣,使天天上课不至于变成一种单调乏味的义务,那你就应当引导每一位教师走上从事研究这条幸福的道路上来。"

思考与练习

1. 怎样理解班主任专业化的内涵和内容?
2. 简述班主任专业化的途径和策略。

---

① 代鸣.行动研究与教师专业成长[J].铜仁学院学报,2009(4):115-118.

3. 班级管理的主要理论和内容有哪些？

4. 作为一名班主任，怎样开展研究性的班级管理？

5. 班级管理的管理学理论有哪些？

6. 如何理解行动研究？如何实施行动研究？

7. 案例分析：请用所学相关知识分析这一案例符合什么研究，如何理解和实施这一理论研究？

有关教师、校长、专家和校外顾问参加讨论会。会议上讨论如何对同一班不同能力的学生指定不同的作业。有一位教师反对这种尝试，因为她觉得大多数学生，在作业上并未付出足够的时间和精力，如果布置不同作业，那些平时不大努力的学生会更不用功。其他教师也同意这位教师的看法。担任指导的专家不同意这种看法，认为目前学生家庭作业过于繁重。校长也同意专家的意见。校外顾问说："我们现在还不知道标准的家庭作业负担究竟是多少？应该先研究每门功课的课外作业标准为多少才算合理"。于是大家同意每人分担一部分研究任务。研究结果表明，大多数学生在家庭作业方面，负担并不重。在观念澄清之后，大家开始研究如何实施个别化的作业规定，希望每一学生依照自己的兴趣和才能，与教师共同商定作业种类和题量，从而提高学习效果。

参考文献

1. 庞守兴，等.教育学新论[M].济南：山东大学出版社，2009.

2. 教育部考试中心教材研究所.教育教学知识与能力[M].北京：人民教育出版社，2011.

3. 教育部考试中心教材研究所.综合素质[M].北京：人民教育出版社，2011.

4. 宋虎平.行动研究[M].北京：教育科学出版社，2003.

5. 周耀威，张泽芳.让班主任走向研究型的班级管理实践[J].中小学教师培训，2008(1).

6. 傅金兰，安洪涛.信息时代的教师专业成长与生命完善[M].济南：山东大学出版社，2009.

北京大学出版社
教育出版中心 精品图书

21世纪特殊教育创新教材·理论与基础系列

特殊教育的哲学基础	方俊明 主编	29元
特殊教育的医学基础	张　婷 主编	32元
融合教育导论	雷江华 主编	28元
特殊教育学	雷江华 方俊明 主编	33元
特殊儿童心理学	方俊明 雷江华 主编	31元
特殊教育史	朱宗顺 主编	36元
特殊教育研究方法（第二版）	杜晓新 宋永宁等 主编	39元
特殊教育发展模式	任颂羔 主编	33元
特殊儿童心理与教育	张巧明 杨广学 主编	36元

21世纪特殊教育创新教材·发展与教育系列

书名	作者	价格
视觉障碍儿童的发展与教育	邓　猛 编著	33元
听觉障碍儿童的发展与教育	贺荟中 编著	29元
智力障碍儿童的发展与教育	刘春玲 马红英 编著	32元
学习困难儿童的发展与教育	赵　微 编著	32元
自闭症谱系障碍儿童的发展与教育	周念丽 编著	32元
情绪与行为障碍儿童的发展与教育	李闻戈 编著	32元
超常儿童的发展与教育	苏雪云 张　旭 编著	31元

21世纪特殊教育创新教材·康复与训练系列

书名	作者	价格
特殊儿童应用行为分析	李　芳 李　丹 编著	29元
特殊儿童的游戏治疗	周念丽 编著	30元
特殊儿童的美术治疗	孙　霞 编著	38元
特殊儿童的音乐治疗	胡世红 编著	32元
特殊儿童的心理治疗	杨广学 编著	32元
特殊教育的辅具与康复	蒋建荣 编著	29元
特殊儿童的感觉统合训练	王和平 编著	45元
孤独症儿童课程与教学设计	王　梅 著	37元

自闭谱系障碍儿童早期干预丛书

书名	作者	价格
如何发展自闭谱系障碍儿童的沟通能力	朱晓晨 苏雪云	29.00元
如何理解自闭谱系障碍和早期干预	苏雪云	32.00元
如何发展自闭谱系障碍儿童的社会交往能力	吕　梦 杨广学	33.00元
如何发展自闭谱系障碍儿童的自我照料能力	倪萍萍 周　波	32.00元
如何在游戏中干预自闭谱系障碍儿童	朱　瑞 周念丽	32.00元
如何发展自闭谱系障碍儿童的感知和运动能力	韩文娟，徐芳，王和平	32.00元
如何发展自闭谱系障碍儿童的认知能力	潘前前 杨福义	39.00元
自闭症谱系障碍儿童的发展与教育	周念丽	32.00元
如何通过音乐干预自闭谱系障碍儿童	张正琴	36.00元
如何通过画画干预自闭谱系障碍儿童	张正琴	36.00元
如何运用ACC促进自闭谱系障碍儿童的发展	苏雪云	36.00元
孤独症儿童的关键性技能训练法	李　丹	45.00元
自闭症儿童家长辅导手册	雷江华	35.00元
孤独症儿童课程与教学设计	王　梅	37.00元
融合教育理论反思与本土化探索	邓　猛	58.00元
自闭症谱系障碍儿童家庭支持系统	孙玉梅	36.00元

特殊学校教育·康复·职业训练丛书（黄建行 雷江华 主编）

信息技术在特殊教育中的应用	55.00元
智障学生职业教育模式	36.00元
特殊教育学校学生康复与训练	59.00元
特殊教育学校校本课程开发	45.00元
特殊教育学校特奥运动项目建设	49.00元

21世纪学前教育规划教材

学前教育管理学	王　雯	45元
幼儿园歌曲钢琴伴奏教程	果旭伟	39元
幼儿园舞蹈教学活动设计与指导	董　丽	36元
实用乐理与视唱	代　苗	35元
学前儿童美术教育	冯婉贞	45元
学前儿童科学教育	洪秀敏	36元
学前儿童游戏	范明丽	36元

学前教育研究方法	郑福明 39元	大学理念重审：与纽曼对话
外国学前教育史	郭法奇 36元	[美] 雅罗斯拉夫·帕利坎 著 35元
学前教育政策与法规	魏 真 36元	学术部落及其领地——知识探索与学科文化
学前心理学	涂艳国、蔡 艳 36元	[英] 托尼·比彻 保罗·特罗勒尔 著 33元
学前现代教育技术	吴忠良 36元	德国古典大学观及其对中国大学的影响 陈洪捷 著 22元
学前教育理论与实践教程	王 维 王维娅 孙 岩 39.00元	大学校长遴选：理念与实务 黄俊杰 主编 28元
学前儿童数学教育	赵振国 39.00元	转变中的大学：传统、议题与前景 郭为藩 著 23元
		学术资本主义：政治、政策和创业型大学

大学之道丛书

[美] 希拉·斯劳特 拉里·莱斯利 著 36元

哈佛：谁说了算	[美] 理查德·布瑞德利 著 48元	什么是世界一流大学	丁学良 著 23元
麻省理工学院如何追求卓越	[美] 查尔斯·维斯特 著 35元	21世纪的大学	[美] 詹姆斯·杜德斯达 著 38元
大学与市场的悖论	[美] 罗杰·盖格 著 48元	公司文化中的大学	[美] 埃里克·古尔德 著 23元
现代大学及其图新	[美] 谢尔顿·罗斯布莱特 著 60元	美国公立大学的未来	
美国文理学院的兴衰——凯尼恩学院纪实		[美] 詹姆斯·杜德斯达 弗瑞斯·沃马克 著 30元	
	[美] P.F.克鲁格 著 42元	高等教育公司：营利性大学的崛起 [美] 理查德·鲁克 著 24元
教育的终结：大学何以放弃了对人生意义的追求		东西象牙塔	孔宪铎 著 32元
	[美] 安东尼·T.克龙曼 著 35元	**学术规范与研究方法系列**	
大学的逻辑（第三版）	张维迎 著 38元		
我的科大十年（续集）	孔宪铎 著 35元	社会科学研究方法100问	[美] 萨子金德 著 38元
高等教育理念	[英] 罗纳德·巴尼特 著 45元	如何利用互联网做研究	[爱尔兰] 杜恰泰 著 38元
美国现代大学的崛起	[美] 劳伦斯·维赛 著 66元	如何为学术刊物撰稿：写作技能与规范（英文影印版）
美国大学时代的学术自由	[美] 沃特·梅兹格 著 39元		[英] 罗薇娜·莫 编著 26元
美国高等教育通史	[美] 亚瑟·科恩 著 59元	如何撰写和发表科技论文（英文影印版）	
美国高等教育史	[美] 约翰·塞林 著 69元		[美] 罗伯特·戴 等著 39元
哈佛通识教育红皮书	哈佛委员会撰 38元	如何撰写与发表社会科学论文：国际刊物指南	
高等教育何以为"高"——牛津导师制教学反思			蔡今忠 著 35元
	[英] 大卫·帕尔菲曼 著 39元	如何查找文献	[英] 萨莉拉·姆齐 著 35元
印度理工学院的精英们	[印度] 桑迪潘·德布 著 39元	给研究生的学术建议	[英] 戈登·鲁格 等著 26元
知识社会中的大学	[英] 杰勒德·德兰迪 著 32元	科技论文写作快速入门	[瑞典] 比约·古斯塔维 著 19元
高等教育的未来：浮言、现实与市场风险		社会科学研究的基本规则（第四版）	
	[美] 弗兰克·纽曼 等著 39元		[英] 朱迪斯·贝尔 著 32元
后现代大学来临？	[英] 安东尼·史密斯 等 主编 32元	做好社会研究的10个关键	[英] 马丁·丹斯考姆 著 20元
美国大学之魂	[美] 乔治·M.马斯登 著 58元	如何写好科研项目申请书	

	[美]安德鲁·弗里德兰德 等著 28元	教育经济学	刘志民 著 39元
教育研究方法：实用指南	[美]乔伊斯·高尔 等著 98元	现代教学论基础	徐继存 赵昌木 主编 35元
高等教育研究：进展与方法	[英]马尔科姆·泰特 著 25元	现代教育评价教程	吴钢 著 32元
如何成为论文写作高手	华莱士 著 32元	心理与教育测量	顾海根 主编 28元
参加国际学术会议必须要做的那些事	华莱士 著 32元	高等教育的社会经济学	金子元久 著 32元
如何成为卓越的博士生	布卢姆 著 32元	信息技术在学科教学中的应用	陈勇 等编著 33元
		网络调查研究方法概论（第二版）	赵国栋 45元

21世纪高校职业发展读本

		教师资格认定及师范类毕业生上岗考试辅导教材	
如何成为卓越的大学教师	肯·贝恩 著 32元		
给大学新教员的建议	罗伯特·博伊斯 著 35元	教育学	余文森 王晞 主编 26元
如何提高学生学习质量	[英]迈克尔·普洛瑟 等著 35元	教育心理学概论	连榕 罗丽芳 主编 42元
学术界的生存智慧	[美]约翰·达利 等主编 35元		
给研究生导师的建议（第2版）		**21世纪教师教育系列教材·学科教学论系列**	
	[英]萨拉·德拉蒙特 等著 30元	新理念化学教学论（第二版）	王后雄 主编 45元
		新理念科学教学论（第二版）	崔鸿 张海珠 主编 36元

21世纪教师教育系列教材·物理教育系列

		新理念生物教学论	崔鸿 郑晓慧 主编 36元
中学物理微格教学教程（第二版）	张军朋 詹伟琴 王恬 编著 32元	新理念地理教学论（第二版）	李家清 主编 45元
中学物理科学探究学习评价与案例	张军朋 许桂清 编著 32元	新理念历史教学论（第二版）	杜芳 主编 33元
		新理念思想政治（品德）教学论（第二版）	
			胡田庚 主编 36元

21世纪教育科学系列教材·学科学习心理学系列

数学学习心理学	孔凡哲 曾峥 编著 29元	新理念信息技术教学论（第二版）	吴军其 主编 32元
语文学习心理学	李广 主编 29元	新理念数学教学论	冯虹 主编 36元
化学学习心理学	王后雄 主编 29元		

		21教师教育系列教材.学科教学技能训练系列	
21世纪教育科学系列教材		新理念生物教学技能训练（第二版）	崔鸿 33元
现代教育技术——信息技术走进新课堂	冯峥玉 主编 39元	新理念思想政治（品德）教学技能训练（第二版）	
教育学学程——模块化理念的教师行动与体验	闫祯 主编 45元		胡田庚 赵海山 29元
教师教育技术——从理论到实践	王以宁 主编 36元	新理念地理教学技能训练	李家清 32元
教师教育概论	李进 主编 75元	新理念化学教学技能训练	王后雄 28元
基础教育哲学	陈建华 著 35元	新理念数学教学技能训练	王光明 36元
当代教育行政原理	龚怡祖 编著 37元	**王后雄教师教育系列教材**	
教育心理学	李晓东 主编 34元	教育考试的理论与方法	王后雄 主编 35元
教育计量学	岳昌君 著 26元	化学教育测量与评价	王后雄 主编 45元

西方心理学名著译丛

拓扑心理学原理	[德] 库尔德·勒温	32元
系统心理学：绪论	[美] 爱德华·铁钦纳	30元
社会心理学导论	[美] 威廉·麦独孤	36元
思维与语言	[俄] 列夫·维果茨基	30元
人类的学习	[美] 爱德华·桑代克	30元
基础与应用心理学	[德] 雨果·闵斯特伯格	36元
格式塔心理学原理	[美] 库尔特·考夫卡	75元
动物和人的目的性行为	[美] 爱德华·托尔曼	44元
西方心理学史大纲	唐钺	42元

心理学视野中的文学丛书

围城内外——西方经典爱情小说的进化心理学透视	熊哲宏	32元
我爱故我在——西方文学大师的爱情与爱情心理学	熊哲宏	32元

21世纪教学活动设计案例精选丛书（禹明 主编）

初中语文教学活动设计案例精选	23元
初中数学教学活动设计案例精选	30元
初中科学教学活动设计案例精选	27元
初中历史与社会教学活动设计案例精选	30元
初中英语教学活动设计案例精选	26元
初中思想品德教学活动设计案例精选	20元
中小学音乐教学活动设计案例精选	27元
中小学体育（体育与健康）教学活动设计案例精选	25元
中小学美术教学活动设计案例精选	34元
中小学综合实践活动教学活动设计案例精选	27元
小学语文教学活动设计案例精选	29元
小学数学教学活动设计案例精选	33元
小学科学教学活动设计案例精选	32元
小学英语教学活动设计案例精选	25元
小学品德与生活（社会）教学活动设计案例精选	24元
幼儿教育教学活动设计案例精选	39元

全国高校网络与新媒体专业规划教材

文化产业概论	尹章池	38元
网络文化教程	李文明	39元
网络与新媒体评论	杨娟	38元
数字媒体导论	尹章池	39元
网络新媒体实务	张合斌	39元
网页设计与制作	惠悲荷	39元
突发新闻报道	李军	39元
视听新媒体节目制作	周建青	45元

21世纪教育技术学精品教材（张景中 主编）

教育技术学导论（第二版）	李芒 金林 编著	33元
远程教育原理与技术	王继新 张屹 编著	41元
教学系统设计理论与实践	杨九民 梁林梅 编著	29元
信息技术教学论	雷体南 叶良明 主编	29元
网络教育资源设计与开发	刘清堂 主编	30元
学与教的理论与方式	刘雍潜	32元
信息技术与课程整合（第二版）	赵呈领 杨琳 刘清堂	39元
教育技术研究方法	张屹 黄磊	38元
教育技术项目实践	潘克明	32元

21世纪信息传播实验系列教材（徐福荫 黄慕雄 主编）

多媒体软件设计与开发	32元
电视照明·电视音乐音响	26元
播音主持	26元
广告策划与创意	26元

21世纪教师教育系列教材·专业养成系列（赵国栋主编）

微课与慕课设计初级教程	40元
微课与慕课设计高级教程	48元
微课、翻转课堂与慕课实操教程	188元
网络调查研究方法概论（第二版）	49元